Caminhando Só
A Ousadia de Pensar Diferente

Mauro da Veiga

Copyright © 2023 Mauro da Veiga

Copying prohibited

All rights reserved. No part of this publication may be reproduced or transmitted in any form or by any means, electronic or mechanical, including photocopying and recording, or by any information storage or retrieval system, without the prior written permission of the publisher.

ISBN: 9798386425791

Cover design by courtesy of David McEachan.
Photo (2016): MAN WALKING NEAR ALIGNED LAMP POST.

Independently Published by Mauro da Veiga

*À memória de meus pais.
Com gratidão e amor.*

*À minha querida esposa, Margareth,
pelo inestimável auxílio na construção deste pequeno livro.*

*Às minhas filhas, Renata e Fernanda.
Por não concordarem com as minhas convicções,
e, por isso mesmo, servirem como
desafio nesta minha empreitada.*

Conteúdo

	Nota ao Leitor	7
	Prefácio	9
1	Por que me Tornei Ateu?	18
2	Breve Descrição Histórica	22
2.1	As Nossas Origens	23
2.2	Cronologia	28
2.3	Uma Volta ao Passado	30
3	O Que de Fato Sabemos	36
3.1	Sobre a história de nossos antepassados	36
3.2	Que a Terra é definitivamente redonda	44
3.3	Que a Terra não é o centro do Universo	49
3.4	Que Adão, Eva e o Paraíso jamais teriam existido	51
3.5	Que houve uma revolução cognitiva	59
3.6	Que houve uma revolução científica	62
4	Os Mitos	72
4.1	O Mito da Caverna	72
4.2	Desmistificando	78
5	O Ateísmo	82
6	Um Pouco Sobre a Alma	96
7	Como Surgiram as Religiões	128
8	O Pecado Original	179
8.1	Critério Histórico-Ontológico	181

8.2	Critério Existencial	184
8.3	Critério Metafísico	192
8.4	Critério Evolutivo	194
8.5	Critério Sociológico	198
8.6	Critério Personalista-Evolutivo	202
8.7	Considerações Conclusivas	205

9 A Divinização do Homem — 209
- 9.1 *Imago Dei*: a Semelhança do Homem com Deus — 209
- 9.2 A Divinização em Platão — 213
- 9.3 Crer no que Não se Pode Explicar — 217
- 9.4 Antidogmatismo e Secularização — 224
- 9.5 Sobre os Pecados das Religiões — 227

10 Conclusões — 236

Bibliografia — 240

Agradecimentos — 243

Índice — 245

Nota ao Leitor

Quem fez do leão o rei dos animais?
Nós, os humanos. Ele não sabe disso
E jamais saberá.
Mauro da Veiga, 2022.

De fato, é muito fácil falar às pessoas o que elas gostam de ouvir. Mas o que tenho a dizer neste pequeno livro, com certeza, não agradará à maioria delas.

Mesmo assim, me atrevo a escrevê-lo.

Não tenho a menor intenção de que os poucos leitores venham a concordar com minhas ideias, principalmente aquelas pessoas que julgam ter uma fé inabalável.

Sinto-me no dever de fazer uma breve apresentação.

Sou professor aposentado numa Universidade Estadual onde lecionei Anatomia Humana nos cursos de graduação e pós-graduação a estudantes da área da saúde, e, depois, também em várias instituições de Ensino Superior. Venho de uma família católica, porém nunca fui praticante do catolicismo. Pelo contrário, os assuntos sobre religião, desde o Catecismo e daí por diante, sempre estimularam ainda mais as minhas dúvidas sobre o que ou em quem acreditar.

Hoje me acho em condições de afirmar com convicção que sou ateu. Penso também que, como já foi dito por muitos filósofos e cientistas, Deus é uma criação humana e não o contrário.

O livro que ora escrevo é apenas o segundo de toda a minha vida. O primeiro não foi exatamente um livro, mas minha tese de mestrado em Neuroanatomia, apresentada ao Departamento de Anatomia da Escola Paulista de Medicina, em São Paulo, em 1985.

Este velho professor estará sujeito aos defeitos desta conjunção, bem como de suas vantagens.

Penso que, as pessoas eruditas que vierem a lê-lo, não farão caso de ideias tão vulgarmente expressas, já que elas apenas arranham do lado de fora dos muros esotéricos das Igrejas Medievais.

Já os religiosos de modo geral, como de costume, se colocarão muito por cima. E, dessa cômoda altitude milenar, de onde, aliás, jamais se lhes permitiu enxergarem os detalhes de tamanha perversão perpetuada contra os cristãos nos séculos seguintes, durante as terríveis inquisições promovidas pelo "Santo Ofício", continuarão tentando manter as aparências que ora já não mais se sustentam.

Prefácio

> *[...] nossa peça, amáveis espectadores, salta*
> *por cima dos primórdios e preliminares dessa luta,*
> *começando na metade e atirando-se daí para*
> *todos os acontecimentos que possam ser dramatizados*[1].

Desde tempos imemoriais do começo da humanidade, há cerca de dez mil anos, o homem da Idade da Pedra Lascada já se debatia para entender as coisas da natureza, tais como as tempestades, os trovões, os raios que singravam os céus e principalmente as eventuais erupções vulcânicas capazes de exterminar em minutos suas populações. O mundo era terrivelmente perigoso e até hostil. Sem contar a inevitável convivência com animais ferozes, pelos quais as pessoas poderiam até terem sido exterminadas do planeta Terra!

Diante de tais intempéries, que ocorrem até hoje, seria natural e até mesmo compreensível que aqueles hominídeos imaginassem que tudo aquilo fosse a manifestação de uma força e ou de um ser dotado de poderes supremos! Deus.

A partir daí, precisamos entender que a Pré-História é um período da História do qual recebemos poucas informações, já que não havia essa coisa tão brilhantemente produzida pelos, agora, humanos, através das várias eras: a palavra escrita.

O que conhecemos dos tempos pré-históricos é o que foi e tem sido produzido por estudiosos tais como os antropólogos, paleontólogos e sociólogos que tanto inspiraram não só os religiosos, mas

---

[1] Shakespeare, *Tróilo e Cressida*, Prólogo.

também e principalmente aqueles que atuam nos demais ramos da ciência.

Hoje sabemos um pouco sobre quais eram seus costumes, utensílios, ferramentas, armas para a caça, crenças e até em que época viveram: dois e meio milhões de anos!

Não há Graal mais fugidio ou precioso na mente humana que a compreensão da nossa existência. Aqueles que a procuram sempre tiveram por costume explorar o labirinto dos mitos: na religião, os mitos da criação e os sonhos dos profetas; no caso dos filósofos, os vislumbres da introspecção e os raciocínios neles baseados.

Segundo Paul Gauguin, famoso pintor francês, que escreveu no canto superior esquerdo de sua obra prima, de 3,7 metros de largura, *D'où venons nous? Que sommes nous? Oú allons nous?* (De onde viemos? O que somos? Para onde vamos?), a pintura não é uma resposta mas uma pergunta.

Até na Grécia antiga os filósofos já faziam a mesma pergunta. Esses são de fato os problemas centrais da religião e da filosofia.

Seremos capazes de resolvê-los um dia?

Às vezes parece que não. Mas talvez sejamos. A religião jamais resolverá esse enigma. Desde o Paleolítico, cada tribo inventou seu próprio mito da criação.

Neste modesto livro desejo analisar, ainda que de forma superficial, a criação de mitos, muitos dos quais já consagrados em várias religiões sobre a criação do Universo, do planeta Terra e dos seres que a habitam, com enfoque especial no ser humano como animal pensante e, portanto, o único capaz de elaborar perguntas e procurar pelas respostas que há milênios nos têm desafiado.

Somente o homem, utilizando-se da principal ferramenta de que dispõe, a ciência, pode ultrapassar essa barreira do incognoscível e questionar o que nos ensinam a maioria das religiões, por meio de seus mitos e de crenças muitas vezes sem fundamento plausível e de algumas divindades que provavelmente nunca existiram.

Afinal, o que define o ser humano, diferentemente de outros seres vivos, é a sua inata curiosidade de querer saber mais sobre o mundo e sobre si mesmo. Por isso escrevo este pequeno livro como um convite a meus prováveis poucos leitores para uma boa reflexão, e não para se tornarem ateus como eu tenho sido desde as minhas aulas de catecismo na Igreja Católica, lá pelos anos de 1954.

A crença na existência de seres sobrenaturais, detentores de poderes extraordinários, como deuses, deusas, anjos, arcanjos, santos e santas, xamãs, curandeiros, videntes etc., tem sido disseminada no planeta Terra desde que o mundo existe! Além disso, proliferam novos santos e santas, especialmente nas religiões cristãs.

Pessoas como qualquer um de nós que são eventualmente canonizadas pelo Vaticano, por terem realizado supostamente algum ato considerado milagroso, sobrenatural, fora do normal, ou por terem pautado suas vidas no sacrifício, como São Francisco de Assis, que, conforme consta nos livros religiosos, deu sua riqueza aos pobres para viver humildemente. Fazer o bem ao próximo sem esperar por algum tipo de recompensa, como, por exemplo, viveu madre Teresa em Calcutá, na Índia (1910–1997).

Ela recebeu o prêmio Nobel da Paz, tendo sido canonizada em 04 de setembro de 2016.

Se viver uma vida fervorosamente religiosa implica, necessariamente, abandonar o mundo para abraçar uma religião, a meu ver, mesmo respeitando os que creem, isso, por si só, já constitui uma forma de fanatismo execrável, para dizer o mínimo. É como querer transfigurar-se em santo, deixando de ser esse ser humano que tem medo, fome, dúvidas, que adoece e sofre as dores de sua doença e finalmente morre, passando pelo mundo muitas vezes sem sequer ser lembrado.

Mas, afinal, o que são as religiões?

Como podemos notar, religião é a crença na existência de uma divindade sobrenatural, com a qual podemos nos relacionar.

Uma grande parte da humanidade continua, de alguma forma, sendo religiosa nesse sentido tradicional, isto é, acreditando em uma divindade sobrenatural e sendo, por isso, sobrenaturalista. Por sua vez, o sobrenaturalismo se tornou comum e estamos acostumados a ele.

Entretanto, mais recentemente, tem crescido no mundo todo o número dos, assim denominados, ateístas materialistas ou não materialistas. Entre os ateístas materialistas e os sobrenaturalistas, há o que os materialistas dialéticos denominam de luta entre o idealismo e o materialismo, caracterizando os sobrenaturalistas como idealistas.

Por outro lado, as filosofias científicas próximas da mentalidade positivista, considerando as suas preferências pelo cientificismo oferecido pelo que é plenamente observável, puramente experimental e de algum modo possível de se medir, via de regra, têm considerado as religiões, aberta ou veladamente, pseudossoluções a pseudoproblemas. Quando muito, para não afirmarem o fenomenismo, tomam uma posição agnóstica ou ainda agnóstico-fenomenalista.

Embora não tenha recebido nunca o dom da fé, pelo menos até agora, ao contrário, só a dúvida tem me acompanhado todos esses anos, tenho sido um homem que procura a verdade. A verdade que só a nossa ciência pode nos oferecer, não em crenças dogmáticas que em nada se confirmam, nada nos esclarecem, em nada nos ajudam a entender o mundo que nos cerca.

Aproveito este espaço para reafirmar minha crença de que Deus não existe de fato, mas que nós o criamos. Se nós não existíssemos, mas apenas os protozoários, as plantas e os demais animais que nos antecederam durante o processo evolutivo, certamente Deus não existiria.

E tem mais!

Aqueles seres, com toda a certeza, viveriam melhor sem a nossa presença no planeta Terra.

Por que criamos esse Deus?

Simplesmente por um abominável medo do desconhecido!

As religiões, qualquer uma delas, nunca me interessaram. Definitivamente nunca me convenceram. Elas defendem a sua fé inabalável, e esse inabalável dos crentes, por si só, já constitui uma postura extremamente irracional por não admitirem o contraditório.

Sustentadas apenas em dogmas, milagres e mistérios que, na verdade, não nos explicam coisa alguma, elas ainda reinam soberanamente entre nós.

Por exemplo, a Bíblia nos conta que Deus fala a Moisés e ao

seu povo no deserto em que estavam perdidos havia quarenta anos após a fuga do Egito, onde eram escravos. Diz, ainda, que Moisés, para poder ver mais ao longe, sobe em uma montanha, o monte Sinai, para ler os "Dez Mandamentos" recebidos de Deus.

Para os que creem, não importa que nunca, em tempo algum, tenha sido encontrada uma montanha ou qualquer elevação naquele deserto que corresponda, ainda que de longe, à descrição registrada na Bíblia. Além do mais, em desertos não é normal haver montanhas. Tampouco é absolutamente incomum que "chovesse maná" para alimentar o povo escolhido por Deus, ou seja, os hebreus!

Por que, afinal, alguém se atreveria a escrever um livro contrário às crenças religiosas que se desenvolveram através dos tempos? Por quê?

Esse tema levou tantas pessoas comuns, como eu, você, nossos pais e nossos avós, a acreditarem piamente no que nos contam as religiões por meio dos profetas, dos sábios e, principalmente, das denominadas "Sagradas Escrituras".

E sagradas por quê, se foram escritas por pessoas humanas?

Este alguém que se atreve é um humilde professor de anatomia humana, aposentado, que desde 1976 tem ensinado aos acadêmicos dos cursos da área da saúde, ao dissecar cada parte que constitui o corpo humano, observando a anatomia, a forma de funcionamento e a beleza desse, que é essa máquina maravilhosa criada pela própria natureza.

Este livro foi pensado e composto no dia a dia de um professor, agora com seus setenta e tantos anos, aposentado de uma universidade estadual. Certamente terá os defeitos dessa conjuntura e naturalmente as qualidades. Torço para que estas superem aqueles.

Ao escrevê-lo, manterei o que venho defendendo desde a juventude, o que percebi em relação às coisas sobrenaturais e às crenças religiosas. Sendo o tema não só complexo como costumeiramente controverso, não hesitarei em dizer exatamente o que penso, sem muitas reservas, porém com apreço aos prováveis poucos leitores.

Devo esclarecer, já de início, que meu propósito não será outro senão o de convidar o leitor a fazer uma introspecção a respeito do que for exposto aqui.

Além disso, devo observar que há muito já foi sacramentada a frase que diz: "Religião não se discute", com a qual concordo inteiramente. Que não se confunda fé com religião. Ter fé em algo carece, sim, de argumentos ao menos plausíveis.

Por outro lado, me parece razoável supor que a religião seja adquirida a partir de sugestões propostas por pessoas que exercem, em nós, grande poder de influência, como nossos pais, que não nos deixam alternativa, o que é absolutamente compreensível.

Mas o que ocorre quando se resolve adotar outra religião que não a da família? Em maior ou menor grau cria-se, no mínimo, um ranço entre as partes.

Afinal, o que é ter fé?

Se isso implica necessariamente ter confiança, credibilidade, crença inabalável, sentimento de total credo em alguém ou algo, ainda que não haja nenhum tipo de evidência que comprove a veracidade da proposição em causa, ter fé implica uma atitude contrária à dúvida e está intimamente ligada à confiança incondicional.

Conforme nos ensinou René Descartes (1596–1650), não há coisa existente da qual não se possa perguntar por que ela existe. E isto pode-se perguntar até sobre a existência de Deus. Não que se tenha alguma necessidade da causa para existir, mas porque a própria imensidade de sua grandeza seja a causa ou a razão pela qual não precisa de qualquer causa para existir!

Pois muito bem!

Para mim, por outro lado, parece também razoável supor que a fé não só possa, como deva ser discutida à luz da razão. Essa mesma razão que nos permite perceber que dois mais dois são quatro e não admite outro valor!

No que me diz respeito, tenho dito que prefiro ser este homem que pensa e por isso até sofre a ser uma pedra burra.

Sem ofensa!

Como nos ensinou Blaise Pascal (1623–1662), matemático, físico e filósofo francês com a frase "Os homens jamais fazem o mal tão completamente e com tanta alegria, como quando o fazem a partir de uma convicção religiosa".

A meu ver – e me perdoem os que pensam diferente –, a fé daqueles que se dizem dela portadores não pode jamais se basear na confiança, na crença, na credibilidade incondicional e indiscutível naquilo em que não haja nenhum tipo de evidência que comprove a veracidade em causa.

É como acreditar em milagres, como a passagem do povo hebreu pela abertura feita por Moisés no Mar Vermelho durante a fuga do Egito para a Terra Prometida durante a Diáspora, há mais de três mil anos.

Obviamente, eventos como esse não teriam a menor chance de credibilidade, nem por parte do mais crédulo dos cristãos atuais, se ocorresse hoje! Aliás, por que não chove mais maná no deserto do Sinai nos dias atuais como se fosse um fenômeno sazonal, próprio daquela região?

O papel da fé incondicional, como preconizado pelas religiões em geral, no meu ponto de vista, sugere que não devemos pensar. Isso representa, no mínimo, uma atitude que afronta a natureza humana, o que, para mim, seria simplesmente INSANO!

Se voltarmos nossa atenção para o início de tudo, o Universo se modifica continuamente para criar sempre algo de novo. Nós mesmos somos assim, estamos sempre à procura do desconhecido. Caso não houvesse essa inquietação desde o seu início, como nos diz o cristianismo, Adão jamais iria querer saber a respeito do fruto proibido.

Também não haveria seus descendentes, nos quais, aliás, sua vida e a de Eva têm sido eternizadas. Eles simplesmente teriam apodrecidos no fictício paraíso. Ou seria diferente?

O Universo, desde o seu início, se desdobra em novos espetáculos continuamente e de forma imprevisível. Naturalmente para usufruir a própria essência. Existe, é claro, para o gozo da vida material. É por isso incompatível com a ficção espiritual, ideia essa que nasceu do sofrimento e da inconformidade com a morte. Ou seja, se o nosso fim é a morte certa, sem clemência alguma, é porque cometemos o tal pecado original por meio de Adão e Eva?

Entretanto, foi assim que despontou a razão em nossa espécie, crescendo incessantemente de progressiva lucidez sobre tudo o que a natureza nos proporciona, embora, é bom lembrar, às vezes a agredimos sem piedade, por pura ganância e imbecilidade.

Por outro lado, com o advento das religiões como o judaísmo e logo a seguir o cristianismo, quando esses progrediram e se organizaram, tornando-se Estados independentes com hierarquia e finanças próprias, seu erro fundamental foi de impor, a cada um de nós, a ideia de Deus como um ser, pessoa do passado, criador – diziam – do céu e da Terra.

Esse conceito muito popular persiste ainda, embora no mundo de hoje destituído daquele poder de convicção que exerceu nos povos europeus durante milênios e continue à beira do ridículo de crer no inacreditável, no imponderável, nos mitos, nas lendas e nos milagres.

Maringá, 05 de março de 2023

1

Por que me Tornei Ateu?

*O mundo seria muito mais pacífico
se todos fôssemos ateus*[1].

Meu antagonismo pelas crenças religiosas tem início, vejam só, quando cursei o Catecismo. Como citei anteriormente, venho de uma família católica. Tinha uns dez anos de idade. Uma das aulas foi sobre a expulsão de Adão e Eva do paraíso por terem comido o fruto proibido por DEUS. Essa passagem me causou muita estranheza, mas não tive coragem de perguntar à freira chamada Irmã Catarina. Logo após a aula, eu questionava os meus amiguinhos sobre aquela história. Dizia a eles que eu não podia, de forma alguma, acreditar naquela versão. Que aquilo não fazia qualquer sentido que fosse, no mínimo, racional. Obviamente não exatamente com essas palavras. De qualquer modo, terminei as aulas do Catecismo com muitas ressalvas e fiz a primeira comunhão.

Anos depois cursei o colegial científico, assim denominado naquela época (1967). Embora não conseguisse obter as melhores notas da turma, eu me encantava com as disciplinas de química, física, biologia e matemática. Esta última sempre foi uma pedra no meu sapato, conseguia as notas para ser aprovado com muita dificuldade.

---

[1] José Saramago (1922–2010), Prêmio Nobel de Literatura de 1998, em *Clarín* (2008).

Eu trabalhava durante o dia e estudava à noite, pois tinha que ajudar nas despesas de casa. Quando entrei na universidade para fazer o curso de Biomedicina, que era ministrado em período integral e era pago, felizmente obtive um crédito educativo financiado pelo governo federal. Enquanto cursava Biomedicina, consegui aulas como professor suplementarista, ou seja, um trabalho eventual, em um colégio estadual, o que me salvou a pele, pois era imperioso que eu tivesse algum rendimento mensal.

Assim, lecionei as disciplinas de química, física, biologia e matemática a alunos do curso científico até me formar. Tive que estudar muito para ministrar aquelas aulas e ao mesmo tempo terminar a faculdade. Nesse período tive que "matar um leão a cada dia". Foi muito difícil conciliar as duas coisas. No ano seguinte à minha formatura, prestei um concurso público numa universidade estadual como professor de anatomia humana. Em 1985 concluí o mestrado em Neuroanatomia na Escola Paulista de Medicina – UNIFESP, em São Paulo. Hoje estou aposentado.

A partir de então, cada vez mais tenho percebido, após leituras que tenho feito mais frequentemente do que antes da minha aposentadoria, que a ciência é a única ferramenta que temos para derrubar os mitos e as crenças que tanto têm mantido a humanidade na Idade das Trevas, em termos de crenças religiosas. É por meio da ciência que novas descobertas, em várias áreas do conhecimento, têm sido alcançadas.

A ciência foi criada por seres humanos dotados de intenso aprendizado científico, cujas descobertas somente poderão ser validadas se puderem ser provadas e comprovadas cientificamente ao longo do tempo, e, melhor ainda, poderão ser futuramente refutadas e ou modificadas por mentes ainda mais brilhantes, por meio de experimentos ainda mais sofisticados, fornecendo-nos resultados cada vez mais próximos daquilo que é realmente verdadeiro e não meras suposições.

A grande vantagem da ciência sobre a religião é que ela, a ciência, não é defendida por dogmas, como ocorre com as religiões. O que é considerado hoje verdadeiro, para a ciência, poderá não ser mais amanhã. Como exemplo, podemos citar o fato de que antes de Albert Einstein (1879–1955), físico alemão, ter demonstrado a importância do espaço curvo para a descrição do Universo, aprendemos na escola que a menor distância entre dois pontos era uma reta. Hoje não se ensina mais desse jeito. Deve ser uma curva, já que não existe linha reta, no sentido absoluto. As retas, segundo a Teoria da Relatividade, de Einstein, são pequenos segmentos de curvas.

Com Nicolau Copérnico (1473–1543), astrônomo polonês, aprendemos que a Terra não é o centro do Universo, como gostaria a Igreja Católica, para não contrariar os ensinamentos bíblicos, completamente fora da realidade de um mundo que, nessa época, já possuía algum conhecimento científico.

Galileu Galilei (1564–1642), matemático e astrônomo italiano, concordava com as ideias de Copérnico sobre a rotação da Terra e de outros planetas em torno do sol, este sim, o centro do Universo para a época. Porém teve de se retratar aos inquisidores da Igreja Católica dizendo: "Eu Galileu Galilei, filho de Vincenzo Galilei de Florença, com 70 anos de idade, sendo submetido a julgamento, abandono a falsa opinião segundo a qual o Sol é o centro imóvel do Universo e não sustentarei, defenderei ou ensinarei de modo algum, essa 'falsa doutrina' ".

As heresias, conforme fossem o seu grau de ofensa, eram pagas até com a morte, em fogueiras dispostas em praças públicas para que todos pudessem ver.

A humanidade tem testemunhado que não só a Igreja Católica, mas outras religiões também, perseguiu, julgou, subjugou e matou dezenas de milhares de pessoas por não concordarem com suas crenças. Os adeptos de seitas como Testemunhas de Jeová e os Evangélicos, por exemplo, não aceitam submeter-se a alguns procedimentos médicos absolutamente necessários, tais como doação ou recepção de sangue, ou o consumo de carne de porco pelos judeus.

Sou visceralmente avesso às crenças religiosas baseadas em "milagres". Na verdade, desde jovem, nunca me satisfiz, como a maioria das pessoas, a aceitar passivamente o *status quo*, sem questionar as coisas, e simplesmente seguir o rebanho como um bisão nas savanas africanas para me sentir mais seguro.

Para mim, acreditar em milagres é acreditar no absurdo dos absurdos. Os milagres não nos explicam absolutamente nada. Seria bom que as pessoas pensassem criticamente sobre esse nosso mundo pleno de falsidades, muitas delas produzidas pelos mitos e crenças religiosas. É preciso também que essas mesmas pessoas tenham a oportunidade de ler, raciocinar e questionar tudo o que nos cerca, em vez de simplesmente aceitarem qualquer fantasia como verdade absoluta.

O fanatismo e o obscurantismo nos cegam e com isso prejudicam nosso discernimento.

Há mais de cinco mil anos, o número de novas religiões tem crescido no mundo. Parece haver uma necessidade inata da humanidade de acreditar em algo superior, poderoso, insofismável, incognoscível, indemonstrável que está em todos os lugares ao mesmo tempo e que o tempo todo olha por nós, cuidando de nós.

Em geral, as pessoas não se dão conta de que o termo RELIGIÃO deriva do latim (*Religare*) que significa literalmente LIGAR-SE COM DEUS, ou seja, religar o criador à criatura, que, por ter pecado, perdeu o paraíso e se distanciou de DEUS.

Mas as religiões e seitas são criações da própria humanidade e, portanto, são passíveis de erros ou interpretações equivocadas ou até mesmo defendem conceitos e adotam preceitos que, à luz da razão, são, na verdade, considerados insanos.

Para mim, um professor de anatomia, que sempre lidou com ciência, que não acredita na vida após a morte, que nunca teve o dom da fé, que tem dúvidas se Jesus Cristo realmente existiu um dia, estou, pelas minhas observações, PROIBIDO DE CRER EM MILAGRES. Além disso, as lendas, os mitos, os deuses, as religiões aparecem desde o início da Idade da Pedra Lascada. E nesse ambiente pós-revolução cognitiva, os próprios *Homines sapientes* já eram capazes de transmitir informações, uns para os outros, sobre coisas que de fato nunca viram ou tocaram.

Eram, portanto, nada mais que ficções!

2

Breve Descrição Histórica

*Em biologia, nada faz sentido,
a não ser sob a luz da evolução*[1].

Embora a maioria de nós tenha se deparado, com certa frequência, com o termo "Pré-História", talvez encontremos alguém que apresente alguma dificuldade para entender o que é essa tal Pré-História. Por História é fácil entender que se trata de tudo que é passado; que, de alguma forma, ficou registrado em livros, jornais, filmes, documentos etc., por longos períodos de tempo, como, por exemplo, a chegada da família real portuguesa ao Rio de Janeiro, em 1808.

Mas como podemos saber o que se passou em tempos pré-históricos se não havia sequer a palavra escrita?

Bem, aí temos de nos lembrar que nossos antepassados deixaram pegadas que, por meio da antropologia e da paleontologia, nos fornecem ainda hoje vários indícios da sua existência, principalmente no Velho Mundo, na África, na Eurásia e na Austrália.

Que indícios são esses?

São basicamente ferramentas feitas de pedra lascada, armas para a caça e utensílios domésticos muito simples, além de inscrições pictóricas encontradas nas paredes de cavernas onde viviam os homens pré-históricos e até ossos fossilizados, através dos quais

---
[1] Theodosius Dobzhansky, geneticista ucraniano (1900-1975).

é possível sabermos, ainda que de forma aproximada, de que época eram!

Pois bem, vamos retornar ainda mais no tempo. Vamos começar a partir do início de tudo! O começo do Universo!

2.1   As Nossas Origens

Estudos científicos nos dão conta de que há cerca de 13,5 bilhões de anos houve uma grande explosão, o denominado *Big Bang*, a partir da qual surgiram a matéria, a energia, o espaço e o tempo!

Após um longo período de resfriamento do Universo, cerca de 300 mil anos após o *Big Bang*, essa matéria e essa energia começaram a se aglutinar para formarem estruturas mais complexas, os átomos. Esses, por sua vez, reagem quimicamente entre si para formarem estruturas ainda mais elaboradas, ou seja, as primeiras moléculas, de início, obviamente as mais simples, como, por exemplo, as moléculas de água, H_2O, no início somente na forma gasosa em razão das altas temperaturas, hidrogênio, H_2, oxigênio, O_2, e demais gases que formam a nossa atmosfera, além de outras substâncias químicas e assim por diante.

Esses átomos e moléculas vão formando estruturas cada vez mais complexas, principalmente através das ligações dos átomos de carbono, hidrogênio, nitrogênio, oxigênio, potássio e enxofre. Enfim, exatamente os mesmos átomos presentes em todo e qualquer organismo vivo, em toda substância orgânica, sem exceção, desde as mais simples até as mais complexas.

As células e todos os componentes de nosso corpo, desde um simples fio de cabelo, são constituídas pelos átomos acima citados, além de vários outros. E, assim, formam-se moléculas, e dos outros gases presentes em abundância na nossa atmosfera, para, em um estágio mais adiantado, produzir moléculas complexas de alto peso molecular, como certas proteínas.

Essas moléculas orgânicas, compostas pelos átomos anteriormente citados, agregaram-se e deram origem aos ingredientes que foram essenciais para o desenvolvimento da vida, inicialmente de seres mais simples, como os protozoários, organismos formados por uma única célula, como a ameba, por exemplo.

Esse conjunto de vários fatores permitiu que a vida surgisse em nosso planeta, a partir de moléculas orgânicas e reações químicas. Todos os organismos vivos são formados por biopolímeros, substâncias químicas tais como proteínas, ácidos nucleicos, polissacarídeos e lipídios. Essas biomoléculas são formadas de pequenas unidades interligadas entre si, denominadas monômeros, que formam as proteínas, os ácidos nucleicos (DNA e RNA) e os polissacarídeos.

Até cerca de 4,5 bilhões de anos, não havia ainda nenhuma forma de vida. A Terra era virgem! Os primeiros organismos vivos surgem a partir de 3,8 bilhões de anos – o que parecem demonstrar os fósseis de organismos procariontes encontrados na África do Sul. As células eucarióticas teriam surgido há cerca de 2 a 1,4 mil anos, seguidas de organismos multicelulares, há cerca de 7 mil anos. Nesse espaço de tempo os fósseis foram muito abundantes, o que indica um rápido processo evolutivo em curso. Moléculas orgânicas compostas por carbono agregaram-se entre si e deram origem aos ingredientes que foram essenciais para o posterior desenvolvimento da vida.

É lógico que, por trás de tudo o que foi relatado até aqui, se escondem muitos detalhes descritos pela química, pela bioquímica, pela biologia e por outras áreas do conhecimento científico, cujas explicações não as fornecerei por fugirem do escopo deste livro.

A ciência nos mostra, de maneira muito clara, que a vida em nosso planeta só pode ter surgido na água. Daí porque todo ser vivo é constituído basicamente de água. Por outro lado, os primeiros organismos eram formados por uma única célula, ou seja, os protozoários, como, por exemplo, uma ameba, que, de tão pequena, precisamos de um aparelho como o microscópio para podermos visualizar.

A crosta terrestre é coberta por cerca de 70% de água, e nela há uma quantidade incomensurável de microorganismos, como os fitoplânctos, as algas unicelulares, que habitam os ecossistemas aquáticos e liberam, pelo seu metabolismo, o oxigênio, gás absolutamente necessário para a sobrevivência dos demais seres que, da água, passam para a superfície da Terra, como os animais de vida aeróbica. Além disso, o oxigênio, juntamente com outros gases, forma a atmosfera que nos protege das radiações cósmicas. A partir daí, em razão das frequentes mutações, novas e complexas espécies continuarão a surgir aqui ou acolá, neste planeta Terra, por meio desse processo que não cessa jamais.

Faço questão de alertar que, pelo que já observamos, a evolução não termina nunca. É como uma seta lançada ao espaço e não cai jamais.

"Na natureza nada é estático, tudo é dinâmico", ou seja, tudo que nasce, cresce, reproduz-se e morre. Da mesma maneira, "Na natureza, nada se cria, nada se perde tudo se transforma", como nos ensinou Antoine Lavoisier (1743–1794), o químico e biólogo francês[2].

Portanto, não admitirmos hoje que a criação partiu de germes, é negar que o homem adulto evoluiu de um espermatozoide encravado num óvulo, ambos microscópicos, que são gigantes, comparados com os primitivos grânulos de vida que continuam libertando-se da energia original que se encontra em ebulição no Universo atual.

Tudo deriva da matéria, sendo indeterminado o momento em que o inorgânico se transforma em orgânico, que, enfim, manifesta a sua vontade de viver e evoluir.

Até aqui tratamos do surgimento da vida na Terra, focalizando apenas os primeiros organismos vivos, altamente rudimentares como os protozoários e alguns poucos Metazoários, esses formados de múltiplas células.

Animais semelhantes aos seres humanos atuais, os do gênero HOMO, surgiram há cerca de 2,5 milhões de anos. Eles conviviam com outros animais com os quais dividiam, com certo grau de har-

---

[2]Trata-se de uma paráfrase bastante útil. A frase original é um pouco mais técnica e poderia ser traduzida livremente na forma: "Devemos considerar como um axioma incontestável que em todas as operações da arte e da natureza, nada se cria; a mesma quantidade de matéria existe antes e depois do experimento." Consulte A. L. Lavoisier, *Traité Élémentaire de Chimie* (Cuchet, Paris, 1789), pp. 140-141.

monia, seus territórios. Ao que tudo indica, esses seres surgiram na África Oriental por volta de 2 milhões de anos atrás.

A classificação dos organismos, pela biologia, é estabelecida da seguinte maneira: REINO, FILO, CLASSE, ORDEM, FAMÍLIA, GÊNERO e ESPÉCIE, o que daria, para o caso do homem, a seguinte classificação: Animal, cordata, mamífero, primata, Hominídeo, *Homo, Homo sapiens*.

Somente os organismos da mesma ESPÉCIE, quando cruzam entre si, produzem descendentes férteis. A mula, quando cruzada com um cavalo, não deixa descendente fértil, já que ela é estéril, não produz óvulos em decorrência de uma mutação do DNA dos jumentos. A mula pertence ao gênero EQUUS ASINUS, e o cavalo, ao gênero EQUUS CABALLUS, com número de cromossomos diferentes, portanto, não pertencem à mesma espécie.

O *Homo sapiens* também pertence a uma família, porém, esse fato banal costumava ser um dos segredos mais bem guardados da História.

Por muito tempo, o *Homo sapiens* preferiu conceber a si mesmo como separado dos outros animais, passando a ser um órfão destituído de família, carente de primos ou irmãos, e o mais importante: sem pai e sem mãe!

Mas isso não verdade.

Gostemos ou não, somos membros de uma grande família, particularmente barulhenta, chamada Grandes Primatas. Entre nossos parentes vivos mais próximos, temos os chimpanzés, os gorilas e os orangotangos, ou seja, todos são macacos, antropoides, isto é, semelhantes ao homem.

Os chimpanzés são nossos parentes mais próximos!

Estamos acostumados a pensar em nós mesmos como os únicos humanos, pois, nos últimos 10 mil anos, nossa espécie tem sido a única espécie humana a existir. Mas o verdadeiro significado do termo "Humano" é animal pertencente ao gênero *Homo*; antes havia outras espécies desse gênero além do *Homo sapiens*.

Como já mencionado, os humanos surgiram na África oriental há cerca de 2,5 milhões de anos, a partir de um gênero anterior de primatas denominado de *Australopithecus*, que significa "macaco do Sul" (do latim, *australis* 'do Sul', e, do grego, *pithekus* 'macaco')..

Há cerca de 2 milhões de anos, alguns desses macacos e macacas primitivos deixaram sua terra natal para se assentarem em vastas áreas da África do Norte, da Europa e da Ásia.

O Homem de Neandertal (*Homo neanderthalensis*) é o antropoide que vivia principalmente na Europa e parte da Ásia. O *Homo erectus* povoou mais as regiões orientais da Ásia. Enquanto esses humanos evoluíram na Europa e na Ásia, a evolução na África oriental não parou. Alguns membros dessas espécies viviam o tempo todo numa única ilha. Outros perambulavam pelos continentes, disseminando-se pelo mundo.

A partir deste ponto, convido o leitor a observar que a inteligência deixa de ser cega quando do surgimento do *Homo sapiens*, conforme nos relata em seu belíssimo livro, "Humanidade, Fracasso da Natureza?", Cyro de Moraes Campos, eminente humanista paranaense[3].

Ele nos conta que, ao examinarmos um formigueiro ou uma colmeia, deduzimos a ingenuidade religiosa, inspirada nos próprios preconceitos, que a ordem, a habilidade, o trabalho, o fim claramente manifesto pela atividade cooperativa das abelhas e das formigas, se não procedem, como é óbvio, de engenho, planificação e arbítrio delas mesmas, devem resultar da inteligência ordenadora de um ser exterior, que terá modelado aqueles bichinhos da forma como são e que logicamente lhes determina o procedimento, estabelece regras definitivas e fiscaliza o serviço.

Pois bem, deduções simplórias como essa, fruto de comparações com atividades humanas, suportam a crença nefasta numa providência, em um deus pessoal inalterável, o qual manda e desmanda, cujos atos contraditórios devemos temer e não criticar.

No exemplo em questão, as formigas nos são nocivas, as abelhas, pelo mel, pela cera e pela fecundação dos pomares, utilíssimas, sem, no entanto, terem consciência do que fazem, dentro de uma rotina imutável.

Como poderíamos explicar a inteligência e os demais atributos

---

[3] C. M. Campos, *Humanidade, Fracasso da Natureza?* (Editora Ibrex, São Paulo, 1978).

imanentes no Universo, no todo e em suas partes, cuja ação uniforme, cheia de poder e ideal, como vimos, se exerce cada vez mais claramente e especificamente?

Exonerando-nos de preconceitos primários, é fácil verificarmos que essa inteligência e esses inumeráveis atributos não são apanágio de uma ou de diversas pessoas que vivem fora do mundo, independentes deste, mas se revelam e atuam por intermédio das coisas e dos entes vivos, multiplicados sem limite e imprevisivelmente, numa escala de evolução que se inicia no simples, no amorfo e segue para a variedade, para o mais complexo, à procura de identificação, liberdade, arbítrio, afirmação pessoal.

Por enquanto a inteligência só deixa de ser cega no homem, após milhões de anos de desenvolvimento. Quem poderá prever o seu poder e domínio, seus contínuos desdobramentos, no futuro de eterna duração, ao dispor da curiosidade, da ânsia de descobrir, desvendar e saber, que são características, alimento e razão da mente humana?

A eternidade realmente não é privilégio de pessoas, de coisas, mas do todo em perpétua metamorfose, de cujo processo somos a expressão máxima.

2.2 Cronologia

Na sucinta cronologia que segue, o tempo será medido em anos.

- 13,5 bilhões – surgimento da matéria e energia; aparecem átomos e moléculas.

- 4,5 bilhões – formação do planeta Terra.

- 3,8 bilhões – surgimento de organismos. Começa a biologia.

- 2,5 milhões – evolução do gênero *Homo* na África. Primeiras ferramentas de pedra.

- 2,0 milhões – humanos se espalham da África para a Eurásia. Evolução de diferentes espécies humanas.

- 500 mil – surgimento dos Neandertais na Europa e no Oriente Médio.

- 300 mil – uso cotidiano do fogo.

- 200 mil – surgimento do *Homo sapiens* na África Oriental.

- 70 mil – revolução cognitiva. Surge a linguagem ficcional. Começa a História.

- 30 mil – extinção dos Neandertais.

- 13 mil – extinção do *Homo floresiensis*.
  O *Homo sapiens* é a única espécie humana que sobrevive.

- 12 mil – revolução agrícola.
  Domesticação de plantas e animais.

- 5 mil – surgimento dos primeiros reinos, sistemas de escrita e dinheiro. Religiões politeístas.

- 2,5 mil – invenção da moeda, um dinheiro universal.
  Império Persa, uma ordem política universal em prol de todos os humanos.
  Budismo na Índia, uma verdade universal para libertar todos os seres do sofrimento.

- 2,0 mil – Império Han na China.
  Império Romano no Mediterrâneo. Cristianismo, islamismo.

- 500 – Revolução científica.
  Início das grandes navegações.

- 200 – Revolução industrial.
  Extinção em massa de plantas e animais.

2.3 Uma Volta ao Passado

No início, Deus criou a Terra, em sua solidão cósmica.
Olhou Para ela e disse: "Farei do barro criaturas vivas
para que o barro possa ver o que fiz.
E Deus criou toda criatura que agora se move,
e uma foi o homem.
Dentre elas, apenas o barro como homem podia falar.
O homem como barro sentou-se, olhou em torno e falou:
Qual o propósito de tudo isso?
Perguntou educadamente a Deus, que se aproximava.
"E tudo precisa ter um propósito"? Perguntou Deus.
"Certamente", disse o homem.
"Então deixo que você pense em um para tudo isso", disse Deus.
E com isso, Ele se foi[4].

Em 1929, o astrônomo americano Edwin Powell Hubble (1889–1953), que emprestou seu nome ao poderoso e moderno supertelescópio espacial, mostrou que as galáxias se afastam uma das outras com velocidades que crescem em proporções diretas com suas distâncias, demonstrando, portanto, que o Universo encontra-se em grande expansão.

O autor da teoria da origem do Universo é um padre católico chamado Georges-Henri Edouard Lemaître, nascido na Bélgica em 17 de julho de 1894, que atuava também como físico e cosmólogo e que estudava a hipótese de o átomo que dera origem a tudo, o denominado átomo primordial, ter sido a causa primeira da formação do Universo.

Em 1948 Georg Gamow (1904–1968), um físico ucraniano naturalizado americano, contribui para essa teoria ao estudar sobre a formação dos átomos de hidrogênio e hélio. Além disso, ele previu que o Universo se encontra em perpétua expansão.

Tal evento, segundo ele, ocorreu há mais ou menos 13,5 bilhões de anos, quando surgiram a matéria e a energia provenientes de uma grande explosão cósmica – o BIG BANG –, a teoria mais aceita

---
[4] Kurt Vonnegut – *Cama de gato (Cat's Cradle)*

no mundo científico, que tenta explicar o início de tudo que nos cerca.

Aliás, na minha modesta opinião, uma belíssima teoria.

De acordo com Gamow, o Universo teria surgido após uma grande explosão cósmica entre 10 a 20 bilhões de anos gerando átomos, moléculas e radiação cósmica. O Universo era quente demais para que existissem átomos, já que a intensidade das colisões entre a radiação e os elétrons impedia que estes se juntassem ao núcleo para formar átomos.

A maioria dos astrônomos concorda que a expansão do Universo só pode ter uma explicação: em algum momento, há mais de 13 bilhões de anos, toda a matéria do Universo estava concentrada num espaço reduzidíssimo. Ali, a densidade da matéria era extremamente elevada e a gravidade e o calor também. Em dado momento, tudo explodiu. O *Big Bang* espalhou matéria por todas as partes do Universo e, à medida que a matéria foi esfriando, formaram-se as estrelas, as galáxias, as luas e os planetas. As galáxias continuam se distanciando umas das outras a uma velocidade impressionante.

Após decorrido muito tempo, houve um resfriamento do Universo em razão da sua expansão.

O planeta Terra começa a se formar há cerca de 4,5 bilhões de anos, quando se originou o sistema solar, desprovido de qualquer organismo vivo. No início, a Terra era uma massa de matéria incandescente, que aos poucos foi resfriando até formar a crosta terrestre. Não havia oxigênio livre na nossa atmosfera, o que impossibilitava o surgimento da vida, pelo menos de seres aeróbicos. O oxigênio livre só surgiu a partir da fotossíntese das plantas. E isso é um dado muito importante, pois não podemos conceber que os elementos constitutivos da vida, que por sua vez podem formar a molécula de DNA, tenham surgido numa atmosfera desoxigenada, considerando que o átomo de oxigênio é extremamente reativo.

Os elementos constitutivos da molécula de DNA teriam se oxidado muito antes de uma molécula tão complexa quanto a do DNA ter tido tempo de se formar. Quando ainda não existia oxigênio na atmosfera, também não havia uma camada de ozônio protetora ao redor da Terra. Isso significa que nada podia deter a radiação vinda do cosmo. É possível que justamente essa radiação tenha sido muito importante para a formação da primeira molécula complexa.

De fato, tal radiação cósmica foi a única energia que fez as diferentes substâncias químicas na Terra se combinarem para formarem macromoléculas. Assim, formou-se, em algum momento, uma macromolécula extremamente complexa, que tinha a estranha capacidade de reproduzir-se.

E foi assim que começou a longa evolução. Podemos dizer que estamos falando do primeiro material genético, da primeira molécula de DNA ou da primeira célula viva.

Ela vai se subdividindo e subdividindo, porém desde o começo ocorrem mutações. Muito tempo depois, esses organismos monocelulares se combinam para formarem organismos pluricelulares. É assim que começa a fotossíntese das plantas. Na sequência temos a formação de uma atmosfera que contém oxigênio, o que propiciou o surgimento dos animais que precisavam respirar ar para sobreviverem, como também para proteger a vida da radiação cósmica nociva. Só muito mais tarde, depois que a vida no mar tinha formado uma atmosfera, é que os primeiros anfíbios se arrastaram para o ambiente terrestre.

Neste ponto, é preciso que o leitor entenda que tudo na natureza começa do mais simples para se tornar mais complexo com o passar do tempo. Essa é uma das mais implacáveis leis da natureza, jamais refutada e repetidamente comprovada. Nós mesmos, seres humanos extremamente complexos, aliás, os mais complexos do reino animal, começamos a nossa existência como simples seres unicelulares.

A simples, casual e fortuita penetração de um único espermatozoide específico, provindo do pai, no óvulo materno, outro organismo unicelular presente, ocasionalmente na tuba uterina da mãe, permite que, após nove meses de gestação, se tudo correr bem, lá estaremos nós, agora contando com bilhões de células que formam os nossos órgãos, sistemas e aparelhos. Portanto, é fácil entendermos que, antes de aparecerem neste planeta, surgiram os seres mais primitivos, mais simples, de menores proporções e mais rudimentares tais como os denominados microorganismos, esses somente vistos ao microscópio, como as bactérias e alguns fungos, designados cientificamente como protistas, ou seja, formados de uma única célula, sendo estas pertencentes tanto ao reino animal como ao reino vegetal.

Na filogenia, ou seja, a história evolutiva das espécies, percebemos que os primeiros seres vivos que apareceram na Terra foram os protozoários, ou seja, organismos constituídos de uma única célula (microorganismo) como a ameba, por exemplo. Muito tempo depois surgem os metazoários, organismos constituídos de muito mais células, sendo muito mais complexos que os primeiros.

Aparecem também os invertebrados, que são desprovidos de articulações e ossos, até chegarmos finalmente aos vertebrados, estes geralmente de maior porte e de maior complexidade, cujo ápice se encontra no *Homo sapiens*, o nosso gênero e a nossa espécie.

Somos os seres mais evoluídos do reino animal. Mas, como "A ontogênese é uma abreviada recapitulação da filogênese" – frase criada pelo zoólogo Ernst Friedrich Haeckel (1834–1919), com a ontogênese significando a história do desenvolvimento de um ser desde a fecundação até o nascimento –, a filogênse mostra que características de seres mais inferiores se apresentam em seres mais desenvolvidos na escala zoológica, em sua fase fetal. Por isso, no início somos constituídos de apenas duas únicas células. É interessante notarmos que, durante nosso desenvolvimento embrionário, apresentamos características de seres que nos antecederam na escala zoológica tais como peixes, anfíbios, répteis e aves.

Para darmos apenas alguns poucos exemplos, citamos a presença das fendas branquiais (faringeanas), resquício embrionário de humanos, próprias de peixes, com função respiratória (hematose).

Além disso, o ducto arterioso, que é a conexão normal entre o arco aórtico e o tronco pulmonar e que permite, na fase embrionária dos humanos, a mistura de sangue arterial e venoso. Após o nascimento ele se fecha espontaneamente e se transforma no ligamento arterioso. Nos anfíbios, animais de sangue frio, ele é uma estrutura normal.

Até o final do século XVI, o mundo microscópico era desconhecido pela humanidade. Não sabíamos que o sangue humano era formado de células como os glóbulos vermelhos (eritrócitos), os glóbulos brancos (leucócitos), além das plaquetas e um fator Rh presente em 85% dos indivíduos. Esse fator é herdado por nós do macaco Rhesus.

Não sabíamos que existia um mundo invisível a olho nu, formado por bactérias, fungos e vírus, muitos deles causadores de doenças. Felizmente, em 1590 Hans Janssen e seu filho, Zacharias Janssen, produtores de óculos na Holanda, inventaram o microscópio ótico, cujas lentes permitem-nos o aumento da visão sobre esses pequeninos organismos, células e tecidos do corpo. Hoje temos o microscópio eletrônico muito mais potente, com capacidade de visualização milhares de vezes maior que o microscópio ótico.

Há milênios, muito antes desse corpo enorme de conhecimento que denominamos de ciência existir, a relação dos seres humanos com o mundo era muito diferente. A natureza era respeitada e até idolatrada, sendo a única responsável pela sobrevivência da nossa espécie. Era igualmente responsável pela vida de outros seres vivos, embora a estes não seja possível terem a mesma consciência que nós, ou quem sabe, talvez melhor que a nossa, de maneira diferente que ainda não entendemos.

Há quem pergunte se não seria a humanidade um erro da natureza, já que o homem, e somente ele, tem a capacidade de, em muitos casos, procurando por melhorar, para si, tudo o que lhe convém, acaba causando danos muitas vezes até irreversíveis ao planeta como, por exemplo, a destruição da camada de ozônio da nossa atmosfera.

No início da nossa existência, nossa espécie vivia basicamente da caça e de uma agricultura bastante rudimentar. Na esperança de que catástrofes naturais como erupções vulcânicas, tempestades ou furacões não destruíssem suas casas e plantações, ou matassem os animais, várias culturas atribuíram aspectos divinos à natureza.

Os pormenores desse processo de deificação da natureza variam de acordo com a localização, o clima ou com o grau de isolamento de determinado grupo de humanos.

Em certas culturas, vários deuses controlavam (ou até personificavam) as diferentes manifestações da natureza, enquanto, em outras, a própria natureza era divina, considerada a "Deusa-mãe". Rituais e oferendas procuravam conquistar a simpatia "divina", garantindo a sobrevivência do grupo. Assim, os indivíduos buscavam ordenar sua existência, dando sentido a fenômenos misteriosos e ameaçadores. Além disso, a relação com os deuses tinha também uma função social, impondo valores morais e éticos que eram fundamentais para a coesão do grupo.

Dessa maneira, surgiram as religiões.

Um exemplo típico é a interpretação da morte em diferentes religiões. Para o crente, a fé conforta e dá a certeza de que sua própria morte não é o fim de tudo, pois pode voltar a habitar outro corpo; para outra religião, ao morrermos, vamos para a vida eterna no Paraíso, como prêmio às várias atribulações e dificuldades que a vida nos impõe.

Já para o cético, a própria ciência pode oferecer algum conforto, como nos diz o físico americano Sheldon Lee Glashow: "Talvez possamos, ao entendermos a ciência, encarar mais facilmente nossa própria mortalidade, da nossa espécie e do nosso planeta".

3

O Que de Fato Sabemos

Nós sabemos muito mais do que nossos ancestrais jamais imaginaram, incluindo a profundidade de nossa ignorância[1].

Neste capítulo, eu apresento, de maneira um pouco esquemática e em grandes linhas, algumas das aquisições da Humanidade, obtidas por meio dos procedimentos científicos. É importante sublinhar que essas ciências envolvem as chamadas ciências humanas, as ciências sociais, as ciências biológicas e, também, as ciências físico-matemáticas, cujo método é baseado na experimentação e nas estruturas lógicas. Nosso conhecimento científico é largamente beneficiado pelo nascimento da ciência moderna, consequência da Revolução Científica ocorrida entre os séculos XV e XVII.

3.1 Sobre a história de nossos antepassados

Sempre me chamou a atenção o fato de que a maioria dos nomes científicos e até mesmo os ligados às religiões têm origem grega ou latina. Parecia-me que se tratasse apenas de uma questão ligada à erudição dos autores que abordavam esses assuntos. Na verdade, todas as áreas do conhecimento do mundo ocidental tais

---

[1] Frank Wilczek, físico estadunidense, Prêmio Nobel de Física de 2004.

como a medicina, as artes, a matemática, as ciências, a filosofia etc. tiveram suas origens na Grécia antiga. E por quê? Porque os gregos antigos, desde o início da civilização, perceberam que o homem se diferenciava substancialmente dos outros animais apenas da testa para cima, já que, desse plano para baixo do crânio, a anatomia do ser humano e as de outros vertebrados guardavam inúmeras semelhanças.

Os gregos foram os primeiros a abrirem um crânio humano para estudarem o seu conteúdo, o cérebro, e logo perceberam que era esse órgão que controlava todas as atividades dos demais, embora as emoções fossem tidas como exclusivas do coração. Ao compararem o volume do cérebro humano com os do boi, do cavalo, do cão ou de outros animais, perceberam que o do primeiro se mostrava proporcionalmente muito maior. Além disso, o padrão de sulcos e circunvoluções cerebrais eram mais complexos que de outros animais.

A partir daí, os gregos passaram a valorizar, sobremaneira, a melhor das qualidades que o ser humano tem, ou seja, a de questionar e estudar os fenômenos naturais que tanto nos inspiraram a querermos saber mais sobre o mundo. Portanto, desde cerca de 2,5 mil anos, em vez de se preocuparem com a criação de grandes impérios, como os romanos vieram a fazer mais tarde, os gregos valorizavam o conhecimento como forma de domínio.

Não é à toa que, quando falamos nos grandes pensadores, estamos nos referindo aos cérebros de gigantes, como foram os de Aristóteles (384–322 a.C.), Sócrates (c. 470–c. 399 a.C.), Platão (427–347 a.C.), Tales de Mileto (469 a.C.–399 a.C.), Euclides (séc. III a.C.), Pitágoras (570 a.C.–490 a.C.) e tantos outros, que passaram suas vidas estudando e ensinando nos liceus, para citarmos apenas alguns.

Já havia a escravatura branca na Grécia nessa época, representada pela classe dos trabalhadores braçais tanto nas cidades como nos campos. Nessa época, não havia escolas regulares, mantidas pelo Estado, como hoje. Mesmo assim, os gregos que podiam pagar por um mestre tratavam de estudar. É por isso que a Grécia produziu tantos mestres, matemáticos e filósofos, numa tentativa extrema de responder a questões tais como: quem somos? De onde viemos? Para onde vamos?

Criavam mitos, quando não eram capazes de explicar certos fenômenos. Mas os mitos são implacáveis. Estão terrivelmente impregnados em nós, principalmente naqueles que creem no inacreditável, que professam sua fé sem quererem questionar o questionável à luz da razão. Não conseguem conceber um cosmo sem um Deus.

Nas matemáticas, os gregos foram simplesmente geniais. Desenvolveram a geometria, termo grego que significa literalmente medir a terra com exatidão, cujo ato interessava, sobremaneira, aos possuidores de grandes extensões para o plantio.

Acredita-se que a mitologia grega tenha surgido por volta do século VIII a.C., sendo baseada principalmente no relato de histórias fantásticas, registradas por Hesíodo e Homero, ambos poetas gregos. Essas histórias admitiam a existência de vários deuses e deusas e eram ricas em personagens e criaturas sobrenaturais que apresentavam características inerentes à personalidade humana e às forças da natureza. Tratava-se de entidades de poder superior e imortais, mas com algumas características humanas como o ciúme, a inveja, o desejo sexual, o poder, entre outras.

Sobre a criação dos céus, dos planetas que eles já haviam reconhecido e até denominado como são conhecidos até hoje e tudo o mais, os gregos criaram os doze deuses do Monte Olimpo.

Isso, para mim, constitui um argumento cabal da minha convicção de que não foi Deus quem criou o homem, mas de que o homem criou Deus, já que somos os únicos habitantes deste planeta a possuírem a capacidade de raciocinar, discutir, inferir e fazer as nossas abstrações.

A ideia de compreendermos a vida apenas com a nossa capacidade de pensar e observar o mundo visível e palpável, sem termos que admitir a existência do que não existe, como a vida após a nossa morte, essa contradição enorme de aceitarmos que somos mortais como todo e qualquer ser vivo, mas ao mesmo tempo que nossa alma ou espírito é imortal, e, por conseguinte, nós mesmos. Mil e duzentos anos depois surgem o judaísmo, o cristianismo e o islamismo como religiões monoteístas.

Juntamente com os mitos e lendas sobre a criação dos Céus, dos planetas e de tudo mais, os gregos criaram os doze deuses do Olimpo, assim como nós criamos Deus Pai, Jesus Cristo, como seu Filho, o Espírito Santo, os santos, os anjos e os arcanjos.

A seguir, passo, ao leitor, uma lista sumária de doze deuses gregos.

- ZEUS–Deus dos deuses, governante do Monte Olimpo, da chuva e da tempestade.
- HERA–Deusa do matrimônio, do parto e da família. Companheira de Zeus.
- APOLO–Deus do sol, da luz, da poesia e da música.
- ATENA-Deusa da sabedoria. Filha de Zeus e Metia (sua primeira companheira).
- ARES–Deus da guerra, filho de Zeus e Hera.
- POSEIDON–Deus dos oceanos e mares; irmão mais velho de Zeus e Hades.
- HERMES–Mensageiro dos deuses. Protetor dos viajantes e comerciantes.
- DIONÍSIO–Deus do vinho, das festas e do prazer.
- EROS–Deus do amor (daí o termo erótico).
- HECATE–Deusa da magia, bruxaria e feitiços.
- NICE–Deusa da vitória.
- AFRODITE–Deusa do amor, da beleza e do sexo (daí o termo afrodisíaco).

Para a Igreja Católica, já na Idade Média, a crença em vários deuses era considerada uma prática pagã que deveria ser combatida a todo o custo, como se isso fosse a causa de todo o mal.

A passagem do pensamento grego para o cristão se origina de uma série de rupturas. Muda o entendimento do Universo, sua origem; a natureza humana, o sentido da vida; a ética; a política; as formas legítimas de exercício de poder; a salvação etc.

A grande ruptura está no deslocamento proposto pela filosofia cristã da moral e da política em relação à natureza.

Para os gregos, a superioridade de recursos naturais de alguns homens, como a inteligência, a força, a beleza etc., implicava uma superioridade moral e política desses bem-nascidos. Por outro lado, para o pensamento cristão, essa correspondência deixa de existir. A superioridade na natureza nada tem a ver com dignidade moral e exercício de poder, porém tem tudo ou muito a ver com o discernimento das coisas que nos cercam e que nos interessam como o uso da lógica, a capacidade de fazer abstrações, de articulação criativa de ideias, de observação inteligente da realidade, ainda que menos evidentes para a grande maioria das pessoas.

Enfim, do uso constante, permanente e rigoroso da razão humana que pensa, que cria, que propõe e que questiona todo o tempo o que realmente é digno de acreditar.

O politeísmo, tão combatido outrora pelo cristianismo, continua a sobreviver conosco nos dias atuais. A própria Igreja Católica admite a crença na Santíssima Trindade, sendo esta formada por três entidades divinas: Pai, Filho e Espírito Santo.

Além disso, os cristãos de hoje persistem em ter um santo de sua devoção. No Brasil, por exemplo, com certeza, Nossa Senhora de Aparecida figura como santa milagreira, entre outros santos e santas. Em Portugal, a mais cultuada santa é Nossa Sra. Imaculada Conceição; na França, Sta. Maria; na Alemanha, Sta. Edvirges; na Bélgica, S. José; na Espanha, São Tiago; na Itália, Sta. Catarina de Siena; na Inglaterra, S. Jorge; para citarmos apenas alguns exemplos.

Penso que essa quantidade enorme de santos e santas, maior até que os 365 dias do ano em que são consagrados, configura uma forma pretensamente oculta de politeísmo nas religiões cristãs, na medida em que, ao invés de se dirigir a um único Deus, muitos dos devotos optam por recorrer a entidades simplesmente tão humanas e falíveis quanto nós.

Além disso, no decorrer do tempo, a Igreja Católica continua canonizando outras personalidades humanas, tidas como portadoras de tais poderes para realizarem milagres. Somemos ainda o fato de que boa parte dos ditos milagres nem sempre se configuram como de fato realizados.

Havemos de nos perguntar por que, apesar de tantos avanços na ciência, vivemos numa época tão propensa à ignorância, se 46% dos brasileiros não concordam com a afirmação de que a espécie humana compartilha um ancestral comum com os chipanzés. Outros 89% defendem que o criacionismo seja ensinado nas escolas.

Essa crise de confiança na ciência não corresponde ao quanto nossas vidas dependem dela, cada vez que tomamos um analgésico, chamamos um táxi por aplicativo, vemos TV, viajamos de avião. Se até descemos em solo lunar em 1969 e há quem duvide disso! Tudo isso foi conquistado após décadas de estudos que somente a ciência poderia nos proporcionar. Isso representa um tremendo salto para sabermos cada vez mais sobre o Universo e sobre nós mesmos.

Uma pesquisa indicou que 4,5% dos pais se recusam a vacinar suas crianças e outros 16,5% têm receio ou não pensam que a imunização tenha qualquer efeito para a saúde de seus filhos. No entanto, o equipamento denominado de GPS, só existe graças à Teoria da Relatividade, de Einstein, e todo o mundo o utiliza.

A ciência é uma obra em constante evolução.

Embora falível por ser humana, para ela as propostas que não sejam sustentadas por evidência são lançadas ao lixo. Erastóstenes, um sábio da Grécia antiga, calculou a circunferência da Terra no século II a.C. enquanto algumas partes do Velho Testamento ainda eram escritas. Com uma simples vara enterrada no chão ele mediu o ângulo com que o Sol incide ao meio-dia, em duas cidades distantes, na mesma época do ano. Elas estavam distantes 800 km. Observou que havia uma diferença de 7 graus no ângulo da sombra projetada no chão pela vara e concluiu que a circunferência da Terra deveria ser 50 vezes isso, ou seja, $360/7 = 51,4$ afinal, dava 40 mil km.

Erastóstenes estava correto. Essa foi a primeira prova de que a Terra era redonda.

Dali em diante, procurar evidências de que a Terra seria plana passou a ser pura perda de tempo e, depois das grandes navegações e das viagens espaciais, insanidade absoluta. Ainda assim, lamentavelmente, ideias que não fazem sentido algum seguem inabaláveis entre nós.

Ao contrário, como ocorre com as religiões, os assuntos dogmáticos são mantidos por milênios ou pela eternidade, embora não sejam sustentáveis.

Lembremo-nos de que é inerente, ao ser humano, querer saber cada vez mais sobre tudo. Sobre a natureza com sua imensa beleza, simplicidade e ao mesmo tempo complexidade. Sobre os mares, fontes quase inesgotáveis de seres vivos e de alimentos. Sobre o cosmos que tanto nos intriga e também nos inspira, como também sobre nós mesmos, seres inquietos, inteligentes, questionadores, empreendedores, que tudo querem saber, controlar, melhorar, transformar, descobrir, inventar e criar.

Cada vez mais tenho percebido que a ciência é a única ferramenta que temos para derrubar os mitos e crenças que tanto têm cegado a humanidade ao longo de milhares de anos. Foi criada por seres humanos dotados de imenso aprendizado, cujo conhecimento e descobertas somente poderão ser validados se puderem ser provados e comprovados sob o ponto de vista científico, ainda que, e melhor ainda, que poderão ser modificados ou descartados futuramente por mentes ainda mais brilhantes, por meio de experimentos mais elaborados, fornecendo-nos resultados cada vez mais próximos daquilo que é realmente verdadeiro, e não meras especulações. Por isso, a ciência não é e jamais será dogmática como as religiões. Aquilo que hoje é considerado verdadeiro poderá não o ser futuramente. Podemos invocar o exemplo anteriormente mencionado sobre o fato de a distância entre dois pontos ser considerada uma reta em modo absoluto, antes do advento da Teoria da Relatividade Geral enfatizar a importância do espaço curvo no tratamento dos problemas cosmológicos.

Os filósofos pré-socráticos pensavam sobre as coisas da natureza para poderem dar alguma explicação sobre o mundo ao seu redor, constituindo-se, assim, como os filósofos da natureza.

Protágoras, filósofo grego que viveu no século V a.C., tornou-se um verdadeiro divisor de águas entre a filosofia utilizada pelos pré-socráticos e uma nova filosofia praticada por Sócrates e pelos filósofos sofistas que passaram a perguntar sobre as coisas da natureza, só que, então, a partir do ponto de vista humano e não das coisas naturais ao seu redor. Dessa maneira, os sofistas tornaram-se famosos por serem arqui-inimigos de Platão e da metafísica e por estabelecerem as bases do relativismo.

"O homem é a medida de todas as coisas" é a famosa frase escrita por Protágoras. E o que isso quer efetivamente nos dizer?

Quer dizer que, por exemplo, se as vacas tivessem seus deuses, eles teriam caras de vaca; logo, como somos nós que temos deuses, eles têm a nossa cara. Outra decorrência dessa ideia é a de que valores e concepções acerca de nossa realidade dependem dos homens que os têm ou da cultura que os produz. Esse postulado de Protágoras impacta a maneira de pensar de todos nós até hoje.

Os sofistas eram simpatizantes e atuantes na democracia e defendiam a ideia de que o que a assembleia entendesse como verdade assim seria e ponto final. Para os sofistas, a verdade pareceria ser "apenas" o efeito de um argumento sobre o oponente, um fato, portanto, retórico. Por outro lado, não precisamos aceitar que essa seja a última palavra sobre o assunto, já que não existem últimas palavras.

Mas, afinal, por que o homem é a medida de todas coisas, como nos disse muito sabiamente Protágoras? Obviamente é porque só o homem é portador de um cérebro dotado de tamanha cognitividade!

Depois do surgimento do pensar científico, fica-nos proibido o recurso fácil dos mitos e das lendas para explicar a cosmogênese. O mito possui, nessa esfera, um sentido tão profundo, que as ciências antropológicas e até as ciências atômicas de hoje estão revalorizando cada vez mais sua busca pela verdade. E nesse caso, estaremos correndo o risco de fazer da fé um precioso objeto de museu que aprendemos a admirar e a venerar, pois o mito não será mais determinante para nossas vidas. Da mesma forma que uma "Pedra sagrada é venerada porque é sagrada e não porque é uma pedra" conforme se lê no livro "O Sagrado e o Profano", de Mircea Eliade (1907–1986)[2].

Conforme nos mostra o livro "Ciência e Religião", organizado por Peter Harrison, as questões que se aglomeram em torno do assunto ciência e religião são muito variadas e há maneiras diferentes de serem abordadas nos dias atuais[3].

Os filósofos se preocupam em ver como o desenvolvimento das ciências pode influir nos argumentos tradicionais para explicar a existência de Deus. Também são relevantes para a filosofia as questões sobre as fronteiras entre ciência e a religião e sobre as bases de seus respectivos conhecimentos.

Os teólogos se preocupam em identificar características da ciência que tenham implicações teológicas e em determinar se a teologia pode ou até mesmo deve discuti-las.

Já os sociólogos identificam padrões de crenças religiosas e científicas nas sociedades e analisam as relações de poder entre as instituições científicas e religiosas.

Os historiadores estão interessados nas interações mútuas entre a ciência e a religião no passado e em como suas relações passadas informam o presente.

3.2   Que a Terra é definitivamente redonda

Se outrora não sabíamos sequer que a Terra era redonda e girava em torno do Sol – o que causou tanto mal-estar nos meios religioso e teológico –, hoje sabemos até que ela é azul, quando vista do espaço sideral. Devemos isso ao astronauta russo Yuri Gagarin que, em 12 de abril de 1961, a observou do espaço e a descreveu.

Daí em diante a Terra passou a ser designada como o planeta azul. E é azul porque, quando os raios solares penetram a nossa atmosfera, ocorre o fenômeno do espalhamento que destaca a cor

---

[2]Consulte M. Eliade, *O Sagrado e o Profano* (Livraria Martins Fontes Editora, São Paulo, 1992), trad. port. Rogério Fernandes.

[3]Consulte P. Harrison (org), *Ciência e Religião* (Editora Ideias & Letras, São Paulo, 2014), trad. port. Eduardo Rodrigues da Cruz.

azul. A atmosfera terrestre é rica principalmente em dois gases, o nitrogênio com 78% e o oxigênio com 14%, dependendo da altitude, já que a grandes altitudes a atmosfera torna-se rarefeita.

Além de redonda, nas regiões polares, ela apresenta-se ligeiramente achatada e sua superfície é recoberta por uma camada de gelo permanente, visto que a incidência da luz solar ocorre de forma oblíqua e não perpendicular como nos trópicos, onde a temperatura atinge níveis de calor bem maiores.

A superfície terrestre nem sempre foi como a atual. Temos dados científicos que demonstram a existência das placas tectônicas que se movem constantemente, promovendo ora o afastamento de continentes, como o africano e a nossa América do Sul, ou a aproximação entre outros.

Johannes Kepler (1571—1630) anuncia sua descoberta das leis do movimento planetário dizendo: "Talvez espere um século por um leitor, como Deus esperou seis mil anos por um observador". Ele sabia que sua explicação dos movimentos dos planetas, publicada em 1618, seria impopular e considerada antirreligiosa. Ele concordava com Copérnico quanto a ser o Sol o centro do Universo e a Terra mover-se em torno daquele, teoria essa que, apesar de correta, era mal vista pela Igreja Católica por contrariar a interpretação dos teólogos obtida a partir das Sagradas Escrituras, como já mencionei anteriormente.

De acordo com Kepler, os planetas não se moviam em torno do Sol em circunferências perfeitas, mas elípticas. Havia séculos que o círculo era considerado a figura perfeita, tida como "divina", portanto, a única trajetória que poderia seguir os corpos celestes.

Suas leis sobre o movimento planetário resistiram duzentos anos antes de nelas se observarem imprecisões de pequena importância.

Criadas na Idade Média, século XIII, as inquisições eram dirigidas pela Igreja Católica Romana. Eram constituídas por tribunais que julgavam quem era considerado uma ameaça às doutrinas católicas. Esses eram os católicos que criticavam a prática de adoração de imagens de santos, de beijar estátuas e de pagar indulgência, além de outras crenças como a virgindade de Maria, a mãe de Jesus, e da forma como ele nascera, ou seja, pelo Espírito Santo.

É claro que devemos aceitar o pensamento divergente e o que é contraditório às nossas crenças. Porém, a humanidade só evolui mudando de ideia! Então por que não muda? Até quando muitas das crenças religiosas vão continuar confrontando o que a ciência vem demonstrando ser a realidade? Que realidade? A que temos até agora, mas que poderá ser outra num futuro próximo, inclusive com muito mais ênfase do que a que temos atualmente.

Como nos ensinou Lucius Annaeus Seneca (IV a.C.), filósofo romano que escreveu antes da disseminação do cristianismo, portanto num cenário pagão, "a natureza nos fez aprendizes e deu-nos a razão, imperfeita, mas que pode ser aprimorada". E acrescenta, "como chegamos à noção do que é bom e do que é honra? Isso a natureza não pode ensinar, ela plantou em nós a semente do conhecimento". Esse conhecimento é o científico e não o baseado em lendas, histórias, mitos e milagres.

Afinal, o que é um milagre?

É um ato, uma ação, ou um acontecimento sobrenatural impossível de ser explicado de acordo com as ciências naturais, que age absolutamente em desacordo com as leis que governam o mundo.

As religiões veem o mundo como um mistério que exige explicação e sabe que não é a ciência que pode revelar o que está oculto por trás do que é aparente. Essa compreensão da religião acaba abrindo um abismo entre a fé e as crenças religiosas de um lado, e a razão e a ciência no outro extremo. Para os religiosos, a religião se ocupa da "ordem das coisas que ultrapassam o alcance de nosso entendimento: o sobrenatural" – o mundo do mistério, do incompreensível. A religião seria, portanto, uma espécie de especulação sobre tudo o que escapa à ciência, e de modo mais geral, ao pensamento claro e objetivo.

Explicar a ordem do Universo natural a partir dos mistérios da sobrenaturalidade pode fazer alguma diferença num contexto de baixo desenvolvimento científico.

Houve um tempo no qual as rupturas da ordem natural – períodos de seca quando se esperava chuva ou chuvas torrenciais fora do padrão, colheita escassa frustrando expectativas de fartura ou ter de lidar com pragas e pestes que destruíam os campos e as sociedades – podiam ser explicadas como ação dos deuses descarregando sua ira sobre o mundo.

A mentalidade religiosa perdeu seu lugar à medida que o conhecimento científico foi domesticando a natureza. Para uma boa safra, é melhor se fiar na tecnologia que no humor dos deuses.

Albert Sabin (1906–1993), que descobriu a vacina contra a poliomielite e Alexander Fleming (1881–1955) descobridor da penicilina, ajudaram muito mais que rezas e quebrantos.

A noção de que a religião trata do que escapa à lógica racional e científica e explica aquilo de que a inteligência humana não dá conta sugere outro abismo perigoso – aquele que separa o racional do irracional! O passo seguinte é a condenação da religião como superstição de gente ignorante. Em termos simples, quanto mais ciência, menos religião; quanto mais esclarecimento, menos necessidade de fé: quanto mais iluminado ou ilustrado o mundo, menos supersticioso ele é, em tese.

Os profetas contemporâneos e os pastores evangélicos, que insistem em negar a voz da ciência em nome da fé, prestam um grande desserviço à sua crença. Comprometidas em resguardar o papel da religião num mundo em que viveu, desencantado, o teórico social Max Weber (1864–1920) afirmava que onde Deus é tido como hipótese desnecessária, as lideranças religiosas que pretendem combater o vírus com vigílias, orações e jejuns conseguem apenas forçar a noção secular de que a experiência religiosa é mesmo para incultos e fanáticos.

Louis Pasteur (1822–1895) já proclamou outrora que um pouco de ciência nos afasta de Deus. Muito, nos aproxima.

Hoje, os cientistas recorrem a duas teorias básicas para descreverem o Universo: a Teoria da Relatividade Geral, de Albert Einstein, e a física quântica, de Max Planck (1858–1947), Niels Bohr (1885–1962), Werner Heisenberg (1901–1976), Erwin Schrödinger (1887–1961) e outros. A primeira trata da gravidade e da estrutura macroscópica do Universo em toda a sua extensão (cerca do número 1 com 24 zeros à direita de km). Já a física quântica trata do mundo microscópico, das partículas subatômicas, com 1 milionésimo de milionésimo de centímetro (quarks, prótons, nêutrons, elétrons e átomos).

Como combinar as duas grandezas, o infinitamente grande com o infinitamente pequeno? Como unificar ou combinar a teoria da relatividade com a física quântica? Esse é um dos grandes desafios da física teórica em nosso tempo.

Em primeiro lugar, há energia no vácuo quântico. Esse vácuo é tudo, menos vazio. O próprio pontinho densíssimo de energia e de elementos primordiais que num determinado momento explodiu (*Big Bang*) é já a manifestação da energia presente no vácuo quântico. Ela está sempre presente em todo o processo evolutivo, atua em nós e age dentro de nós.

Em segundo lugar, há a Teoria da Relatividade Especial (1905), de Einstein, que considera o espaço e o tempo em pés de igualdade. Mais ainda, estabelece que massa e energia se equivalem, o que é expresso pela famosa equação: $E = mc^2$, em que c é a velocidade da luz no vácuo, m é a massa das partículas em movimento, e E é a sua energia. Em outras palavras, matéria propriamente não existe. O que realmente existe é a energia em diferentes graus de densidade, desde a mais sutil até a mais compacta, que é a matéria, campo de grandíssima interação.

Em terceiro lugar, projetou-se a Teoria M (de Mãe), que questiona a compreensão oficial do núcleo do átomo circundado por prótons, elétrons e outras sub-partículas que vibram e se deslocam em diferentes níveis de energia, fazendo com que o espaço-tempo ganhe onze dimensões.

Stephen Hawking explica que há até uma corda cósmica, "objeto longo e denso com um minúsculo corte transversal que pode ter sido produzido nos estágios iniciais do Universo; uma corda individual poderia se estender por todo o Universo". A Teoria M procura reunir todas as várias teorias existentes entre os físicos teóricos acerca das supercordas em um único modelo, tendo por base a unificação da Física Quântica com a Relatividade Geral.

Em quarto lugar, existe a denominada constante cosmológica. Ela sustenta que todos os seres do Universo, e nós também, somos compostos das mesmas energias e dos mesmos elementos que estavam presentes naquele pontinho infinitamente pequeno que depois explodiu, lançando seu conteúdo a todas direções do Universo. Daí se formaram as grandes estrelas vermelhas que, por 4 a 5 bilhões de anos, funcionaram como fornalhas no interior das quais se forjaram todos os elementos químicos da tabela periódica, feita pelo químico russo Dimitri Mendeleev (1834–1907) (aproximadamente 92 elementos).

Algumas dessas estrelas também explodiram e projetaram para todas as direções tais elementos que vieram a formar as galáxias, as estrelas como o Sol, os planetas como a Terra. Assim sendo, o Universo é isomorfo, ou seja, é constituído pelos mesmos elementos físico-químicos.

Em quinto lugar, tem-se a contribuição da biologia. Francis Crick (1916–2004) e James Watson, no Laboratório de Cavendish (Cambridge), descobriram o código genético, o DNA, base da vida em toda a Terra. Constataram, para grande surpresa de toda a classe científica, que todos os seres vivos possuem algo em comum: os mesmos vinte aminoácidos e os quatro tipos de ácidos nucleicos: adenina, guanina, citosina e timina. A combinação diferenciada dessa base comum origina e explica a nossa complexa biodiversidade.

3.3 Que a Terra não é o centro do Universo

Como aprendemos na escola, o Sol é apenas uma estrela – uma estrela anã – de brilho mediano, havendo, portanto, no Universo, estrelas muito mais brilhantes. Todo astro que emite luz própria é um Sol e cada Sol apresenta um campo gravitacional no qual existem vários planetas que giram em torno dele em órbitas elípticas, de acordo com Kepler, como ocorre com a Terra.

Sabemos que o Universo surgiu há cerca de 13,7 bilhões de anos com a eclosão do *Big Bang*, termo cunhado por Fred Hoyle, um ex-agnóstico que era astrônomo de Cambridge. Hoje é a conhecida teoria da origem do Universo, a mais aceita atualmente no mundo científico.

Na década de 1920, Edwin Hubble, astrônomo americano, observou, por meio de experimentos (cosmologia observacional), que o Universo é formado por muitas galáxias. Essas contam com inúmeras estrelas, sendo cada estrela um Sol. A Terra, por exemplo, encontra-se na galáxia conhecida como Via Láctea, que em noites com céu limpo (sem nuvens) é perfeitamente visível a olho nu. No Hemisfério Sul ela é vista como um cinturão de estrelas que se estende no sentido leste-oeste ou vice-versa, acompanhando a linha do Equador. São tantas as estrelas, que formam um verdadeiro clarão no céu tão impressionante, impossível de não ser notada.

Na Antiguidade, os filósofos gregos como Platão, Aristóteles, Ptolomeu (c. 100–c. 170) e outros observaram que havia corpos celestes que mudavam de posição com o passar do tempo, como se fossem astros errantes que vagueavam no céu. A esses astros denominaram de planetas. Além disso, pelo tamanho, pela cor da luz refletida e pela posição ocupada no céu, foram sendo reconhecidos e denominados como os conhecemos até hoje: Mercúrio, Vênus, Terra, Marte, Júpiter, Saturno e, mais tarde, Netuno, Urano e Plutão, alguns deles com nomes de deuses gregos. Apenas recentemente, há pouco mais de uma década, Plutão foi extinto dessa lista dos planetas que compõem o sistema solar, por ser considerado muito pequeno e sua gravidade, de tão pequena, não conseguir atrair objetos que o circundam.

De lá para a Era Medieval, época em que a Igreja Católica exerceu grande influência no mundo a partir do século V depois de Cristo, Agostinho (354–430), um teólogo astuto, propôs que todas as respostas às questões sobre astronomia e cosmologia poderiam ser encontradas na Bíblia.

A partir daí, a Igreja adotou uma teologia cristã bem como uma cosmologia cristã em que a Terra era o centro do Universo. Isso nos mostra que os teólogos medievais se empenhavam em criar argumentos que satisfizessem as ideias de Aristóteles que, por conseguinte, davam mais crédito aos dogmas da Igreja. Para Aristóteles, o cosmo seria eterno e não admitia um criador. Para os cristãos, Deus criou o Universo.

O dogmatismo religioso causou grande desconforto entre alguns pensadores. Roger Bacon (1219–1292), um frade franciscano de Oxford (Inglaterra), afirmou: "Se pudesse ditar a ordem das coisas, queimaria todos os escritos de Aristóteles, pois seu estudo é uma grande perda de tempo, e só pode causar erro e aumentar a nossa ignorância". Em outro de seus manuscritos, escreveu: "parem de ser dominados por dogmas e autoridades: olhem para o mundo!"

Será que o Universo pode ter um centro?, eu me pergunto.

Quem nos responde é outro pensador com ideias muito avançadas para aquela época. Trata-se de Nicolau de Cusa (1401-1464), bispo de Bressanone (Itália), que em 1450, em seu livro *De docta ignorantia*, isto é, "Sobre a sábia ignorância", concluiu que a verdadeira sabedoria está na compreensão da impossibilidade de a mente humana entender a natureza infinita de Deus, na qual todos os opostos se combinam.

Essas ideias tiveram consequências interessantes para o pensamento cosmológico de Cusa; seu Universo não poderia ter um centro, porque é impossível encontrar seu centro perfeito.

Tanto Bacon quanto Nicolau de Cusa tiveram problemas com seus superiores por terem tido a audácia de criticar as ideias cosmológicas da época vigente.

Uma característica muito importante da denominada "Revolução Copernicana", iniciada por Copérnico e terminada por Kepler e Galileu, foi uma profunda mudança de atitude em relação à autoridade baseada em dogmas. Nada deveria ser cegamente tomado como verdade, o que, nas mãos de Galileu, se transformou em dedução a partir de experimentos.

3.4 Que Adão, Eva e o Paraíso jamais teriam existido

Há cerca de dois milhões de anos surgiram os primeiros seres humanos. A relação destes com o mundo era muito diferente. Eles não só respeitavam como também idolatravam a natureza, já que essa era a única capaz de garantir-lhes a própria sobrevivência. Eles viviam basicamente da caça e de uma agricultura muito rudimentar.

Na esperança de que catástrofes naturais tais como erupções vulcânicas, tempestades ou furacões não destruíssem suas casas e plantações, ou matassem os animais de caça, os peixes e as aves, várias culturas humanas atribuíram valores divinos à natureza.

Em certas culturas, vários deuses controlavam (ou até personificavam) as diferentes manifestações da natureza, enquanto, em outras, a própria natureza era tida como divina, "a deusa-mãe". Rituais e oferendas procuravam conquistar a simpatia divina, garantindo, assim, a sobrevivência do grupo. Dessa forma, os indivíduos buscavam ordenar sua existência dando sentido a fenômenos misteriosos e ameaçadores. Além disso, a relação com os deuses tinha também uma função social, impondo valores morais e éticos que eram fundamentais para a coesão do grupo.

Durante séculos de obscurantismo na Era Medieval, a mente humana só se baseava no dogmatismo teológico produzido pelas religiões, especialmente as cristãs, para explicar a criação do mundo e, por conseguinte, a do homem. O enorme cabedal de conhecimento obtido pelos gregos e romanos em épocas anteriores fora deliberadamente esquecido e mesmo condenado pela Igreja Católica como prática de paganismo, como se isso fosse a causa de todo mal.

Para esses teólogos, e aqui se inclui Santo Agostinho, todas as respostas às perguntas sobre cosmologia e astrologia estavam na Bíblia. Na verdade, era a maneira dissimulada para não se aceitar os ensinamentos que iam contra certos dogmas como, por exemplo, que a Terra era o centro do Universo, e o Sol, a Lua e os demais planetas a orbitavam.

O firmamento não era esférico mas uma tenda retangular, porque assim se lia na Bíblia, em Isaías: "Deus estendeu os céus com uma cortina em forma de tenda". Da mesma forma, a Terra era retangular ou circular como um disco, dependendo da parte da Bíblia consultada pelos teólogos.

Forjada por Santo Agostinho durante o século V, a tênue conexão com o passado em que o esplendor das civilizações grega e romana foi deliberadamente esquecido e substituído por um platonismo travestido que desrespeitava qualquer interesse por fenômenos naturais e, ao mesmo tempo, encorajava o debate de questões teológicas.

Daqueles tempos para os atuais, a Igreja não se transformou jamais. Continua realizando os mesmos ritos, rezando as mesmas orações de sempre, divulgando os mesmos mitos de outrora, canonizando pessoas como nós, transformando-as em santos, contrapondo-se constantemente aos avanços científicos conseguidos com muito esforço e abnegação, em quase todas as áreas do conhecimento humano, por meio da ciência, como se essa fosse a maior inimiga da humanidade!

Fé e fanatismo costumam andar de mãos dadas. E isso poderá constituir-se num perigoso e indesculpável retorno à época das trevas, em que muitos cérebros brilhantes, como o do físico e teólogo Giordano Bruno (1548–1600), que foi condenado à morte pela Inquisição, para citarmos apenas um exemplo, não que não haja numerosos outros. A Igreja transformou-se em um símbolo de civilização social que oferece a devoção à religião como antídoto contra os "rituais pagãos dos bárbaros do Oriente" e ao mesmo tempo nos garante a "salvação eterna no paraíso".

Somente e unicamente pela fé, esse conjunto de mitos, dogmas e doutrinas dos quais se constituem as religiões, nos é possível acreditar no incognoscível. Seus seguidores são as pessoas que aderem aos seus preceitos, suas crenças e rituais, devotando sua anuência pessoal a determinado deus. Uma fé destituída de qualquer fundamentação que seja pelo menos coerente. Que acredita piamente numa recompensa que virá após a morte, vivendo num céu que se crê de fato existir, onde viverá em paz para todo o sempre, como se diz nas suas missas e suas orações.

Como citei em capítulos anteriores, tornei-me ateu por não conseguir aceitar como verdadeira ou pelo menos aceitável a maior parte do que nos ensinam as religiões. Faço essa afirmativa com absoluta convicção e sinceridade. A vida não pode ter surgido com o sopro divino feito por Deus nas narinas de um corpo feito de barro que se anima após tal ato. Apesar de que, para Deus, tudo é possível, segundo aqueles que creem.

Conforme é relatado em Gênesis (do grego, origem), o primeiro homem, Adão, foi feito à semelhança de Deus, e Eva, a primeira mulher, seria feita à semelhança de quem? Teria sido de uma costela?

Notemos que já ocorre neste ponto um fortíssimo egocentrismo manifestado por Moisés, quem supostamente escreveu o primeiro capítulo do Antigo Testamento[4]. Havemos também de nos perguntar sobre a fidedignidade dessa informação. A palavra escrita, conforme sabemos, só surgiu mais de mil anos depois do dilúvio!

Com referência à localização exata do Jardim do Éden, até hoje ninguém se arrisca a afirmar onde teria sido, apesar do grande empenho realizado por religiosos, antropólogos, paleontólogos, geólogos e historiadores. Alguns se limitam a arriscar que teria sido entre os rios Tigre e Eufrates, ou seja, na Mesopotâmia, hoje Iraque, sul do Oriente Médio.

Que me desculpem os que creem, mas, para mim, essa é a mais fantasiosa, mais infantil, mais absurda e estúpida das lendas já inventadas em toda a História da humanidade. É tão sem nexo quanto acreditar na cegonha que traz o rebento para a casa de sua progenitora. Eu já admiti a crença em Papai Noel, quando criancinha, hoje não mais.

Tenho ciência de que atualmente, para muitos cristãos, os sete dias da criação do mundo de que nos fala a Bíblia não devem ser entendidos literalmente mas representam apenas uma forma metafórica e alegórica de se explicar a formação do Universo.

Por outro lado, algumas correntes cristãs, as chamadas "Fundamentalistas", originadas em determinadas regiões dos Estados Unidos, defendem a leitura literal da Bíblia e, motivada por esse relato de Criação e outros trechos da Bíblia, rejeitam a idade do Universo e da Terra, estipulada pela ciência moderna e defendem que o Universo surgiu em apenas seis dias, há menos de dez mil

---

[4]A autoria dos cinco primeiros livros, o Pentateuco, foi tradicionalmente atribuídos a Moisés, mas a exegese contemporânea descarta essa autoria, que considera simbólica. O livro do Gênesis, na verdade, tem, ao menos, três redações diferentes e nenhuma delas é de Moisés.

anos! Isso sim é que é absurdo!

Estudos científicos a respeito da origem da vida em nosso planeta têm demonstrado que os primeiros seres vivos a surgir foram seres unicelulares, mais simples, tais como os fungos, bactérias e alguns protozoários de vida aquática. É por essa razão que todo ser vivo é constituído basicamente de água. A seguir, surgem as plantas, que, pelo processo da fotossíntese, produzem o oxigênio, gás presente em 21% do ar atmosférico, imprescindível para os seres que vivem sobre a crosta terrestre com respiração pulmonar. Há também uns poucos organismos, os anaeróbicos, como algumas bactérias que não utilizam o oxigênio para viverem. Aliás, na presença dele, algumas, as anaeróbicas, morrem, como se fossem intoxicadas.

Após um longo período, a natureza cria finalmente os animais pluricelulares, bem mais evoluídos que seus antecessores e, dentre eles, nós, os humanos. Lembremo-nos de que todo e qualquer ser vivente paga um preço muito alto para continuar sua existência em seu habitat, embora a morte seja seu destino final.

A natureza, tão provedora e favorável à vida, por outro lado impõe, aos seres vivos, suas leis implacáveis como a sua perfeita adaptação em seu meio ambiente, além disso, qualquer ser vivo está sujeito a um processo denominado de seleção natural, segundo o qual, só os mais aptos sobrevivem. Somemos a isso tudo a possibilidade da ocorrência de mutações genéticas que, sendo um evento absolutamente casual, tanto pode melhorar determinada espécie, no que se refere à sua capacidade de adaptação mesmo em ambientes mais hostis como frio e calor intensos, baixa umidade do ar, disponibilidade de água, de alimento, ou se constituir numa alteração que prejudique ou até mesmo torne a subsistência dessa espécie inviável. Processos esses muito bem descritos pelo memorável biólogo inglês Charles Darwin (1809–1882) e corroborado inúmeras vezes por outros cientistas até os dias atuais, como sabemos.

Certamente a vida humana não tem a menor chance de ter sido criada simplesmente com a frase milagrosa de Deus, "faça-se o homem", e ele surgiu prontinho a partir do barro dos Jardins do Éden. E muito menos, " à sua semelhança", já que Deus, para os que creem, é amorfo, é espírito. Tampouco Eva teria sido feita a partir de uma costela de Adão. Pois, para fazer Adão, Deus não precisou de nada! Além do mais, o homem atual não tem uma costela a menos que a mulher!

Isso tudo é, obviamente, um mito, uma alegoria tão descabida quanto o Mar Vermelho se abrir para deixar passar incólume o povo escolhido por Deus em direção à Terra Prometida.

É correto dizermos que a ciência apenas sabe aquilo que pode ser medido, mas que não podemos medir tudo. Por outro lado, eventos milagrosos ou que não possam ser aceitos como verdadeiros, sob a ótica científica, são prontamente descartados por não podermos medi-los.

O muito ou o pouco que sabemos hoje, devemos estritamente à ciência, e, seja como for, é com ela que temos avançado nosso conhecimento em todas as áreas da atividade humana. Sem ela, certamente ainda estaríamos vivendo nas cavernas, tal como nossos ancestrais há mais de 70 mil anos.

E por falar em vida, onde, quando e como ela surge? Se surgiu aqui na Terra, será que apareceu também em outros cantos do Universo?

O surgimento da vida no planeta Terra está ligado a vários aspectos da história do surgimento do próprio Universo. Para que a vida se estabelecesse na Terra, era absolutamente necessário, em primeiro lugar, que houvesse por aqui os elementos químicos próprios de todo ser vivo como os átomos de carbono, hidrogênio, nitrogênio, oxigênio, fósforo e enxofre. Além disso, que este planeta estivesse a uma distância do Sol que permitisse que reações químicas ocorressem entre os citados elementos. Por sua vez, o Sol surgiu de uma nuvem de hidrogênio, elemento produzido quando fótons da radiação cósmica dão início a uma jornada pelo espaço sideral, o que ocorreu há cerca de 400 mil anos após a eclosão do *Big Bang*.

A Terra, ocupando a posição da terceira elipse em torno do Sol, nossa estrela mãe, está numa situação de muito conforto e propícia ao surgimento da vida como ela se nos apresenta. Se ocupasse a segunda elipse, seria extremamente quente. Se gravitasse na quarta elipse, seria muito fria para os padrões de vida que conhecemos, ou seja, que exige água líquida em grandes quantidades, além dos já citados elementos químicos, precursores da vida.

O antropocentrismo comum ao homem primitivo e às religiões reveladas colocou o homem como o início de todas as coisas e a Terra no centro do Universo, ao dispor daquele. Sempre me pareceu estranho que tenhamos sido feitos à imagem e semelhança de Deus porque ninguém jamais o viu. Por oposição à criatura, ao olhar-se, deduziu o ser de Deus.

Antropomorfismo primitivo e ilógico!

O Jardim do Éden, o paraíso terreno, foi criado para o homem no lugar mais central do globo, aos olhos dos semitas. Como já frisei aqui, para Galileu a Terra deixou de ser o centro do Universo, contrariando o dogma bíblico herdado pela Igreja Católica Apostólica Romana, mas também pelo Islã e pelas seitas protestantes. Posteriormente, com a ciência mais adiantada, a Terra passou a girar em torno do Sol.

A vida é filha do Sol, da Lua e das estrelas.

Com Darwin, a vida precedeu o homem em milhões de anos. Esse não surgiu pronto e acabado, sem pai nem mãe, já adulto e sexuado, capaz de enfrentar os perigosos caminhos do "livre arbítrio" e escolher entre o bem e o mal. Ele vem da evolução e se fez empiricamente em milhões de anos... O Universo ocorreu e, depois de tudo e da evolução da vida, o homem surgiu!

Mas olhemos o homem saído dos mamíferos superiores, dos primatas com os quais mantemos semelhanças tanto morfológicas como fisiológicas inegáveis e uma diferença radical: nós pensamos e sabemos que pensamos. Eles não. Por isso, como disse o rabino Nilton Bonder em seu livro "A alma imoral": "Macaco que não sabe que é macaco, é macaco, mas macaco que se sabe macaco, não é macaco"[5]. Com eles temos várias semelhanças, como todos nós sabemos: os cinco sentidos, os mesmos instintos, os órgãos muito semelhantes, a tetrapodia, a vertebração, os alimentos que comemos e assim por diante.

Sobra-nos o dom da reflexão. Uma brutal diferença!

---

[5] N. Bonder, *A Alma Imoral* (Rocco, Rio de Janeiro, 1998).

Pierre Teilhard de Chardin (1881–1955) claro, como padre católico, apoiado nas fontes extra-experimentais da ciência, isto é, em fontes religiosas, no caso dele, judaico-católica, prefere explicar o processo da hominização plena como tendo ocorrida de uma só vez por Deus quando cria Adão e Eva.

A ciência moderna nos ensina que há aproximadamente 4 bilhões de anos a vida se instala em nosso planeta com o surgimento de seres unicelulares. Imaginemos um ser formado de uma única célula, como o paramecio, ou a levedura da cerveja por exemplo, protozoário tão simples que, apesar de não apresentar obviamente qualquer sistema orgânico como nos organismos pluricelulares, pode sobreviver em vida livre ou parasitária. Por isso, é fundamental que mesmo os organismos unicelulares, contem com as três propriedades do protoplasma:

1. irritabilidade, que permite a sua perfeita interação com o meio ambiente em que vive, ou seja, se o ambiente lhe é nocivo por ser muito quente ou muito frio. Se o ambiente for aquoso, como no caso das amebas, o seu Ph, que é o valor da concentração hidrogeniônica de uma solução, pode ser demasiadamente ácido, alcalino ou neutro. O Ph ideal para a maioria dos organismos apresenta valores próximos de 7, ou seja, neutro, lembrando que os valores de Ph variam de 0 a 14, sendo os abaixo de sete, ácidos, e os acima de sete alcalinos;

2. condutibilidade é a capacidade de se conduzir os estímulos produzidos no próprio ambiente, que se iniciam no nível da membrana plasmática, passando pelo citoplasma para atingir o núcleo da célula. É o núcleo celular que promove as respostas aos estímulos, como se fosse nosso sistema nervoso central. Se o estímulo indicar alguma condição desfavorável à sua integridade, o núcleo elabora as respostas adequadas para a fuga da ameba para ambientes mais favoráveis à sua sobrevivência, o que implica a contratilidade de sua membrana celular;

3. finalmente, sua reprodução ocorre por meio de um processo

denominado de bipartição ou cissiparidade, ou seja, uma célula se divide ao meio formando duas novas células.

3.5 Que houve uma revolução cognitiva

As lendas, os mitos, as religiões e os deuses apareceram, pela primeira vez, com a revolução cognitiva. Isto é, na época da denominada "Idade da Pedra Lascada", há cerca de 70 mil anos, quando aqueles indivíduos, os *Homines sapientis*, desceram das copas das árvores e foram capazes de transmitir informações sobre coisas que de fato nunca haviam visto, tocado e cheirado. Enfim, eram capazes de passar informações de uns para os outros sobre coisas que não existiam, mas imaginavam. Dessa forma, eles descobriram como se utilizar da linguagem ficcional.

Para os primeiros homens e mulheres, quanto estranho e assustador deve ter sido o passo da reflexão que ocorreu durante a revolução cognitiva, quando o homem se apartou dos hominídeos, a partir do primeiro clarão do pensamento reflexivo capaz de idear soluções para resolver as questões práticas. Àquela altura, deuses não existiam. Eles seriam inventados logo no início desse processo revolucionário. Desde o início, eles inventaram muitos deuses para explicarem o Universo. A reflexão foi o passo decisivo que mudaria a face do planeta tornando-o a medida do homem.

Para os criacionistas, todas as coisas foram feitas num único ato, algo impensável, como nos mostram todas as ciências modernas, principalmente a paleontologia, a arqueologia, a física, a geologia, a botânica, a sociologia, a química, a biologia, a astronomia e a antropologia.

É hora de voltarmos aos nossos ancestrais no início mesmo das consciências, no começo da Pré-História. O que de fato ocorreu foi completamente diferente das historietas que nos contam no livro de Moisés, o Gênesis.

O panorama era, no mínimo, árduo e perigoso para os homens recém-saídos da condição de animalidade, sujeitos a todas as intempéries da natureza e sob a constante ameaça dos animais predadores a espreitá-los o tempo todo. Esses homens, já reunidos em hordas, já experientes pelo passado dos primatas bípedes, eram movidos por dois instintos básicos: o da sobrevivência individual e o da perpetuação da espécie (sexo e família). Nisso não se distinguiam da camada animal que povoava a Terra. O grande trunfo do homem primitivo foi, sem dúvida, a sua inteligência superior, a força do pensamento, a capacidade de planejar. Por ser um indivíduo de necessidade (*Homo necessitudinis*), precisando comer, vestir-se, beber, abrigar-se, proteger-se, viu-se obrigado a retirar da natureza a satisfação das suas necessidades, trabalhando-a (*Homo faber*).

A essa altura da História da humanidade, os primeiros hominídeos viviam como catadores-coletores, de vida nômade. Mas pouco a pouco, já vivendo mais na superfície que nos galhos de árvores, passaram a viver em comunidades um pouco mais organizadas, em grupos de dezenas ou centenas de indivíduos que se distanciavam de outros animais, especialmente de seus predadores. Ao mesmo tempo tiveram que procurar por locais em que se sentissem mais protegidos do frio e do calor intensos, da chuva e de outros fenômenos naturais como raios e tempestades. Procuravam por cavernas encravadas nos morros, que habitavam por vários anos antes de se mudarem para outros cantos.

Aliás, justamente nessas cavernas foram encontradas várias comprovações científicas da existência dos denominados *Homo sapiens*, nossos ancestrais mais próximos. Numa dessas cavernas, por exemplo a de CHAUVET-PONT-D'ARC, na França, foi encontrada a figura de uma mão humana, e as análises científicas apontam para a idade de 30 mil anos de existência. Esses seres humanos pré-históricos eram, na verdade, animais tão insignificantes como os de outras espécies – os elefantes, os cavalos, girafas, leões etc.–, incapazes de criar impactos sobre a natureza no sentido de alterar ou degradar seu meio ambiente.

Atualmente temos todos os indícios de que o *Homo sapiens* surgiu na África Oriental por volta de 2,5 milhões de anos, a partir da mutação do DNA de um gênero anterior de primatas denominado de *Australopithecus*.

Por volta de 2 milhões de anos, alguns desses indivíduos, homens e mulheres arcaicos, deixaram sua terra natal para se aventurarem e se assentarem na África do Norte, na Europa e na Ásia. Nessa época havia seis espécies de primatas: *Homo neandertalenses* na Europa e na Ásia Ocidental, cujo cérebro tinha um volume maior que 1400 cm cúbicos; o *Homo denisova* na Sibéria; o *Homo floresensis* na ilha de Flores. Essa pequena ilha fica na Indonésia. Seus habitantes (*Homo floresensis*), humanos arcaicos, passaram por um processo que os levou ao nanismo visto que a ilha era pobre em recursos. As pessoas grandes que requeriam muita comida morriam prematuramente. Os indivíduos menores tinham grande chance de sobreviver por mais tempo. Com o passar dos anos, as pessoas de Flores tornaram-se anãs. Tais indivíduos atingiam uma altura máxima de 100 cm e pesavam cerca de 25 kg. Eram capazes de produzir ferramentas e armas de pedra como também eventualmente abater um elefante, que, por sua vez, não era tão grande como os elefantes africanos atuais.

Durante a revolução agrícola, o que aconteceu 12 mil anos após a revolução cognitiva, o homem primitivo, que nada mais era do que o resultado de uma mutação do DNA de um dos primatas, o *Australopithecus*, então mais evoluído, deixou de viver nos galhos das árvores para viver sob as árvores, em grupos maiores, de centenas de indivíduos, numa comunidade socialmente mais organizada.

De animal de vida nômade, catador-coletor de insetos, grãos, castanhas etc., passou a viver em locais nos quais havia rios ou lagoas próximos, para ter abundância de água. Além disso, procurava por cavernas onde pudesse morar com segurança e criar sua prole. Aos poucos, afastou-se dos outros animais, principalmente dos seus predadores mais comuns como leões, tigres etc. Ao mesmo tempo deixou de ser um animal catador-coletor e passou a produzir seu próprio alimento.

Para tanto, ele aprimorou suas ferramentas, ainda que feitas da pedra lascada, para o cultivo da terra. Já não consumia seu alimento na forma crua, pois sabia como lidar com o fogo e, com esse, também afugentar seus predadores. O domínio do fogo foi de extrema importância para o desenvolvimento de outras atividades como a produção de artefatos metálicos, tais como os utensílios de cozinha, de ferramentas e de armas para a guerra contra outros grupos rivais. A esse tempo também criava animais de caça como ovelhas e cabras para sua alimentação.

Toda essa nova conjuntura passou a exigir, do novo homem primitivo, a crença numa força sobrenatural que garantisse o bem-estar de sua comunidade. Assim, tem-se o início das crenças em algo superior que controla a natureza. Somente com um bom regime de chuvas, de clima adequado com temperaturas amenas, além da ausência de pestes, pragas etc. seria possível obter uma boa produção.

Caso contrário, o que fazer?

Em nada se podendo fazer, a saída era inventar deuses e implorar pelo socorro celestial, o que, afinal, ocorre até nossos dias. A revolução agrícola, por depender, sobremaneira, das condições da natureza, foi um dos fatores decisivos para se acreditar na existência de Deus ou de deuses, considerados os criadores de todas coisas.

3.6 Que houve uma revolução científica

John Henry, que escreve um dos capítulos do brilhante livro organizado por Peter Harrison, "Ciência e Religião" (Cf. a Sec. 3.1), reitor na Universidade de Edimburgo, na Escócia, publicou extensamente sobre a história da ciência desde a Idade Média até o século XIX, mas tendo um interesse especial pelo Renascimento e pelos assuntos referentes aos primórdios da Idade Moderna. Na terceira edição de seu livro, *The Scientific Revolution and the Origins of Modern Science*, lançado em 2008, nos conta que a Revolução Científica sempre teve papel proeminente e decisivo na história da ciência[6].

Essa dita "revolução científica" estendeu-se desde o início do século XV ao final do século XVII, momento em que se pôde reconhecer como CIÊNCIA MODERNA, aquela que é criada a partir de

---

[6] J. Henry, *The Scientific Revolution and the Origins of Modern Science* (Palgrave McMillan, London, 2008), 3rd edition.

tradições consideradas distintas tais como a filosofia natural, as ciências matemáticas e a de-nominada mágica renascentista.

A importância desse período nas discussões entre ciência e religião deve-se amplamente às *Causes Célèbres* fornecidas pela Teoria Copernicana, momento que desafiou o pronunciamento bíblico de que a Terra não deveria se mover.

E por que não?

Porque, para a Igreja, sendo a Terra criada por Deus e por ser ela a morada de todas as suas criaturas, inclusive nós, seus filhos, ela teria de ser o centro do Universo! Além disso, à época, acreditava-se que o Sol girava em torno da Terra, e não o contrário! No entanto, Nicolau Copérnico, um curioso polonês, observador dos céus e dos movimentos dos planetas, concluiu, muito sabiamente, que a Terra e os demais planetas conhecidos até sua época giravam em torno do Sol, sendo esse o centro do denominado sistema solar, como já mencionado várias vezes neste livro.

Somando a isso, temos o darwinismo com demonstrativos claros e irrefutáveis de que a ciência e a religião não se misturam, e que, de fato, são essencialmente incompatíveis. Mas essa visão só passou a ser aceita a partir do século XIX, quando a ciência se tornou não uma arma para ser usada contra a religião, mas o campo de batalha entre os religiosos e os novos secularistas.

Para a grande maioria das pessoas de hoje, a crença religiosa é apenas uma questão de escolha. Mas, antes de o secularismo tornar-se a norma geral no Ocidente, o que se vislumbra, pelas evidências atuais, como uma questão apenas de tempo, Deus e a religião estavam presentes na vida social, política e intelectual, que parece até justo se dizer que, à exceção de poucos, todos pensavam, intuitivamente, de forma religiosa.

Pesquisas recentes sobre o denominado "Caso Galileu", em que o cientista, para não ser executado pelo "Santo Ofício" por "blasfêmia", teve que desdizer tudo o que havia afirmado sobre a Terra girar em torno do Sol, mostraram que nele estava envolvida uma série de circunstâncias que não devem ser utilizadas para se estabelecer uma incompatibilidade geral entre ciência e a religião. Afinal, Galileu havia recebido a permissão do papa Urbano VIII

(1568–1664) para escrever sua obra "Os Dois Principais Sistemas de Mundo" (1632)[7].

Considerando que isso aconteceu depois que o papa anterior emitira uma decisão, em 1616, contrária à Teoria Copernicana, podemos afirmar que o papado podia ser flexível sobre o assunto. Mais ainda, o principal assunto no julgamento não foi o fato de Galileu defender a teoria copernicana, mas que ele o havia feito depois de ter sido ordenado, de acordo com a decisão anterior do papa Paulo V (1550–1621), de não concordar com ela, não a defender, ou ensiná-la de "nenhuma forma possível".

Ao deixar de mencionar tal ordem quando pedira sua "permissão" para escrever o "Diálogo", ele havia enganado o papa Urbano VIII (embora Galileu tivesse legítimos motivos para negar a validade da ordem de restrição que lhe fora imposta em 1616).

Não há como negarmos que as instituições religiosas se mobilizaram contra os pensadores, cujos trabalhos eram considerados potencialmente ameaçadores para a Igreja.

Que absurdo!

Imaginemos uma situação dessas para os dias atuais! Ter que pedir "permissão" para um papa para escrevermos sobre nossas opiniões, sobre assuntos que possam ou não criar embaraços para as crenças religiosas?

O maior exemplo como o de Galileu, com trabalhos de um inovador sendo proibidos, é o de René Descartes. O sistema cartesiano havia sido proscrito pela Coroa francesa e, em seguida, pelo Santo Ofício. Não apenas por seu ceticismo perceptível, mas porque desestabilizava a já tradicional explicação aristotélica de como a transubstanciação (a doutrina oficial em relação à transformação das substâncias do pão e do vinho no corpo e no sangue de Cristo durante a Eucaristia) podia ocorrer sem que ninguém pudesse sentir outra coisa que não o do pão e do vinho. Porém, muito antes disso, os primeiros pretendentes à reforma da filosofia natural, que procuravam substituir o aristotelismo com seus próprios sistemas, supostamente superiores, foram, em algum ponto de suas

---

[7]G. Galilei, *Dialogo sopra i due massimi sistemi del mondo tolemaico e copernicano*. Disponível no sítio https://www.liberliber.it

carreiras, aprisionados pela Inquisição. Entre eles, podemos citar Girolamo Cardano (1501–1576), Francesco Patrizi (1529–1597), Giordano Bruno e Tommaso Campanella (1568–1638).

Esse tipo de policiamento da filosofia natural inovadora foi mais comumente vindo da Igreja Católica Romana. Mas há evidências de que Igrejas Reformadas poderiam ter seguido o mesmo exemplo.

Miguel Servet (1509–1553), um médico, foi queimado na fogueira em Genebra por ter sido o primeiro a descrever que o sangue seguia do ventrículo direito do coração para o ventrículo esquerdo, sem passar pela carne do coração entre os dois ventrículos (como se acreditava antigamente), mas através dos pulmões. Hoje sabemos que isso ocorre para que o sangue seja oxigenado, mas, para Servet, isso acontecia para que o sangue pudesse ser permeado pelo Espírito Santo, que ele acreditava estar ao nosso redor, no ar que respiramos. Servet foi executado pela Igreja Reformada, entre outras coisas, por negar a Santíssima Trindade. Já o cartesianismo não pôde ser proscrito em todos os estados dos Países Baixos, como acontecera na França absolutista, mas encontrou oposição oficial em Utrecht e Leiden, onde poderosos professores de teologia convenceram os conselhos das cidades a decidirem-se contra ele.

A prevalência efetiva do ateísmo que se iniciava nessa época é difícil de ser verificada, mas não podemos negar que ele já era amplamente percebido como uma ameaça constante à religião e à sociedade. Aliás, o termo "ateísmo" foi cunhado durante esse período, anteriormente havia apenas a expressão heresia.

Como já citado anteriormente, a humanidade atravessa várias etapas distintas para poder encarar o mundo do conhecimento com algum discernimento. Esse processo inicia-se com a revolução cognitiva, ocorrida há 70 mil anos, com o surgimento do *Homo sapiens* no norte da África e, a partir daí, gradativamente se estende para o resto do planeta.

Surgiu, então, nessa época a pobre linguagem apenas ficcional: falavam de coisas que realmente nunca haviam visto, ouvido ou sentido. Após um enorme salto no tempo, chegamos aos 13 mil anos em que o *Homo sapiens* tornou-se a única espécie *Homo* sobrevivente no planeta, já que as demais espécies de *Homo* acabaram de ser extintas pelo *Homo sapiens*, mais desenvolvido. De lá para cá, passamos por muitas revoluções referentes ao conhecimento humano.

Falando sobre as crenças religiosas, que é o objetivo principal deste livro, o homem primitivo adotou, de início, o que podemos denominar de religião animista, ou seja, ele adorava tudo que fosse produto da natureza, tais como as plantas, os animais, os rios e as colinas ou mesmo uma suntuosa árvore no sopé de uma montanha bem como a própria montanha, sendo essa a primeira manifestação de respeito e até de veneração às coisas as quais não compreendia muito bem.

As primeiras religiões organizadas surgiram há 5 mil anos na Grécia antiga como religiões politeístas; há 2,5 mil anos o budismo apareceu na Índia e se arrastou para a China e praticamente para toda a Ásia. Há 2 mil anos, durante o Império Romano, nasceu o cristianismo, há 1,4 mil anos, o islamismo, lembrando que o cristianismo e o islamismo são religiões derivadas do judaísmo.

Agora vamos pensar em como afinal construímos todo esse cabedal de conhecimento.

Como vimos até aqui, as crenças religiosas foram seguidas à risca pelos que nelas acreditavam até surgir, na Grécia dos anos dos grandes filósofos como Platão, Aristóteles, Sócrates, para citarmos apenas alguns dos inúmeros pensadores gregos que se tornaram os portadores dos grandes conhecimentos filosóficos para o resto do mundo, a FILOSOFIA, outra maneira de interpretarmos as coisas do mundo que nos cerca.

Esses filósofos nos forneceram inúmeros conhecimentos em muitas áreas da atividade humana atual, na filosofia, matemáticas, química, física, biologia, medicina, astrologia e por aí vai. Hoje, para nós, é muito difícil estudar qualquer assunto que seja, sem que tenhamos que começar pelos conhecimentos obtidos pelos filósofos da Grécia antiga.

Assim, fica claro percebermos que a religião termina onde começa a filosofia, da mesma forma que essa termina onde começa a ciência, o que teve início há 500 anos apenas. E não sabemos por quem a ciência será sucedida!

Por que a Teoria da Evolução incomoda tanto as religiões cristãs?

De acordo com Jon H. Roberts, no cap. IV do já citado livro "Ciência e religião", organizado por Peter Harrison, em 1896, Andrew Dickson White (1832-1918), autor do *A History of Science with Theology in Cristendon* (1896), sugeriu que a "Origem das espécies", de Charles Darwin, tenha entrado na arena teológica como um "arado em um formigueiro". Aliás, como ocorria quando se avaliava o impacto da ciência na teologia.

White teria exagerado quando alegou que a teoria de Darwin "acordou rudemente" os crentes de seu estado letárgico de "conforto e repouso". Mesmo assim, é verdade que, desde o início de sua publicação, em novembro de 1859, esse trabalho de Darwin chamou muito a atenção e gerou mais do que um pouco de hostilidade.

Inicialmente, pesquisadores ingleses e americanos acusaram a teoria de Darwin de desafiar a ideia de que a História Natural fosse a realização de um plano iniciado e sustentado por uma deidade providencial.

Também teria minado a veracidade da descrição bíblica do esquema de redenção, ao sujeitar a interpretação da história da vida como uma sucessão independente de criações de espécies em favor de uma teoria ligada à variação randômica e à seleção natural. Apesar de que alguns desses pesquisadores fossem obrigados a alterar suas visões, depois que a maioria dos pesquisadores naturais abraçou a ideia da transmutação, outros continuavam a entender essa hipótese como um ataque tanto à teologia natural quanto à revelação bíblica.

Em 1920, a Teoria da Evolução havia se tornado a hipótese teológica mais controversa desde os tempos de Galileu.

De acordo com Jon H. Roberts, as primeiras respostas vieram a partir do momento em que clérigos, teólogos e cientistas partiam do pressuposto de que a investigação científica nutria uma apreciação piedosa de benevolência e de sabedoria que permeava a criação e servia como "uma concomitante indispensável à bíblia" para imitar a glória do criador.

Durante o século XIX, duas versões desse argumento tornaram-se populares: uma focava a utilidade das estruturas das plantas e dos animais em promover a adaptação daqueles organismos em seus ambientes, a outra chamava a atenção para a prevalência de padrões inteligíveis dentro do mundo orgânico.

De acordo com os apologistas, era inconcebível que esses dados fossem resultado do acaso, pois fazia muito sentido atribuí-los à atividade de um planejador divino. As pesquisas dos paleontólogos serviram muito para reforçar a credibilidade desses argumentos: o primeiro, por expor dados que pareciam tanto " revelar a constante marcha de um plano mais amplo"; o segundo, por demonstrar que a quantidade de plantas e de animais que havia tanto aparecido quanto desaparecido durante o curso da história da vida no planeta, havia se adaptado também às condições de suas existências quanto os organismos atualmente existentes. Porém, estavam convencidos de que os organismos fossilizados continham formas de vida muito complexas para "serem criados e extintos por simples operações da lei material", ou seja, a propugnada por Darwin em sua teoria.

Assim, os defensores da fé propunham que aqueles organismos extintos eram as testemunhas, ao invés disso, da legitimidade da ideia bíblica da "Providência superintendente contínua de Deus".

A origem das espécies e a seleção natural de Charles Darwin seriam um ataque aos princípios fundamentais tanto da religião natural quanto da religião revelada pelas sagradas escrituras. Apesar do fato de Darwin ter sido cuidadoso em evitar a discussão sobre a origem da vida e em atribuir a Deus os créditos por "imprimir na matéria" as leis que governam o Universo, sua teoria atribui o surgimento das espécies a um processo caprichoso, esbanjador e algumas vezes até cruel. Enfim, que não precisava da intervenção divina.

No entanto, nem todos os pensadores religiosos compartilharam dessa hostilidade contra Darwin. O proeminente intelectual católico britânico John Henry Newman (1801–1890), por exemplo, declarou não ter visto nada no trabalho de Darwin que conflitasse com a revelação divina ou com a ideia de um "Deus Todo Poderoso e Protetor". Já o clérigo anglicano Charles Kingsley (1819-1875), informou Darwin de que havia "aprendido gradualmente" a ver que se tratava de uma concepção tão nobre da Deidade, acreditar que Ele criou formas primárias capazes de se desenvolverem em todas as formas necessárias, quanto acreditar que Ele requeria um novo ato de intervenção para suprir lacunas que Ele mesmo havia criado".

Parte dos argumentos utilizados pelo clero e pelos teólogos cristãos em seus esforços para minar a credibilidade da teoria de Darwin era forçada, ilegível, desinformada e até mesmo tola. A maioria deles, no entanto, ecoava as críticas feitas por críticos duros do trabalho de Darwin dentro da comunidade científica.

O trabalho de Darwin não alterou profundamente a estrutura do debate sobre a evolução humana. Contudo serviu como um lembrete incisivo de que as implicações teológicas da hipótese de transmutação estendiam-se para muito além dos assuntos relacionados à teologia natural. Ao desafiar a ideia de que um imenso abismo intelectual, moral e espiritual separaria a espécie humana das outras criaturas, a ORIGEM DO HOMEM pareceu questionar a pretensão de que os seres humanos gozavam de um status privilegiado como seres criados à imagem de Deus.

Antes de "A Origem das Espécies" aparecer em 1865, cientistas de diversas áreas do conhecimento haviam dispensado com sucesso a intervenção divina quando se descrevia o comportamento da natureza. Em agosto de 2008, antecipando o aniversário de 200 anos do nascimento de Darwin e o de 150 anos do aniversário da publicação de seu livro, Richard Dawkins apresentou à televisão britânica três programas destinados a celebrar o gênio de Darwin.

Ao contrastar a teoria de Darwin com as ideias da criação que ele atribuiu à religião, Dawkins destacou a originalidade do relato naturalista de Darwin de como as espécies se desenvolveram a partir de formas preexistes mais simples e menos elaboradas. Ao invocar uma posição religiosa contrastante, Dawkins tinha uma perspectiva didática, ou seja, reforçar a compreensão da ciência de Darwin e de seus pressupostos naturalistas por sua audiência. Um segundo objetivo era usar as supostas implicações para a religião, como uma técnica que estimulasse o interesse do público e como uma forma de apreciar as conquistas de Darwin. A justaposição antirreligiosa de Dawkins, ciência e religião, serve para um terceiro propósito, explicitamente declarado: o de persuadir aqueles que vivem na escuridão religiosa de que há uma luz maior.

É difícil não nos preocuparmos com essa situação! A quem ou o que iremos seguir?

Lembremo-nos de que a palavra "secularização" foi cunhada para descrever dois processos que caminham em direção contrária: a separação da ciência do corpo da religião ou a fusão da ciência e da religião sempre que as doutrinas teológicas sejam reinterpretadas à luz da ciência inovadora, como quando Isaac Newton viu a presença da providência de Deus na manutenção do sistema solar. Apesar dessas complicações imediatas, parece razoável supormos que a secularização, no segundo sentido, ou seja, significando a perda da plausibilidade dos ensinamentos religiosos tradicionais, tenha propiciado a secularização no primeiro sentido, ou seja, a perda do envolvimento da Igreja na maioria dos eventos da vida de uma pessoa.

Finalmente, de maneira triunfante, uma nova era começou, a era da ciência positiva, quando tudo o que se precisava para o entendimento da natureza era um método empírico que levasse ao estabelecimento de fatos e de leis!

A crença em Deus NÃO é mais um axioma. Há alternativas. E isso provavelmente também significa que, em certos *milieux* pode ser difícil sustentar a fé. Há pessoas que se sentem compelidas a abrir mão, ainda que sintam a perda. Essa é uma experiência reconhecida em nossa sociedade, pelo menos desde o século XIX.

Concluindo, não temos que ver a ciência como a frustração da experiência religiosa ou como antagonista da busca humana por significado. Nossa necessidade de significado é uma das características que distinguem os seres humanos, inclusive os cientistas, de outras entidades vivas. Os seres humanos estão mais intensamente alertas e vivos quando tentam dar sentido para as coisas e quando estão sendo arrastados em direção ao que é bom, verdadeiro e, talvez, acima de tudo, belo.

A ciência é uma parte importante dessa aventura, mas não é tudo. Porém é com ela que teremos nos arranjar para resolver nossos problemas. Para pensadores científicos ou religiosos, como o filósofo e cientista Michael Polanyi (1891–1976), Pierre Teilhard de Chardin e Alfred North Whitehead (1861–1947), a vitalidade humana, ao contrário de outros organismos, depende de sentirmos nosso caminho em direção à bondade, à verdade e à beleza inesgotáveis, ou seja, em direção ao que algumas religiões denominam de Deus!

4
Os Mitos

O poder de um mito não está na sua veracidade
mas na sua capacidade de convencer[1].

Como vimos na Sec. 3.5, as lendas, os mitos, as religiões e os deuses apareceram com a revolução cognitiva. Não nos deve surpreender, portanto, que em um dos momentos mais elevados do pensamento humano, os mitos retornem com força, como parte do esforço para a construção de uma descrição racional da realidade. E isso nos leva, mais uma vez, aos gregos.

4.1 O Mito da Caverna

Essa alegoria foi escrita por Platão (um dos mais sábios filósofos gregos, discípulo de Sócrates, este condenado à morte bebendo um veneno (cicuta) por ter, de acordo com os governantes, desviado os jovens de Atenas dos bons costumes e dos princípios morais e éticos da sua época.

O mito revela os conceitos da escuridão (a ignorância) e da luz (o conhecimento).

Alguns homens vivem, desde a infância, aprisionados em uma caverna, virados de costas para a sua entrada e atados por correntes

---

[1] Marcelo Gleiser, *Criação Imperfeita* (Ediotra Record, São Paulo, 2010).

no banco em que estão sentados, sem poderem virar para trás – de onde veem a luz de uma fogueira que permanece sempre acesa. Enxergam apenas o fundo da caverna à sua frente. Atrás deles há uma pequena parede onde uma fogueira permanece constantemente acesa. Por ali passam homens transportando coisas. Mas, como a parede oculta o corpo dos homens, apenas as coisas que esses transportam, tais como ferramentas agrícolas sobre os ombros, são projetadas em sombras e vistas pelos prisioneiros.

Certo dia, um dos prisioneiros escapa das correntes, sai do interior da caverna e alcança a rua sendo surpreendido por uma nova realidade. A luz da fogueira e a luz vinda do exterior da caverna agridem seus olhos, pois nunca tinha visto a luz. Ele tem a opção de voltar para a caverna e manter sua vida anterior, ou se esforçar para se habituar à nova realidade, à nova luz.

Provavelmente seus companheiros não acreditariam na sua descoberta, já que a verdade é apenas o que conseguem perceber da sua vivência na caverna.

Com o mito da caverna, Platão revela a importância da educação e da aquisição de conhecimento, sendo esse o instrumento que nos permite estar a par da verdade e estabelecer o pensamento crítico.

O senso comum que dispensa estudo e investigação é representado pelas impressões aparentes vistas por homens através das sombras. O conhecimento científico, por sua vez, é baseado em comprovações, o que é representado pela luz. Assim, tal como o prisioneiro liberto, também podemos ser confrontados com novas experiências que ofereçam maior discernimento.

O fato de passarmos a entender as coisas, pode, no entanto, ser chocante para nós e nos inibir para que continuemos a buscar conhecimento. Isso porque a sociedade tem a tendência de nos moldar para aquilo que ela quer de nós, que é aceitar somente o que nos oferece por meio da informação transmitida em meios de comunicação e mais nada. De certa maneira, já na Roma Antiga, o imperador Nero tratava de oferecer, ao povo de baixa renda e de ínfima intelectualidade, o famoso "pão e circo" para que não tivesse a real noção de quão miserável era sua vida.

Desde a Antiguidade, Platão quer nos mostrar a importância

da investigação para que sejam encontrados meios de combate ao sistema, o qual limita ações de mudança. Isso explica a condição de ignorância em que vivem os seres humanos e o que seria necessário para atingirem o verdadeiro "mundo real".

O mito da caverna de Platão é uma tentativa de explicar a condição de ignorância em que vivemos e o que seria necessário para se atingir o "verdadeiro mundo real", baseado apenas na razão, nos órgãos dos sentidos – na visão, no olfato, no tato, na audição e na olfação.

O objetivo principal é a busca constante, sem tréguas do conhecimento, das ideias perfeitas, imutáveis, eternas que correspondam à realidade verdadeira, e compreendê-las é alcançar o máximo de conhecimento.

O prisioneiro que se liberta da caverna é uma pessoa que está cansada de acreditar naquilo que as pessoas dizem que é verdade, e que, não se contentando apenas com isso, vai atrás da verdade plena. Ao sair da caverna, essa pessoa descobre que aquilo que ela está habituada a ter como verdadeiro é uma grande mentira. Ao contar tudo aquilo que descobriu fora da caverna e que era verdadeiro, por pura ignorância, aquele prisioneiro foi morto.

Será que esse mito tem algo a ver com as mortes daqueles que contrariavam as crenças religiosas, em fogueiras acesas em praças de Roma, por ocasião das santas inquisições, por exemplo, sobre a Terra como centro do Universo, defendida absurda e erroneamente pela Santa Igreja Católica?

A ideia de libertação do pensamento humano, independente de ideias pré-concebidas, está presente na história da filosofia grega desde seus primórdios. Parmênides (510–445 a.C.), filósofo grego, ocupava-se explicitamente da libertação da mente humana pela sedução dos sentidos e da opinião pública como condição essencial para se alcançar a verdade e a felicidade: "Afasta o pensamento do caminho da opinião e faze com que o hábito nascido das muitas experiências dos homens não te obrigue a dirigir por esse caminho com o olho que não enxerga"[2].

---

[2] A. Pasquinelli, *I Presocratici – Frammenti e testimonianze* (Giulio Einaudi Editore, Torino, 1958), Vol. 1., p. 232.

O conceito de libertação adquire relevo ainda maior em Platão, que considera a condição atual da alma como de sujeição e de aprisionamento em sua fábula anteriormente mencionada sobre a caverna.

Para ele, a libertação realiza-se em duas etapas: a primeira é a da superação dos erros dos nossos sentidos e da fantasia pela reminiscência da verdade durante a vida presente; a segunda é a ruptura das cadeias que mantêm a alma presa ao mundo material, pela separação do corpo, isto é, pela morte, porque, "enquanto tivermos o corpo e a nossa alma estiver misturada e confusa com o mal de tal natureza, jamais seremos capazes de conquistar completamente o que desejamos e dizer ser a verdade".

A libertação é um conceito importante mesmo para os estoicos e para os neoplatônicos. Em sua concepção do homem, que é substancialmente platônica, fazem consistir a libertação do domínio sobre as paixões e na separação do mundo e da matéria.

Com base na visão grega do homem e do mundo, não obstante a luta apaixonada do povo grego para a liberdade e a preocupação dos políticos, escritores e filósofos por esse ideal, não era possível um enfoque adequado ao problema da libertação. Para o pensamento grego, o homem permanecia sempre um Prometeu acorrentado por uma tríplice cadeia: o Destino, a Natureza e a História.

Tudo para os gregos está submetido ao destino, uma vontade superior aos homens e aos próprios deuses, que os determina consciente ou inconscientemente à ação. Além disso, o homem faz parte da natureza e está submetido, como todas as outras coisas, às leis gerais que a governam, pelas quais não lhe é permitido comportar-se diversamente de como se comporta. Finalmente, segundo a concepção grega da História, vista como um movimento cíclico em que tudo se repete regular e inexoravelmente dentro de determinado período de tempo (10 mil anos, segundo os estoicos), o homem está sujeito à férrea engrenagem do ciclo histórico, sem nenhuma possibilidade de modificá-lo.

É óbvio que somente outra concepção da realidade, que eliminasse essas potências absolutas ou que reconhecesse ao homem uma completa autonomia em seus confrontos, teria podido garantir um sólido fundamento à ideia da libertação. Essa nova concepção das coisas, já conhecida, em parte, pelo judaísmo, foi divulgada no mundo pelo cristianismo.

Na visão cristã, o destino desaparece e cede lugar a Deus, Pai Amoroso, que cria o homem e dá-lhe a mais ampla autonomia, constituindo-o senhor da natureza e não mais servo e confiando-lhe a direção do curso da História. Mas, segundo a interpretação cristã da história, o homem, situado num reino de liberdade, dele abusou gravemente desde o início, rebelando-se contra Deus. De acordo com o cristianismo, o homem, mesmo o daquela época, ou seja, quando surgiram as religiões cristãs, sempre sofreu, e ainda sofre, quando busca o conhecimento científico.

Na verdade, as religiões, de modo geral, mais criticam do que aplaudem as novas descobertas, especialmente quando estas obrigam aquelas a admitirem que certas passagens, já há muito ensinadas nas Escrituras, se mostram hoje como alegorias que já não mais se sustentam, como exemplo, a salvação dos animais contidos na arca de Noé, durante 40 dias de dilúvio, uma chuva torrencial que teria eliminado todas as vidas humanas, exceto as da família de Noé. O mesmo teria ocorrido com a vida selvagem, as plantas e as aves, excetuando-se as espécies protegidas do dilúvio, por Noé, que recebera de Deus essa tarefa hercúlea que lhe custou a si e à sua família dez anos de trabalho pesado.

Mas, com o cristianismo, a ideia e também a práxis de libertação são transferidas do plano filosófico ao religioso: só que a religião atua na libertação e não a filosofia. Até Clemente de Alexandria (ca. 150–215), que, entre os cristãos, foi um dos primeiros a reconhecer a importância da filosofia mesmo para quem possuísse o dom da fé, afirma claramente o princípio de que a filosofia não tem o poder de operar a libertação do homem, essa só pode ser causada pela misericórdia e pela bondade de Deus.

Clemente reconhece, por outro lado, que a filosofia pode contribuir para a libertação: "pelas impressões sensíveis, ela purifica a alma, reaviva-lhe o fogo, de modo que um dia ou outro essa pode penetrar até a verdade".

Essa é, em geral, a ideia que prevalece durante os períodos

patrístico e escolástico. Assim, no decorrer de toda a Idade Média (a idade das trevas), a libertação é vista, sobretudo, como tarefa da Igreja. À sociedade civil é reconhecido o direito, mas só em subordinação direta (Bonifácio VIII) ou indireta (Santo Tomás de Aquino) à Igreja.

Obviamente, a libertação é entendida como salvação eterna das almas e, por isso, diz respeito, antes de tudo, à ordem espiritual e individual.

No início da época moderna, a filosofia recupera sua autonomia nos confrontos com a teologia, o que lhe permite assumir novas responsabilidades diante do homem. Graças ao papel de "a rainha de todo o saber", cabe à filosofia o direito de orientar o homem, de libertá-lo de todo erro e de todo mal e assisti-lo na conquista da meta da felicidade. Essa tese, já explicitamente formada por Descartes e por Baruch Spinoza (1632–1677), é desenvolvida de forma radical pelos iluministas. Eles defendem que a libertação do homem depende exclusivamente dele e que esse pode consegui-la aproveitando plenamente a força de sua razão.

O erro e a ignorância, como nos diz o Marquês de Condorcet (1743–1794), um dos expoentes máximos do Iluminismo francês, são a causa única dos males do gênero humano, e os erros da superstição são os mais funestos porque corrompem todas as fontes da razão e o fanatismo que as aviva leva o homem a cometer o delito sem remorsos. "É iluminando os homens e moderando-os que se pode esperar conduzi-los à liberdade por um caminho fácil e seguro".

A confiança sem limites que os iluministas depositam nos poderes da razão parece legitimada pelas conquistas da ciência e da técnica, as quais, no século XVIII, colocam o homem em condições de se tornar senhor da natureza e da História.

Graças às novas descobertas, a humanidade sente-se liberta, quer das cadeias da religião, na medida em que, para resolver seus próprios problemas, não precisa mais de recorrer a Deus (secularização), quer das forças desordenadas da natureza (que agora aprendeu a controlar e a explorar em seu próprio benefício).

4.2 Desmistificando

> *Um pouco de ciência nos afasta de Deus,*
> *muito, nos aproxima*[3].

A palavra MITO, como vimos anteriormente, tem origem na antiga Grécia; MYTHOS quer dizer fábula. Pelo latim, MYTHO, que significa as narrativas dos tempos heróicos ou fabulosos. São narrativas de significação simbólica, geralmente ligadas à cosmologia e referentes a deuses que encarnam as forças da natureza e ou os aspectos da condição humana. São também representações de fatos ou personagens reais, exageradas pela imaginação popular, pela tradição etc. Os mitos são também uma ideia falsa da realidade, além de conhecimento ilusório elaborado ou aceito por grupos humanos e que representa significativo papel em seu comportamento. Não deixa de ser uma coisa fantasiosa, irreal e utópica. É uma forma de pensamento oposta à do pensamento lógico e científico. É por isso que ciência e religião, esta última baseada em mitos e milagres, não conseguem se entender, sendo uma fortemente antagonista da outra: são como água e óleo.

O mito é uma narrativa ficcional, de autoria desconhecida, que carrega forte significado simbólico para a humanidade e para as pessoas que nele creem. Por outro lado, a filosofia surgiu se afastando dos mitos gregos, ainda que nunca, de forma plena, as filosofias gregas e as demais tenham se afastado.

Dentro dessa narrativa, estão as origens das coisas, o sentido e o funcionamento delas, do céu, do inferno, do pecado original, da existência de Adão e Eva como nossos progenitores e da vida após a morte. Enfim, todo um conjunto de questões essenciais que se apresentam em um roteiro com personagens e não necessariamente conceitos que os tornem, ao menos, fidedignos.

No mundo grego dos mitos, a esperança é um mal porque não há qualquer esperança, uma vez que somos mortais e submetidos como joguetes de forças maiores do que nós. Já aqui é possível percebermos a condição de herói como aquele que merece ser lem-

---
[3] Louis Pasteur (1822–1895).

brado porque vive sem esperança, mas ainda assim enfrenta o *agon*, ou seja, o conflito, que é a vida e o comportamento para quem vive tragicamente.

Viver sem esperança é o modo de amadurecimento resistindo à melancolia, olhando-a nos olhos, mas, ainda assim, desafiando-a na lida com os objetos concretos da vida, que nos retira da doença, do desespero, legando-nos a coragem como outra grande virtude trágica – antes vimos a virtude da reverência como reconhecimento de que vivemos lutando contra forças que jamais venceremos.

No "Édipo Rei", de Sófocles (ca. 496–406 a.C.), vemos claramente a maldição do destino cego. Para que esse destino se realize, ele conta com a nossa infinita capacidade de saber mais do que devemos, mas nunca saberemos tudo que é preciso. Ao tomar conhecimento do seu futuro pelo oráculo de Delfos, Édipo sai loucamente em direção à realização da maldição que paira sobre sua vida desde o nascimento: matar seu pai, o rei Laio de Tebas, e se casar com sua mãe, Jocasta, esposa de Laio e rainha de Tebas. Édipo sabe que fará isso, mas desconhece quem são seus verdadeiros pais, tendo tomado, como pais adotivos, os reis de Corinto. O azar de Édipo é saber o que não devia. Assim, só os minimamente maduros podem entender que nem sempre devemos conhecer tudo, nem entender tudo, porque a verdade não só nos salva como também pode nos aniquilar.

A tragédia nos encanta pela sua maturidade em reconhecer o grande pano de fundo de nossa vida – os riscos imensos, o reino da contingência cega, a necessidade de coragem, a falta de sentido.

Na época de Aristóteles (século IV a.C.), a tragédia tinha como objetivo gerar terror e piedade aos que assistiam a ela, a fim de levar as pessoas à catarse (purificação), para a identificação com os heróis e heroínas. Era, enfim, uma reflexão mediada pela crença religiosa no mito.

Ao surgir a filosofia, já na mesma época, na denominada filosofia pré-socrática, esta seguirá outro caminho na busca do entendimento das mesmas questões essenciais, porém por meio da razão, da observação sensorial do mundo e de construções de conceitos bem fundamentados.

Sendo assim, convido os prováveis poucos leitores a analisarem os mitos que citarei no transcorrer deste livro que, por incrível que possa parecer, continuam exercendo grande influência no comportamento da humanidade, mesmo nos dias atuais, apesar do desenvolvimento enorme que a ciência tem nos apresentado diariamente, em todos os campos do conhecimento humano. Entretanto, quero ressaltar que a ciência não está imune a erros ou interpretações equivocadas, a despeito de os métodos científicos serem submetidos a rigorosos testes de comprovação. Quanto a isso, devo acrescentar que os métodos científicos e seus resultados são submetidos aos mais exigentes testes, antes de receberem o aval das comunidades científicas de cada área de conhecimento.

Vamos continuar mais um pouquinho com a antiga Grécia!

Lá viveu Demócrito (460 a.C.–370 a.C.), um filósofo pré-socrático, que, estando numa praia, observava o mar e, olhando para as areias da praia que se moviam com o vento, de longe, parecia-lhe que essas formavam um vasto tapete sólido, único e coeso. No entanto, manuseando um pequeno punhado de areia, viu que essa era na verdade formada por milhares de pequeninos grãos, uns mais claros, outros pouco mais amarelados, como cristais. Dessa simplória e fortuita observação, Demócrito começou a imaginar a quão diminuto tamanho conseguiria atingir se triturasse um daqueles pequeninos grãos. Pensou muito a respeito até concluir que, em determinado momento, seria impossível dividir ainda mais as já minúsculas partículas, a que deu o nome de "átomos", que, em grego, significa aquilo que é indivisível por ser demasiadamente pequeno.

E muito mais do que isso! Demócrito percebeu que todas as coisas materiais eram feitas de átomos.

Já Empédocles (484 a.C–421 a.C.), outro pensador grego, e seus seguidores julgavam que a terra, o fogo, a água e o ar eram os quatro elementos que davam origem a tudo que existe na natureza; para Tales de Mileto, era a água; para Anaxímenes (588–524 a.C.), o ar; já, para Heráclito (ca. 540–470 a.C.), eram a terra e o fogo.

É dessa maneira que a ciência surge e se desenvolve para jamais deixar de continuar procurando acertar, errar, consertar seus erros e ir em frente, como uma nau navegando por mares desconhecidos.

Hoje, por meio de estudos científicos, somos capazes de saber a respeito do passado remoto bem como sobre o presente e sobre o futuro próximo. Por meio de estudos que se utilizam do método da desintegração de isótopos radioativos, como o carbono-14, podemos determinar a idade bem aproximada de fósseis, como as ossadas de hominídeos tais como o homem de Cro-Magnon, de Neandertal etc., que nos antecederam há muito tempo, bem como a idade em que viveram os dinossauros, extintos há milhões de anos em nosso planeta, só para citarmos alguns poucos exemplos.

Os mitos nos ensinam que Deus criou o Universo, os astros, como o Sol, os planetas e, dentre esses, a Terra, que, até os dias atuais, tem sido considerada o único ponto do Universo em que há vida. Tem sido questionado há tempos sobre a possibilidade de vida em outros planetas, o que, aliás, é cada vez mais aceito em nosso meio científico atual.

Correndo o risco de ser repetitivo, gostaria de insistir que de acordo com a melhor interpretação disponíveis dos dados experimentais, a ciência tem nos ensinado que, há cerca de 13,5 bilhões de anos, a matéria, a energia, o tempo e o espaço surgiram daquilo que é conhecido como o Big Bang, teoria proposta originalmente por Lemaître (1894–1966), cosmólogo e físico belga que já conhecemos de capítulos anteriores e que, em 1966, a denominava de "a hipótese do átomo primordial".

Sempre de átomos se trata!

Deixemos, pois, a palavra sobre assunto tão grave para a física experimental.

5

O Ateísmo

*Prefiro ser alguém que pensa, e por isso sofre,
do que ser uma pedra burra.*

A palavra *ateu* também tem sua origem na antiga Grécia e significa literalmente *a* (sem) e *théos* (Deus). Portanto, é todo indivíduo que não acredita em um deus ou qualquer outra divindade.

Os ateus normalmente não se organizam em sociedades, confrarias, seitas ou qualquer forma de grupos humanos. Não se sabe ao certo quantos ateus há no mundo, mas alguns dados dão conta de que 2,3% da população mundial se diz ateia, outros 11,9% descrevem-se como não religiosos. A Suécia é o país mais ateu do mundo. Segundo dados fornecidos pela Enciclopédia Wikipédia, 85% de sua população não professa qualquer religião ou acredita em Deus. Na Europa, principalmente, e no resto mundo o ateísmo vem crescendo.

Esse crescimento se registra desde o ILUMINISMO, movimento cultural que surgiu no século XVIII na Europa e que defendia o uso da razão (Luz) contra o antigo regime (Trevas) e pregava maior liberdade econômica e política no mundo. Os iluministas tinham o apoio da burguesia, pois os pensadores burgueses apresentavam interesses comuns. Criticavam os privilégios da nobreza e do clero, a Igreja Católica e os seus métodos, mas a crença em Deus não era criticada.

Um dos principais filósofos do Iluminismo foi John Locke (1632–

1704). Ele acreditava que o homem adquiria conhecimento com o passar do tempo por meio do empirismo.

Voltaire (1694–1778) defendia a liberdade de pensamento e não poupava críticas à intolerância religiosa. Ele foi preso duas vezes por criticar com rigor a Igreja Católica e defendeu o liberalismo que resguardava os direitos civis.

Jean-Jacques Rousseau (1712–1778) acreditava que o homem deveria ser livre para agir e pensar. Para ele, na natureza não há bem ou mal, pois a moral é uma convenção criada pela sociedade. Ele escreveu o livro "O Contrato Social", que trata sobre o direito dos cidadãos nas decisões políticas.

Denis Diderot (1713–1784) preconizava a expansão do conhecimento e, junto com Jean Le Rond d'Alembert (1717–1783), divulgou a filosofia iluminista no mundo.

Os iluministas eram contra o monopólio do conhecimento que a Igreja detinha e defendiam a liberdade religiosa, ou seja, de se seguir a religião que se quisesse. Não aceitavam a intervenção da Igreja nos governos dos reis. Eram contrários à teoria do direito divino real. Opunham-se aos dogmas da Igreja e ao fanatismo religioso. Os iluministas acreditavam no progresso e na importância da ciência, sendo visceralmente contra o poder absoluto dos reis.

Immanuel Kant (1724–1804), filósofo prussiano, preconizava que o mundo deve ser suficiente nos limites da razão humana, isto é, sem precisarmos justificar o mundo por meio de crenças em deuses. Portanto, a priori, nesse sentido kantiano, só há suficiência se ela for independente de Deus. Sendo Deus bom no cristianismo, Ele não faria um mundo que ferisse a razão humana que Ele mesmo criou e por meio da qual construímos nossa vida.

Claro que, para Kant e para um ateu como eu, a modernidade apostará nela pela simples razão de que a busca por parâmetros racionais partilhados pelo nosso comportamento, independente de fé religiosa específica, é a forma ocidental de se crer na vida moral. Por exemplo, se matar uma criança inocente, você será castigado de alguma forma, mesmo que a lei humana não descubra. Se você for castigado, obrigado a "pagar" pelo que fez, o mundo tem sentido moral (suficiente); se não, ele não tem sentido moral (insuficiente).

Segundo Kant, a razão humana entra em agonia diante da possibilidade de que o mundo não seja moralmente suficiente. Só que, para o filósofo, a saída é o comportamento racional, e não a busca na fé religiosa. Para Kant e seus seguidores, já que não podemos ter certeza de que Deus existe ou do que Ele quer mesmo com o mundo e conosco, podemos "apostar" em nossa razão.

René Descartes, predecessor francês que marcou a visão do movimento iluminista, colocava a razão humana como a única forma de se explicar a existência de tudo. Ele é o fundador da filosofia moderna – "Penso, logo existo" é a frase mais comumente associada à sua filosofia.

Ele chegou a essa célebre conclusão enquanto buscava traçar uma metodologia para definir o que seria o verdadeiro "conhecimento". Ele desejava obter o conhecimento absoluto, irrefutável e inquestionável. Mesmo tendo frequentado as melhores escolas europeias, ele pensava que não tinha aprendido nada de substancial (exceto a matemática) em seus estudos. Todas as teorias científicas acabavam por ser refutáveis e substituídas por outras ao longo do tempo. Não havia nenhuma verdadeira, além da dúvida.

Descartes passou, então, a duvidar de tudo, inclusive de sua própria existência e do mundo que o rodeava. No entanto, encontrou algo de que não poderia duvidar: a DÚVIDA! De acordo com o pensamento do filósofo, ao se duvidar de algo, já se estaria pensando, e, por se estar duvidando, logo, pensando, se estaria existindo. Dessa forma, a sua existência foi a primeira verdade irrefutável que ele encontrou.

Assim, ele publicou o livro "O Discurso do Método", em 1637, resumindo seu pensamento na célebre frase mencionada acima, que em francês soa *Je pense, donc je suis*, sendo mais conhecida em latim na forma *Cogito ergo sum*, ou, como escrevi acima: "Penso, logo existo".

É importante insistir: a partir do século XVIII, a nossa visão de mundo sofre um tremendo abalo, exigindo de nós uma grande e profunda reflexão sobre as nossas arcaicas concepções, tanto no campo político quanto no religioso, firmemente enraizados na Europa de ontem. Daquele tempo para os dias atuais, é incontestável que a Revolução Industrial, o comércio, as grandes navegações, as grandes descobertas científicas, a evolução na agricultura propiciando a cada ano maior quantidade de alimentos, a indústria química farmacêutica produzindo fármacos cada vez mais eficazes no combate às grandes epidemias, a tecnologia avançada nas comunicações, a conquista do espaço, com o homem descendo na Lua – fato esse ainda contestado por algumas pessoas – certamente elevaram a humanidade a um novo patamar de conhecimento jamais atingido antes na História humana.

No entanto, passado tanto tempo, no campo filosófico-religioso, continuamos dando voltas sem encontrar respostas que nos satisfaçam. Isto é, não temos conseguido entender ou explicar conceitos que nos acompanham desde o começo da humanidade, tais como a existência da alma.

O que é, afinal, a alma ou espírito de que tanto falamos e, a rigor, não conseguimos explicar ou mesmo aceitar que de fato existam ou não?

De acordo com as religiões, a alma é, laconicamente, o início da vida. "Quereis saber sobre a alma. Vede um corpo sem alma", escreveu o Padre Antônio Vieira (1608–1697).

Em seu brilhante livro "Criação Imperfeita", o eminente físico brasileiro Marcelo Gleiser nos recorda[1] que, segundo Karl Marx, filósofo alemão (1818–1883), ateu convicto, a religião era o "ópio do povo". Marx dizia, também, que, se a intenção de alguém fosse tirar a religião das pessoas, era bom oferecer-lhes outro tipo de ópio, que aquilo que o ateísmo oferece mesmo com todo apelo à razão e à lógica científica não irá funcionar – ao menos como costuma ser apresentado sem qualquer vestígio de espiritualidade.

A exemplo de muitos desses grandes pensadores, o que inspira a minha espiritualidade é a ligação profunda que, como animal e ser humano, sinto com a natureza, o que é uma celebração de vida. Do mesmo modo, vários ateístas e agnósticos afirmam que o seu modo de pensar não é compatível com uma relação espiritual com a vida. Essa tentação de conceber uma realidade não natural é já encontrada em Platão, para quem "o mundo real é o mundo

---

[1] M. Gleiser, Criação Imperfeita (Editora Record, Rio de Janeiro, 2010), p. 41.

pensado, e não o mundo olhado". Nossos sentidos podem nos iludir.

Para Friedrich Nietzsche (1844–1900), como para mim, o ateísmo não é o resultado de um acontecimento marcante. Em mim, eu o compreendo não só como uma convicção, mas como a nítida percepção de que nós, somente nós e ninguém mais, criamos a necessidade de crer que não estamos sós.

Que há de haver alguém ou alguma coisa que não conhecemos, que, a distância, sabe de tudo sobre nós, que nos ama e que nos protege.

Prefiro ser um homem melhor, com meu espírito livre, um espírito tornado livre, que voltou a tomar posse de mim mesmo. Como disse Nietzsche, "um ser humano talvez demasiado humano"!

Em seu livro Ecce Homo, "Eis o Homem", Nietzsche recorre a uma passagem do Evangelho de João (XIV, 5) para o título de seu livro.

Ele, ateu, toma a palavra de Pilatos no processo de Jesus de Nazaré, não para apresentar o Cristo que seria condenado à morte na cruz, mas para lavar as mãos como Pilatos; não para oferecer a si próprio ao suplício, mas apresentar-se como um autêntico sem-Deus e um sem-religião, que percorre sua própria vida sob todos os aspectos: físico, intelectual, psíquico, social e espiritual.

Diz, ainda, que o erro, ou seja, a crença no ideal, naquilo que ninguém jamais viu por seu espírito, não é apenas cegueira. Que o erro é covardia. Que cada conquista, cada passo adiante no conhecimento é consequência da coragem, da dureza consigo mesmo, da limpeza para consigo. Ele não refuta os ideais, mas simplesmente calça luvas perante eles. Sua filosofia haverá de vencer um dia, porque, até aquele momento de sua vida, a única coisa que foi proibida sempre, por princípio, foi a verdade.

Verdade essa que o cristianismo nunca se dispôs a ouvir: a que Deus não existe, a alma não existe, a vida após a morte não existe. Aqui não fala um fanático, aqui não se "prega", não se exige fé numa infinita plenitude de luz e de um abismo de felicidade.

Nietzsche afirma que o ateísmo presente nele não é um acontecimento simplesmente instintivo que se manifestou em tenra idade, ainda quando era criança. Que ele é demasiadamente curioso, problemático, orgulhoso para se contentar apenas com respostas grosseiras. Para ele, Deus é uma resposta grosseira, uma indelicadeza contra nós, pessoas que pensam, raciocinam e tiram suas próprias conclusões. Que, no fundo, é mais do que uma proibição grosseira contra nós: "Não deveis pensar!"

Simplesmente devemos crer e ponto final.

Posto isso, convido os prováveis poucos leitores deste livro a refletirem sobre o poder das religiões em fazer com que pessoas de boa índole e de boa fé passem a acreditar e ter fé em crendices simplesmente absurdas, sem nexo algum.

Vejamos, por exemplo, o que está ocorrendo exatamente neste dia de hoje (12 de Outubro), em que escrevo este trecho.

No Brasil, não é somente o dia dedicado às nossas crianças, mas também à nossa padroeira, Nossa Senhora de Aparecida. Diz-se que os pescadores João Alves, Felipe Pedroso e Domingos Garcia, ao puxarem sua rede de pesca das águas do Rio Paraíba do Sul, no dia 17 de outubro de 1717, no município de Aparecida, no Estado de São Paulo, encontraram uma estátua de barro de uma mulher de cor negra, porém sem a cabeça, pois a estátua havia se quebrado. Logo após o ocorrido, certamente houve grandes comentários entre as pessoas do local. A seguir, a tal imagem passou por uma limpeza, o que demonstrou ter a imagem a cor branca. A negritude era em razão do acúmulo de partículas de barro das águas do rio. Sua cabeça foi restaurada. O corpo todo da imagem foi pintado de preto, não sei por quê, e isso não faz diferença.

Nos dias atuais a imagem encontra-se na Basílica de Aparecida, onde os fiéis católicos se apresentam em grande número, o ano inteiro, para cumprirem promessas sobre as graças recebidas por intercessão da santa.

O que está em questão é o fato de nos perguntarmos por que somos tão facilmente impelidos a acreditar no inacreditável. Que poder é esse que as religiões têm tido de fazer de nós, seres que se negam a pensar, questionar, procurar pela verdade e desmascarar os que nos mentem há muito tempo, o tempo todo? Qual seria o real interesse desses ditos religiosos que tanto mal já causaram à humanidade? Que tanto insistem em nos fazer voltar à Idade da

Capítulo 5. O Ateísmo

Pedra?

Afinal, o que fazem as religiões se não pregar a servidão e a sensação de dependência aos seus fiéis?

Como professor de Neuroanatomia, passei boa parte da vida estudando no laboratório e dissecando cadáveres. Pesquisei o cérebro humano para defender uma tese de mestrado sobre os sulcos cerebrais presentes no lobo occipital, na sua face medial, o cuneus, região em que se encontra a área cortical responsável pela percepção e interpretação da nossa visão.

É claro que sempre me perguntei sobre a alma. Já li em algum texto poético que "Os olhos são a janela da alma". Faz de fato algum sentido, pois, quando olhamos fixa e profundamente para as pupilas de alguém, dá-nos uma inexplicável impressão de que, de algum modo, vemos muito além naqueles olhos. A técnica do "olho no olho" sempre foi utilizada pelos nossos pais para saberem se de fato estávamos falando a verdade. E funcionava muito bem quando mentíamos, pois, era "difícil" encarar quem nos olhava fixamente.

Conforme os conceitos filosóficos, a alma é o conjunto das atividades imanentes à vida, tais como o pensamento, a sensibilidade, a afetividade etc., entendidas como manifestações de uma substância autônoma ou parcialmente autônoma em relação à materialidade do corpo.

René Descartes nos remete à ideia de que, por não concebermos que o corpo pense de alguma forma, temos razão para crer que toda espécie de pensamento em nós existente pertença à alma (sem, no entanto, defini-la). Por não duvidarmos de que haja corpos inanimados que possam mover-se de tantas e diversas maneiras que as nossas, ou mais do que elas, então devemos crer que os movimentos em nós existentes, na medida em que não dependam do pensamento, pertencem apenas ao corpo.

Há de fato movimentos automáticos como o dos músculos respiratórios, da musculatura cardíaca que faz o coração bater, da musculatura peristáltica que movimenta o alimento através dos intestinos etc. Quanto a um corpo morto, percebe-se que esse é desprovido de calor e de movimentos. E, logo depois, que seria a essência da alma que faria cessar esses movimentos e esse calor natural do corpo.

Para Descartes, a alma tem como sede uma pequena glândula no cérebro humano, na qual exerce suas funções mais particularmente que em outras partes. Ele acreditava que essa parte era o cérebro ou talvez o coração. O cérebro porque é com ele que se relacionam os órgãos dos sentidos; e o coração, porque é nele que parece sentirem-se as paixões.

A esse respeito, quero fazer três comentários anatômicos: o primeiro é sobre os 12 pares de nervos cranianos, assim denominados por se originarem no encéfalo (todos os mamíferos os apresentam, os peixes contam com apenas 10 desses nervos).

O território corporal inervado pelos nervos cranianos localiza-se predominantemente na cabeça e no pescoço: o nervo olfatório, responsável pela percepção olfatória; o nervo ótico para a retina no globo ocular, relacionado à visão colorida nos humanos (cão, gato, boi etc. não distinguem cor, só veem em preto e branco); os nervos óculo-motor, troclear e abducente para os movimentos do globo ocular; o nervo trigêmeo para a inervação dos dentes e territórios da face; o nervo facial para os movimentos da musculatura facial, ou seja, a expressão facial; o nervo vestíbulo-coclear para a audição e equilíbrio corporal; o nervo glossofaríngeo para a mobilidade da língua, músculos da faringe e sensibilidade gustatória; o nervo vago, que regula a frequência cardíaca, contém ramos para os pulmões e todo o aparelho digestivo e outros órgãos abdominais; o nervo acessório, que acompanha a inervação vagal e que, como o nervo vago e outros, contém fibras pertencentes ao sistema nervoso autônomo, assim denominado por inervar vísceras cujas funções independem de nossa vontade, tais como os movimentos peristálticos dos intestinos, para a evacuação; a bexiga para a micção, as glândulas como o fígado, as salivares, as sudoríparas, as lacrimais, além do coração, etc.; e, finalmente, o nervo hipoglosso, que promove a mobilidade lingual e a musculatura que forma a faringe e laringe.

Assim, podemos entender que as emoções podem nos causar alterações bruscas que se refletem em todo o nosso organismo, conforme nosso estado emocional – medo, aflição, angústia, júbilo, dor intensa etc.

Porém, nosso coração não pode ser tido como sede da alma, como pensavam os antigos, como René Descartes. Ele é apenas uma bomba que recebe e envia o sangue para todas as partes do corpo, sem o que, esse pereceria. O encéfalo, órgão mais nobre e importante do corpo, morreria em apenas 4 minutos por falta total de suprimento sanguíneo. Tampouco o coração pode ser tido como a sede do amor ou do ódio, ciúme e outras qualidades que poeticamente lhe são atribuídas.

O segundo comentário diz respeito a correlações dos conhecimentos antigos expressos em obras de arte como, por exemplo, o quadro de Leonardo da Vinci (1452–1519), muito conhecido pelos cristãos, em que o autor representa numa de suas mais conhecidas pinturas, Jesus Cristo com um coração no centro do tórax, como se esse fosse transparente, em que se vê uma cruz entrelaçada por uma coroa de espinhos e uma chama como se fosse uma vela acesa.

Seria essa chama o símbolo da fé cristã?

Ou a tal fonte térmica de Descartes, presente no interior do coração que aquece o sangue, para manter a vida? Notemos que o conhecimento de cada época é muitas vezes representado nas artes, nas ciências e nas religiões.

O terceiro comentário é sobre a glândula pineal citada por Descartes como a sede da alma. A glândula pineal situa-se no epitálamo, uma porção posterior do tálamo. Ela é formada por células denominadas pinealócitos, de função secretora, e seu único hormônio é a melatonina. Este hormônio exerce um grande número de funções em várias células e órgãos, tais como efeito inibidor sobre as gônadas, controle sobre o ritmo circadiano, sobre a nossa glicemia, sobre a morte celular por apoptose, além da ação de regulação do sistema imunitário e do controle sobre o nosso ritmo circadiano, já citado anteriormente.

Descartes começa "O Discurso do Método" dizendo que o "bom senso" é a coisa do mundo mais bem partilhada, pois cada qual pensa estar tão bem provido dele, que mesmo os que são difíceis de se contentar com qualquer outra coisa não costumam querer tê-lo mais do que já o tem.

Afirma, em seguida, que o poder de bem julgar e distinguir o verdadeiro e o falso, que na verdade se denomina de bom senso ou razão, é naturalmente igual em todos os homens, e, dessa forma, a diversidade de nossas opiniões nada tem a ver com o fato de que uns são mais racionais do que outros, mas por conduzirmos nossos pensamentos por vias diversas e não considerarmos as mesmas coisas. Acrescenta, ainda, que não é suficiente ter o espírito bom, o principal é aplicá-lo bem.

Há um ditado popular que diz "Macaco velho não põe a mão em cumbuca". O que isso quer dizer? Que a experiência adquirida pelo macaco velho ensinou a ele que, dentro de uma cumbuca, pode haver algo que lhe seja nocivo.

Sendo assim, podemos dizer que o bom senso só se adquire com o tempo, com aprendizado, ou seja, com algum conhecimento. Por conseguinte, o bom senso não pode ser exatamente igual em todos os humanos. É obvio que uma criança deve ser destituída dessa qualidade.

Mais adiante, Descartes, cognominado o pai do racionalismo e do método cartesiano, afirma que não devemos submeter a teologia e as coisas sobrenaturais a raciocínios. A existência de Deus, para Descartes, já estaria confirmada pela simples observação do "Penso, logo existo". A existência do Eu enquanto ser pensante.

Aqui faço novamente a observação de que Descartes era um católico fervoroso e que estudara no Colégio Jesuíta de *La Flèche* – uma das mais renomadas escolas da Europa.

Desde o princípio dos tempos, a espiritualidade e as religiões preencheram as lacunas que a ciência não podia compreender. O nascer e o pôr do sol eram atribuídos ao deus Hélios e sua carruagem de fogo que cruzava o céu; terremotos e maremotos ocorriam em razão da ira de Poseidon, e daí por diante.

A ciência provou, com o tempo, que esses deuses eram falsos ídolos. Restam apenas algumas religiões ou seitas, as esotéricas, que ainda perguntam: de onde viemos? O que estamos fazendo aqui? Qual é o sentido da vida e do Universo?

Acrescento que há ainda, nos dias atuais, uma tendência generalizada e absurda de pessoas que creem no sobrenatural, de quererem encontrar sinais, imagens, objetos como o Santo Graal, ou algo que comprove suas crenças em entes divinos, mesmo em locais dos mais inusitados.

Desde criança, tenho ouvido dizer que a imagem de São Jorge montado em seu cavalo pode ser vista na superfície da lua plena. Tenho o hábito de olhar para o céu na esperança de reconhecer alguns planetas, como Vênus, Mercúrio, Marte etc., que são visíveis a olho nu durante à noite. Porém, nunca consegui ver a tal imagem de São Jorge. O que vi foram as sombras disformes das crateras lunares, nada mais que isso.

A Igreja Católica, no desesperado desejo de encontrar fatos que comprovem o que está escrito na Bíblia, mantém muito bem guardado, numa Catedral de Turim, na Itália, um pedaço de pano que se acreditava ser o "Santo Sudário", tido como o manto que envolveu o corpo ensanguentado de Cristo após sua morte na cruz. Eu e minha esposa, Margareth, estivemos lá há uns dois anos, juntamente com um casal de amigos, para ver o tal do Manto Sagrado, esse guardado a sete chaves pelo Vaticano, mas não era permitida a visitação pública. É lógico que ficamos muito decepcionados.

O Sudário apareceu na Europa em 1355, porém a sua história tem sido muito controversa. De fato, há pouquíssimas evidências de sua real existência. Em 1578, o tal artefato foi transferido de Jerusalém para Turim, onde se encontra até hoje. Até o século XIX, quando não havia recursos tecnológicos que permitissem uma análise mais apurada, não havia como se testar a veracidade do Sudário. Para os que não acreditavam na sua santidade, supunham que se tratasse apenas de uma pintura feita num pedaço de linho medindo 4,5 m de comprimento e 2,5 m de largura.

Todavia, recentemente, estudos científicos realizados por cientistas do Instituto Politécnico de Turim, utilizando-se da medição do tempo de qualquer objeto, pela técnica do carbono radioativo C-14, demonstraram que o tecido do suposto manto não corresponde à época de Jesus, tendo sido produzido lá pelos anos de 1300, portanto, em plena Era Medieval, a era das trevas, que se inicia no século V e com a queda do Império Romano pelos germânicos e termina no século XVI. A nossa Era Moderna tem início com o desenvolvimento da palavra escrita (escrita cuneiforme), criada pelos sumérios, há mais ou menos 4 mil anos antes de Cristo.

O número de exemplos desse tipo é incomensurável.

A partir disso tudo, é possível afirmar, sem querermos ser arrogantes perante os que creem – o que é extremamente difícil, senão impossível – que as supostas divindades e os santos são meros produtos da nossa farta imaginação, tal como já mencionado em capítulos anteriores.

Até mesmo nossos ancestrais mais remotos como o *Homo erectus* e o Homem de Neandertal, esse último nosso parente mais próximo, produziram inscrições em cavernas há 115 mil anos. Hoje, essas cavernas são sítios arqueológicos presentes principalmente na Espanha e no Oriente Médio, nos quais se encontram figuras humanas com cabeça de animais, que sequer existem em nossa fauna, como se fossem entidades divinas para eles. Tal prática, pelo que tudo indica, já se traduzia como uma manifestação de fé em algo sobrenatural, tal como hoje.

Somos os únicos seres a acreditar em deuses, na vida após a morte, que a alma ou espírito persistem para sempre. Sem a nossa presença aqui na Terra, com certeza, não haveria qualquer divindade. E é exatamente por isso que tenho manifestado a minha crença de que não foi Deus quem criou o homem, mas o homem foi quem criou Deus!

Como nos diz Marcelo Gleiser em seu livro "A Dança do Universo"[2]: "Para os atomistas, a ciência deve ser entendida como uma resposta a uma necessidade social. A necessidade de libertar as pessoas da escravidão causada pela superstição e pelo medo do sobrenatural".

A partir deste ponto desejo fazer algumas novas considerações a respeito do que foi realmente o que denominamos de Iluminismo. Trata-se de um movimento cultural ocorrido entre os séculos XVII e XVIII, caracterizado pela valorização da razão como instrumento para se alcançar o conhecimento.

Voltemos a Immanuel Kant, defensor incondicional do papel

---

[2] M. Gleiser, *A Dança do Universo* (Companhia das Letras, São Paulo, 1997), p. 62.

da razão para o progresso do homem. Ele preconizava como imperativo categórico de seu pensamento no campo da moral e dos bons costumes a seguinte regra geral: "Aja de maneira tal que a máxima de tua ação sempre possa valer como princípio de uma lei universal". Em razão de suas convicções filosóficas acerca da religião, Immanuel Kant já havia sido vítima de várias perseguições propugnadas pela Igreja. Ele considerava pertinente à esfera da filosofia a investigação das doutrinas religiosas, para que se pudesse estabelecer um limite do conhecimento segundo a razão.

Ainda que a verdade teológica esteja alicerçada em dogmas, a razão possui um papel dentro do terreno da religião que é o de delimitar rigorosamente, onde termina o conhecimento e onde começa a fé. A razão tem também um espaço na teologia no que se refere à moral e ao dever, campos esses que regulam as ações e a conduta humana.

Ao estudar as questões acerca do conhecimento, especialmente no que se refere aos seus limites, dada a incapacidade humana de explicar todas as suas nuances, bem como a sua aplicação no campo religioso, Kant elaborou sua obra de maior fôlego que é "A Crítica da Razão Pura", publicada em 1781. Nessa obra, o filósofo se ocupa também com os problemas relacionados ao comportamento moral do ser humano, passando a ser muito respeitado e conhecido. Porém, em vista de suas ideias sobre religião não serem bem vistas pela Igreja, em 1792 foi instado a não escrever ou dar aulas sobre assuntos religiosos pelo rei Frederico Guilherme II, da Prússia, sua terra natal. Com a morte de Frederico II, cinco anos mais tarde, Kant publicou um sumário de suas ideias religiosas.

De acordo com Kant, se nos perguntarmos o que se deve entender por milagre, podemos explicá-lo dizendo (pois, de fato importa-nos apenas saber o que esses milagres representam para nós, ou seja, para o uso prático de nossa razão) que se trata de causas cuja ação é regida por leis que ignoramos e que devemos de qualquer maneira ignorar. No que se refere aos milagres divinos, podemos, sem dúvida alguma ter uma ideia das leis que regem a ação de sua causa (como de um ser todo poderoso, etc. e ao mesmo tempo mortal) mas somente uma ideia geral, enquanto imaginamos esse ser como criador e mestre soberano de todo o Universo, tanto segundo a ordem da natureza quanto segundo a ordem moral, porque podemos adquirir o conhecimento, diretamente em si, das leis dele, conhecimento que a razão pode a seguir utilizar a seu bel prazer.

Suponhamos que Deus, por vezes, em certos casos, permita à natureza afastar-se de suas leis; aí estaria, portanto, a razão de certo modo paralisada. Como por exemplo, se fosse ordenado a um pai matar seu filho. Com relação aos milagres de boa espécie, os homens, na vida ativa fazem uso deles como simples frase, por exemplo: o médico diz: nada se poderá fazer pelo doente, a não ser que ocorra um milagre! Isso quer dizer que não se acolhe a fé nos milagres, sem, no entanto, contestar a possibilidade ou a realidade desses milagres. De qualquer modo, o melhoramento moral do homem é uma questão que compete ao próprio homem.

Enfim, tornei-me ateu porque não consigo acreditar que o mundo possa ter se iniciado simplesmente com a frase "Faça-se a luz!", ainda que pronunciada por um deus tido como onipotente, todo poderoso, onisciente, onipresente, em dado momento em que nada existia e, a partir do qual, simplesmente surgiu o Universo, em todo o seu esplendor.

Como várias vezes mencionei, ainda que seja uma simples teoria, a ciência nos apresenta uma forma muito mais aceitável para explicarmos a origem do Universo.

É a Teoria do Big Bang.

6

Um Pouco Sobre a Alma

*A alma dorme na pedra, sonha nos vegetais,
agita-se nos animais e acorda no homem*[1] .

Platão, um dos mais sábios pensadores gregos e nosso velho conhecido por aqui, nos forneceu todas as ferramentas para pensarmos sobre a razão que nos permite discernir sobre qualquer assunto. Porém, recomenda-nos cautela absoluta sobre aquilo que vemos com os nossos olhos, já que eles mentem para nós. Por exemplo, a visão de um oásis distante no deserto, para quem está extremamente sedento e prestes a morrer de sede, quando na verdade não há oásis algum!

Platão também acreditava que todo ser humano era constituído de uma parte material, o corpo, e uma imaterial, a psique, espírito ou alma. Porém tal crença era motivada muito mais pela fé, como ele mesmo afirmava, do que por qualquer tipo de razão ou argumentação plausível. Para Platão, a alma era imortal e eterna, sempre existiu e sempre existirá. Assim, quando um corpo acaba de surgir, uma alma eterna junta-se a esse corpo, que a abriga até a morte desse novo corpo e assim por diante.

Outros afirmam que a alma é o início da vida, no que concordam com os preceitos de Platão.

Descartes, um católico fervoroso e outros dos nossos conhecidos, acreditava que se pode crer, sem se prejudicar o milagre da

---
[1] Léon Dénis (1989), autor de "O problema do ser, do destino e da dor".

criação, e contentava-se em supor que Deus construiu o corpo do homem, sem colocar nele, no começo, qualquer alma racional nem qualquer outra coisa para servir-lhe de "alma vegetativa" ou "alma sensitiva", a não ser para que excitasse seu coração.

Essa visão nos remete, portanto, à concepção de uma reconstituição imaginária do homem como animal-máquina antes da inserção da alma. Na realidade, o corpo humano nunca é só uma máquina, pois está sempre unido a uma alma. Porém, essa redução mostra que a única função da alma é o pensamento, e, portanto, é preciso renunciar às noções de almas vegetativa ou sensitiva. No homem, a alma é uma só, e é a alma racional.

As faculdades que dão, ao corpo, vida e movimento e que denominamos nas plantas e nos animais de alma vegetativa e alma sensitiva encontram-se também no homem, mas, nele, não devemos denominá-las almas. Elas são de um gênero inteiramente diferente do da alma racional.

Isso nos mostra que, para Descartes, era absolutamente imperioso que se explicasse onde afinal se encontrava essa alma em nosso corpo. De início, ele acreditava que ela habitasse o nosso coração pela simples observação de que, conforme nossas emoções mais vibrantes, dava-se até a impressão de que esse órgão quisesse sair pela boca. O ritmo desse era bruscamente alterado para frequências cardíacas exacerbadamente aumentadas.

Posteriormente, Descartes passou a admitir a presença da alma em algum lugar mais próximo do nosso cérebro, afinal, a capacidade de pensar origina-se, sem dúvida, a partir desse órgão. E, tendo Descartes algum conhecimento da anatomia do cérebro, observou que há uma pequena glândula (cerca de metade de um grão de feijão) situada na parte posterior do encéfalo, disposta acima do cerebelo, fixada ao epitálamo. É a glândula pineal ou epífise. Como as suas funções, à época, eram completamente desconhecidas, Descartes propôs então que ela seria a sede da alma.

Hoje sabemos que a glândula pineal foi, durante muitos séculos, tida como um órgão misterioso, geralmente considerada um resquício filogenético do denominado "terceiro olho", encontrado em alguns lagartos e, portanto, desprovido de função no ser humano. A descoberta, feita por Lener em 1958, do hormônio da pineal – a melatonina – mudou esse quadro sombrio e mostrou o envolvimento da pineal nos processos da reprodução e no ciclo circadiano, sistema que regula e controla o nosso estado de sono-vigília.

Cada espécie animal tem suas próprias características, por exemplo, as presas geralmente dormem à noite, já os predadores, como o leão, dormem de dia para caçarem à noite.

Na última década houve uma explosão de trabalhos científicos mostrando a participação do hormônio melatonina em um grande número de processos fisiológicos, o que rendeu, à glândula pineal, grande importância. Embora em menores quantidades, os intestinos, a retina e células do sistema imunitário, além da placenta, também produzem o hormônio melatonina.

Descartes declarava, ainda, que sempre estimara que essas duas questões, de Deus e da alma, fossem as principais entre as que deveriam ser demonstradas mais pelas razões da filosofia que da teologia. Pois, embora seja suficiente, para os fiéis, acreditar pela fé que há um Deus e que a alma não morre com o corpo, não parece possível se poder jamais persuadi-los de qualquer religião, nem quase mesmo de qualquer virtude moral, se primeiramente não se lhes provarem essas duas coisas pela razão natural.

Poucas pessoas prefeririam o justo ao útil, se não fossem retidas pelo temor a Deus ou pela expectativa de outra vida. Assim, parece absolutamente verdadeiro que é preciso acreditar que há um Deus, já que isso é assim ensinado nas Sagradas Escrituras, porque elas vêm de Deus. E isso porque, sendo a fé um dom de Deus, aquele mesmo que dá a graça para fazer crer nas outras coisas pode também no-la dar para que creiamos que Ele existe.

No que concerne à alma, muitos acreditam que não é fácil entender sua natureza e alguns têm ousado dizer que as razões humanas nos persuadem de que ela morre com o corpo e que somente a fé nos ensina o contrário.

Além disso, sabendo que a principal razão que leva muitos ímpios a não quererem acreditar, de forma alguma, que há um Deus e que a alma humana é diferente do corpo, eles dizem que, até aqui, ninguém foi suficientemente capaz de demonstrar tanto a existência de Deus quanto a da alma.

Richard Dawkins, em seu livro "A Ciência na Alma", ressalta a importância das evidências empíricas e defende a "verdade sagrada da natureza", criticando a má ciência, a religião nas escolas e os movimentos que negam a existência das mudanças climáticas. Ele celebra a ciência como possuidora de muitas virtudes da religião, porém com a vantagem de não conter dogmas e superstições[2].

Falando sobre a alma, Dawkins nos ensina que nosso cérebro constrói a útil ilusão de nossa identidade pessoal, "um eu" que parece residir logo atrás de nossos olhos, um "agente" que toma decisões com livre arbítrio, uma personalidade unitária que corre atrás de nossos objetivos e que sente emoção. Acrescenta que a construção dessa individualidade acontece progressivamente no começo da infância, talvez como uma reunião de fragmentos até então separados.

Também afirma que podemos especular sobre a evolução da alma, mas só se usarmos essa palavra para denotar algo como modelo interno construído de um "eu". Porém, as coisas serão bem diferentes se com essa palavra quisermos nos referir a um espectro que sobrevive à morte do corpo. A identidade pessoal é uma consequência que emerge da atividade material do cérebro; quando o cérebro se degrada, ela tem de desintegrar-se e reverter-se ao nada, como antes do nascimento.

A esse respeito, devo dizer que, como Dawkins, fico muito à vontade para afirmar que a maioria dos que professam alguma religião acreditam piamente que a alma seja algo sobrenatural, quase inexplicável e até imortal. Mas quem estudou um pouco que seja de neurofisiologia conhece perfeitamente os cerca de 100 bilhões de neurônios que formam essa complexa rede de células e que se interligam através das sinapses, essas podendo ser formadas por apenas dois ou múltiplos neurônios, além dos núcleos intercalares que atuam como núcleos relês presentes em todo o sistema nervoso central, e que responde por todas, sem exceção, funções do

---

[2] R. Dawkins, *Ciência na Alma: Escritos de um Racionalista Fervoroso* (Companhia das Letras, São Paulo, 2018).

nosso sistema nervoso somático e visceral; que a perfeita atividade cerebral depende da absoluta integridade de todos os componentes que formam essa complexa rede; que os neurônios produzem os seus próprios neurotransmissores, responsáveis pela transmissão dos impulsos neurais, além de outras substâncias como alguns hormônios próprios do sistema nervoso central.

Essa maquinaria, assim descrita sem maiores detalhes, como acabei de fazer, ainda que não a conheçamos perfeitamente, não é o momento nem o local apropriado para descrevê-la com a profundidade de que se faz necessária. A alma ou espírito nada mais são do que o nosso "eu", esse nosso ser que se conhece a si próprio a partir desse cérebro que coordena todas as nossas atividades orgânicas, que conjuga os nossos fenômenos de consciência, que nos adapta às condições de nosso meio ambiente e que, sem dúvida, habita o nosso cérebro que, por ser material, se decompõe após a morte e com ele a própria alma ou espírito tornam-se pó.

Em resumo: penso e concordo integralmente com as afirmações de Dawkins, fazendo delas as minhas próprias.

É o mesmo Richard Dawkins quem nos conta uma piada: um homem está procurando alguma coisa embaixo de um poste de iluminação, à noite, e explica a um passante que perdeu seu molho de chaves: "Perdeu aí embaixo do poste?". "Não". "Então por que está procurando embaixo dele?". "Porque em outros lugares não há luz". O argumento tem certa lógica. Parece agradar a Paul Davies, um físico britânico, hoje na Universidade do Arizona. Davies tem interesse, assim como Dawkins, em saber se o tipo de vida terrestre é único no Universo.

O código do DNA, o código da máquina da vida, é quase idêntico em todos os seres vivos já examinados. É muito improvável que o mesmo código de 64 tripletos tenha, por coincidência, evoluído independentemente mais de uma vez. Essa é a principal evidência de que somos todos parentes e temos em comum um único ancestral que provavelmente viveu entre 3 a 4 bilhões de anos. Se a vida se originou mais de uma vez neste planeta, apenas uma forma de vida sobreviveu: o nosso tipo de vida, caracterizado pelo nosso código de DNA.

Se existir vida em outros planetas, é muito provável que ela seja igual à nossa. Se houver vida, por exemplo, em Marte, o teste para se determinar se ela se originou independentemente será seu código genético. Se possuir DNA e o mesmo código de DNA de 64 tripletos, devemos concluir que se trata de uma contaminação, talvez por intermédio de um meteorito, já que meteoritos passam de tempos em tempos entre a Terra e Marte – a propósito, diz Dawkins, em seu segundo exemplo de procurar embaixo do poste de luz.

A terra é o poste de Paul Davies.

Um meteorito pode cair em qualquer lugar da Terra, mas é pouco provável que o encontremos em qualquer superfície que não seja de neve permanente: em qualquer outra parte, ele seria muito parecido com uma pedra e logo acabaria coberto pela vegetação, tempestades de areia ou movimentos do solo. É por isso que cientistas à procura de meteoritos vão para a Antártida: não porque seja mais provável que meteoritos tenham caído por lá em vez de qualquer outra parte, mas porque é lá que podemos vê-los com clareza, mesmo que tenham caído há muito tempo.

A Antártida é o local do nosso poste. Qualquer pedra ou rocha pequena em cima da neve só podem ter caído ali, e muito provavelmente trata-se de um meteorito. Pelas análises da composição química feitas a partir de amostras de rochas obtidas de uma nave-robô enviada a Marte, basta cotejarmos com os meteoritos da Antártida para sabermos se eles vieram de lá.

Muito bem!

E daí eu, Mauro, me pergunto: se houver de fato vida em outros planetas, ainda que não pertençam à nossa galáxia, mas a outras muito distantes, qual passaria a ser nossa interpretação sobre este mundo? Sobre nós mesmos? Sobre as nossas crenças religiosas e tudo o mais? Seríamos criaturas provindas do mesmo criador?

Se a resposta for sim, então seríamos irmãos! Teríamos o mesmo código genético, seríamos, em maior ou menor grau, um tanto semelhantes. Provavelmente teríamos os mesmos objetivos na vida, os mesmos sonhos, as mesmas qualidades e defeitos. No campo espiritual, será que teríamos as mesmas crenças?

Vá lá saber!

Na minha modestíssima opinião, presumo que não. Penso que seríamos muito diferentes. Em todo o caso, para responder a tais indagações, temos que procurar, como nos ensinou Richard Dawkins, embaixo do poste de iluminação, ou seja, na imensidão deste Universo.

Dawkins também se perguntou se daqui a cinquenta anos a ciência terá matado a alma. Segundo ele, que coisa mais terrível, mais desalmada de se dizer! Mas só se você entender errado, ele diz (coisa fácil de acontecer, admito).

De acordo com Dawkins, há dois sentidos, a alma 1 e a alma 2, superficialmente confundíveis, mas muito diferentes. As definições a seguir, extraídas do *Oxford English Dictionary*, denotam o que ele denomina de alma 1. Ou seja, a alma 1 é a parte espiritual do homem que supostamente sobrevive após a morte e é susceptível à felicidade ou ao sofrimento em um estado futuro. Espírito desincorporado de uma pessoa morta, considerado uma entidade separada e dotado de algum grau de forma e personalidade. A alma 1 terá uma morte tardia e não lamentada pela ciência, e essa, no processo, levará a alma 2 a alturas jamais sonhadas.

De acordo com Dawkins, essa alma 1, aquela que a ciência vai destruir, é sobrenatural, desincorporada, sobrevive à morte do cérebro e é capaz de se alegrar ou de sofrer mesmo quando os neurônios virarem pó e os hormônios secarem. A ciência vai matá-la e muito bem matada. Já, a alma 2 nunca se verá ameaçada pela ciência. Ao contrário, a ciência é sua gêmea e sua criada.

Essas definições do mesmo dicionário denotam vários aspectos da alma 2: capacidade intelectual ou espiritual e grande desenvolvimento das faculdades mentais. Adicionalmente, em um sentido menos rigoroso, sentimento profundo, sensibilidade. A sede das emoções, dos sentimentos ou sensações; a parte emocional da natureza humana. A alma é um efeito, jamais um agente da razão e da nossa inteligência que com o tempo desabrocharam em nós imperceptivelmente e estão se desenvolvendo cada vez mais diferentes em valor e capacidade, de pessoa para pessoa, como convém para que se cumpram as leis. Isso é a alma 2, o tipo de alma que a ciência corteja e ama e da qual nunca se separará. A ciência já surrou e desgastou demais a alma 1. Dentro dos próximos cinquenta anos já a terá extinguido por completo.

Como nos relata Cyro de Moraes Campos, em seu belíssimo livro "Humanidade, Fracasso da Natureza", já mencionado[3], a alma, aquilo que entendemos como espírito ou alma deve ser interpretado como uma qualidade e não como uma entidade. A alma é um efeito, jamais um agente da razão e da nossa inteligência, que com o tempo desabrocharam em nós imperceptivelmente e estão se desenvolvendo, cada vez mais, diferentes em valor e capacidade, de pessoa para pessoa, como convém, para que se cumpram as leis que presidem a evolução natural e provoquem as diferenciações de onde surgiram espécies mais desenvolvidas e mais adiantadas.

Epicuro (c. 342–271 a.C.), um dos filósofos da antiga Grécia mais próximos de nós, nos ensina que a vida, que é nosso maior e mais valioso bem de raiz, é uma só. Lembra-nos de que a morte é inevitável e que nela nos decompomos completamente para voltar ao pó. Alerta-nos de que não nos espera nenhuma vida de sombra no Hades (o céu dos deuses gregos), nem uma vida melhor entre os deuses. Também nos chama a atenção para não centrarmos nossa vida na expectativa de alegrias futuras, pois, assim, podemos deixar escapar o presente.

Em uma das suas "Sentenças", que são várias, afirmava que seria capaz de rivalizar com Zeus em felicidade, desde que dispusesse apenas de pão e água[4].

Epicuro cita a fábula de Esopo, outro filósofo da Grécia antiga, que nos remete a observar que, de fato, nenhum de nós deseja a morte. Diz a fábula que um velho carregava, para sua cabana, colina acima, um feixe de lenha que cortara. Exausto, deixou-o cair no chão e clamou pela morte. Esta logo acorreu perguntando por que a chamara. "Para que me ajudes a erguer o fardo", respondeu o

---

[3]C. M. Campos, *Humanidade, Fracasso da Natureza?* (Editora Ibrex, São Paulo, 1978).

[4]Trata-se de uma das versões da Sentença Vaticana XXXIII. Para uma tradução mais fiel ao texto original, consulte Epicuro, *Sentenças Vaticanas/Máximas Principais*, (Folha de São Paulo, São Paulo, 2015), trad. João Quartim de Moraes, p. 30.

ancião.

É verdade que Epicuro não logrou, ao menos nos textos que conhecemos, oferecer explicação satisfatória sobre os deuses, nem sobre os "intermundos" em que residiam. Mas se não diz claramente o que os deuses são, é peremptório quanto ao que não são: não interferem no destino dos homens nem na ordem do todo!

Para ele, basta conhecer a natureza das coisas: não são os deuses, mas os átomos em movimento que regem o Universo. A morte é apenas a separação dos átomos componentes de um organismo.

Epicuro ensinava que não existe nada além da matéria, que a alma não sobrevive à morte, que não precisamos temer os deuses e que o fim último da vida é o prazer. Para obtê-lo, porém, devemos nos conduzir com grande moderação.

Epicuro lançou as bases do empirismo, ao sustentar que todo o conhecimento humano tem origem nas sensações. Sua popularidade atraiu os ataques, primeiro, das escolas filosóficas rivais e, depois, das religiões. O resultado da campanha anti-epicurista foi devastador. Das cerca de 300 obras que se estima que ele tenha escrito, restaram apenas três cartas e algumas máximas.

Do que percebemos do pensamento de Epicuro, está claro que se trata de um filósofo hedonista, que defende os prazeres da vida, porém com responsabilidade. Que como eu, não crê em santidades, anjos ou demônios. Que o homem é, por si próprio, o único responsável pelos seus atos.

Epicuro também não crê, tampouco tenta explicar sobre a possibilidade de a alma ser imortal, muito pelo contrário.

Tendo vivido depois de Demócrito em Mileto, outro filósofo grego, aliás, o maior expoente da Teoria Atômica, – vejam só, naquela época! –, Epicuro abraçou com fervor tais ensinamentos. Ele valorizava a capacidade humana de que, pela observação e pelos órgãos dos sentidos, o homem tivesse sido capaz de elevar-se por meio do raciocínio sobre as coisas da natureza até o eterno e o ilimitado.

Só posso admirar a simplicidade, mas, ao mesmo tempo, a sabedoria contidas nas palavras de Epicuro, com as quais não só concordo inteiramente, mas faço delas também as minhas.

Ainda em se falando sobre a alma, queremos crer que a vida humana é superior em algum aspecto fundamental, como nos diz, em seu livro "Homo Deus", Yuval Noah Harari[5]. Nós, *sapiens*, adoramos dizer, a nós mesmos, que nos beneficiamos de alguma qualidade mágica, que não só explica o nosso imenso poder, como também oferece uma justificativa moral para nosso status privilegiado. Qual seria essa singular epifania humana?

A resposta monoteísta tradicional é que só os *sapiens* são dotados de "almas eternas". Enquanto o corpo se desfaz após a morte, a alma continua sua jornada em direção à redenção ou à danação eterna no inferno. Como os porcos e outros animais não têm alma, eles não fazem parte desse drama cósmico.

Não se trata de um conto de fadas de jardim de infância, mas de um mito extremamente poderoso que continua a moldar a vida de bilhões de humanos até o início deste século XXI. A crença de que os seres humanos têm almas eternas, ao passo que os animais são apenas corpos evanescentes, constitui-se no pilar central de nossos sistemas legal, político e econômico.

É preciso sublinhar, porém, estudos científicos recentes não conseguiram provar a existência de alma em porcos, ratos, ou macacos rhesus. Por outro lado, até agora, nenhuma epifania mágica, ou seja, a manifestação de algo divino no ser humano, foi demonstrada. A evidência científica de que, ao contrário dos porcos, os humanos têm alma, é igual a zero. Entretanto, as ciências biológicas duvidam da existência da alma não só devido à inexistência de evidência, como também porque o simples conceito de alma contradiz os princípios fundamentais da evolução. A alma não pode existir, se entendermos por alma algo indivisível, imutável e potencialmente eterna.

Por essa razão, a Teoria da Evolução de Darwin não pode aceitar a existência da alma.

Essa contradição é responsável pelo ódio desenfreado que a Teoria da Evolução desencadeia nos devotos monoteístas. Foi Galileu Galilei quem, há 400 anos, por meio de um telescópio, deu

---

[5] Y. N. Harari, *Homo Deus – Uma Breve História do Amanhã* (Companhia das Letras, São Paulo, 2016).

início ao estudo do Universo e verificou que o planeta Júpiter contava com quatro luas. Após esse fato extraordinário, a astronomia revolucionou o nosso conhecimento do Universo até os dias de hoje!

Entretanto, nossas descobertas científicas mais recentes contradizem completamente o mito monoteísta.

Cientistas submeteram o *Homo sapiens* a dezenas de milhares de experimentos bizarros, examinando cada recanto de nossos corações e cada sulco em nossos cérebros e, contudo, até agora não descobriram nenhuma epifania mágica.

Se isso fosse tudo, bem que poderíamos alegar que os cientistas só precisam continuar a procurar. Se ainda não acharam as almas, é porque não procuraram com bastante cuidado. Por outro lado, a ciência só consegue explicar o que pode ser medido, e ela não pode medir tudo!

Muito bem!

Eu, Mauro, desejo contribuir, se é que esteja preparado para tal, questionando como tantos outros já fizeram: será que realmente a alma existe? Se existe, onde será sua sede nos corpos dos que a possuem? Em que momento a alma nasce? Ela é realmente imortal? Como devemos entender a ausência da alma num corpo com vida apenas vegetativa, como acontece no caso de um indivíduo em estado de coma profundo durante certo tempo? E onde foi parar a alma de alguém que se recuperou do estado comatoso? Ela é realmente a sede do amor, da inveja, do ódio, das nossas memórias mais sublimes?

É óbvio que não serei eu quem responderá a todas essas perguntas. Tampouco, não sei se haverá alguém capaz de fazê-lo.

O fato é que, até onde vai o meu conhecimento, pouco ou quase nada sabemos a respeito. Inclusive se somente nós humanos somos portadores de almas e se os demais seres vivos, mesmo os mais próximos de nós na escala zoológica, como os primatas, são dotados dela.

Já foi dito anteriormente aqui que a ciência é capaz de responder a quase todas as nossas dúvidas, desde que se possa medir, pesar, cheirar, tocar etc., mas nem tudo pode ser medido ou pesado. No entanto, a ciência tem demonstrado, de forma irrefutável, que os seres vivos, a natureza e o Universo já foram muito diferentes no passado remoto.

As leis de Darwin sobre a evolução das espécies continuam em efervescência mesmo nos dias atuais. A evolução não deixou de existir, embora imperceptivelmente. Todavia, há sempre uma ou outra instituição que, por temer a perda de suas hegemonias, tenta manter as crendices já superadas, à luz da ciência, e fazer com que seus súditos continuem submissos e ignorantes como aqueles da Idade Média.

Se a alma do *Homo sapiens* evoluísse passo a passo a partir da alma do *Homo erectus*, quais seriam esses passos? Haverá, por acaso, alguma parte da alma que seja mais desenvolvida no *sapiens* que no *erectus*? Mas a alma, pelo pouco que sabemos a seu respeito, não é formada de partes. Só o que é formado de partes, como o nosso olho, nosso coração e vasos, o nosso cérebro etc., pode evoluir com o tempo.

Pode-se alegar que as almas humanas não são passíveis de evolução. Que um belo dia qualquer elas aparecem. Todo ser humano passa a existir como resultado da inseminação do óvulo materno pelo espermatozoide do pai. A partir daí, pensemos no primeiro bebê a possuir uma alma!

Por que todos os sistemas ideológicos, teológicos e religiosos cristãos têm tanto medo de Charles Darwin? Certamente porque a Teoria da Evolução, ao longo de quase 200 anos, é reconhecida como verdadeira a tal ponto que, como se reconhece hoje, não se trata mais de apenas uma TEORIA sobre a evolução das espécies, mas de LEIS da evolução dos organismos vivos como a conhecemos até hoje.

Quem tem medo de Charles Darwin?

São os que não querem que se ensinem as leis da evolução nas escolas, especialmente as escolas americanas.

Quem responde a essa questão é o respeitado instituto de pesquisa de opinião pública americano, o Gallup, que, em 2012, estimou que apenas 15% dos americanos pensam que o *Homo sapiens* evoluiu somente pelo processo da evolução em si, sem a interferência divina; 32% sustentam que o homem pode ter evoluído a partir de formas anteriores de humanos, o que levou milhões de anos, mas que Deus orquestrou esse processo; 46% acreditam que Deus criou o homem na sua forma atual em algum momento, nos últimos 10.000 anos, conforme nos relata a Bíblia. Conclui-se, daí, que passar três anos na faculdade não implica necessariamente que isso mude a opinião dos estudantes. Embora as escolas não estejam evidentemente fazendo um bom trabalho no ensino da evolução de Darwin, os fanáticos religiosos insistem que ela não seja ensinada nas escolas.

Novamente pergunto: por que a Teoria da Evolução das espécies incomoda tanto os sistemas eclesiásticos, se, afinal, à primeira vista, as ideias de Darwin parecem muito menos ameaçadoras que as "monstruosidades" de Einstein e de Werner Heisenberg no campo da física?

A Teoria da Evolução apoia-se no princípio da sobrevivência do mais apto – o que representa uma ideia clara e simples, para não dizermos trivial. Em contraste, a Teoria da Relatividade, de Einstein, e a Mecânica Quântica alegam que se pode torcer o tempo e o espaço; que algo pode surgir do nada; e que um gato pode estar vivo e morto ao mesmo tempo. A despeito dessas noções zombarem do senso comum, ninguém tenta proteger estudantes inocentes dessas ideias escabrosas.

Por quê?

A Teoria da Relatividade não enraivece ninguém porque não contradiz nenhuma das nossas crenças religiosas queridas. Para a maioria das pessoas, o fato de o espaço e o tempo serem absolutos ou relativos não tem a mínima importância.

Em contrapartida, Darwin nos privou de nossas almas. Se você realmente entende a Teoria da Evolução, vai aceitar que a alma não existe. Essa é uma ideia terrível não só para os cristãos e muçulmanos devotos, como também para as pessoas antigas, adeptas de um dogma religioso claro, mas que, não obstante, querem acreditar que cada humano possui uma essência individual eterna, a qual permanece imutável no decorrer da vida e que pode sobreviver, intacta, até a morte.

Essa essência indivisível, holística continua a existir em todos os momentos sem perder ou absorver nada. Meu corpo e meu cérebro passam por um processo constante de mudança; enquanto os neurônios disparam, os hormônios fluem e os músculos se contraem. Minha personalidade, meus desejos e meus relacionamentos não são estáticos e podem transformar-se completamente durante anos e décadas. Mas, acima disso, eu permaneço a mesma pessoa desde o nascimento até a morte.

Conforme a Teoria da Evolução, todas as entidades biológicas – de elefantes a carvalhos, às células e moléculas de DNA – são compostas de partes menores e mais simples que incessantemente se combinam e se separam. Elefantes e células evoluíram gradativamente como resultado de novas combinações e divisões. Aquilo que não pode ser dividido ou mudado não pode ter vindo a existir por meio da seleção natural. É por isso que a Teoria da Evolução não pode aceitar o conceito de alma, se por "alma" entendermos algo indivisível, imutável e potencialmente eterno.

O olho humano, por exemplo, é um sistema extremamente complexo, formado por partes menores como o cristalino, a córnea e a retina. O olho não surgiu do nada, já completo com todos os seus componentes. Ele evoluiu a passos minúsculos no decorrer de milhões de anos. Nosso olho é muito semelhante ao do *Homo erectus*, que viveu há um milhão de anos. É um tanto menos semelhante ao olho do *Austrolopithecus*, que viveu há cinco milhões de anos. É muito diferente do olho do *Dryolestes*, que viveu há 150 milhões de anos. E parece não ter nada a ver em comum com os organismos unicelulares que habitavam nosso planeta centenas de milhões de anos atrás.

Mas até mesmo os organismos unicelulares dispunham de minúsculas organelas que permitiam, aos micro-organismos, distinguir entre a luz e a escuridão e se locomover em direção a uma ou outra. O caminho que levou de sensores tão arcaicos ao olho humano foi longo e sinuoso, porém, se dispõe de uma reserva de centenas de milhões de anos, certamente poderá percorrê-lo por inteiro, passo a passo. Poderá fazer isso porque o olho é composto de muitas partes diferentes. Se, a cada geração, uma pequena mutação alterasse levemente uma dessas partes, digamos, a córnea se tornasse um pouco mais encurvada, após milhões de gerações, essas mudanças poderiam resultar num olho como o nosso. Se o olho fosse uma entidade holística, desprovida de quaisquer partes, nunca poderia evoluir por seleção natural.

As pessoas sempre buscaram respostas para as grandes questões, diz-nos Stephen Hawking (1942–2018), em seu livro "Breves Respostas Para Grandes Questões"[6], astrônomo inglês e professor de física teórica e matemática aplicada durante os 30 anos em que ensinou na Universidade de Cambridge, na Inglaterra. De onde viemos? Como o Universo começou? Existe alguém lá fora? São algumas das perguntas cujas respostas todos queremos saber.

Os relatos sobre a gênese do mundo, criados no passado, agora parecem menos relevantes e verossímeis. Eles foram substituídos por grandes variedades do que podemos denominar de crendices, mitologia e superstições do passado.

A ciência responde cada vez mais a perguntas que costumavam ser de domínio da religião. Foi por meio da religião a primeira tentativa de se responder a questões que todos nós fazemos: De onde viemos, para onde vamos? Quem somos? Há muito tempo, desde os profetas, os filósofos gregos e as pessoas comuns, a resposta a tais questões era quase sempre a mesma: foram os deuses que criaram tudo. O mundo era um lugar assustador. Até os valentes Vikings acreditavam em seres sobrenaturais para explicarem os fenômenos sobrenaturais tais como os raios, as tempestades e os eclipses.

Hoje, a ciência oferece respostas mais consistentes e robustas, mas as pessoas sempre acreditam na religião porque esta lhes dá conforto e elas não confiam na, ou não compreendem a ciência.

Hawking nos conta que, anos atrás, uma manchete do jornal *Times* dizia que ele teria afirmado que Deus não teria criado o Universo. Porém, segundo ele afirma, "nada tem contra Deus, que seu trabalho não é provar ou refutar a existência de Deus, mas encontrar uma estrutura racional para compreender o Universo que nos cerca".

---

[6] S. Hawking, *Breves Respostas Para Grandes Questões* (Editora Intrínseca, Rio de Janeiro, 2018).

Por séculos, presumia-se que pessoas com deficiência como a dele (esclerose lateral amiotrófica), uma doença incurável do sistema nervoso, fosse uma maldição infringida por Deus. Nas palavras dele, "Se você confia na ciência como eu", acredita que há certas leis que sempre são obedecidas.

Se preferir, pode dizer que as leis são obras divinas, mas isso é antes uma definição de Deus do que uma prova da existência dele. Em cerca de 300 a.C., um filósofo chamado Aristarco de Samos (c. 310–230 a.C.) ficou fascinado por eclipses, sobretudo os lunares. Ele foi corajoso o bastante para questionar se eram mesmo causados por deuses. Aristarco chegou a uma conclusão ousada: ele percebeu que o eclipse na verdade era a sombra da Terra passando sobre a Lua, e não um evento divino. Assim, ele foi capaz de identificar o que realmente estava acontecendo lá no alto e desenhou diagramas mostrando a verdadeira relação entre o Sol, a Terra e a Lua. Além disso, ele deduziu que a Terra não era o centro do Universo, mas que na verdade orbitava o Sol. Aristarco ainda sugeriu que as estrelas eram outros sóis, só que muito mais distantes que o nosso.

Hawking nos diz que o Universo é governado por princípios ou leis e que ele acredita que a descoberta destas tenha sido a maior conquista da humanidade, pois são essas leis da natureza, como hoje as denominamos, que nos dirão se necessitamos mesmo de um Deus para explicar o Universo.

Hawking afirma também que o mais importante é que essas leis físicas, além de serem imutáveis, são universais. Ao contrário das leis feitas por seres humanos, as leis da natureza não podem ser quebradas; eis por que são tão poderosas e, quando encaradas do ponto de vista religioso, também controversas poderão ser. Se você aceita, como eu, diz Hawking, que as leis da natureza são fixas, nesse caso não demora muito para se perguntar: que papel Deus tem a desempenhar? Essa é uma grande parte da contradição entre ciência e religião, e, embora minhas opiniões tenham virado manchete de jornal, tratou-se de um conflito antigo, sublinha Hawking.

Poderíamos definir Deus como a encarnação da natureza. Porém, não é assim que a maioria pensa. As pessoas se referem a uma criatura semelhante ao ser humano com a qual possam se relacionar. Quando observamos a vastidão do Universo e como a vida humana é insignificante e acidental, parece muito implausível que Deus exista. Diz Hawking que usa a palavra deus em sentido impessoal, como Einstein fez para as leis da natureza; assim, conhecer a mente de deus é conhecer as leis da natureza.

A sua previsão é de que conheceremos a mente de Deus até o fim deste século!

Stephen Hawking também nos relatou que, quando alguém lhe perguntava se ele tinha fé de que Deus existia, ele respondia que cada um era livre para acreditar no que quisesse. Mas, na opinião dele, a explicação mais simples era de que não existia. Ninguém havia criado o Universo e ninguém governava o nosso destino. E que tudo isso o levou a perceber uma implicação profunda: a de que não havia provavelmente céu e tampouco um além-túmulo. Ele também pensava que acreditar em vida após a morte não passava de ilusão. Não havia evidência confiável e a ideia ia contra tudo o que sabemos em ciência.

Sobre tudo o que foi dito, Hawking nos remete a pensar sobre o risco de incorrermos no destino de Prometeu, que roubou o fogo dos deuses antigos para o uso dos seres humanos, que até então não sabiam como dominá-lo. Que ele, Hawking, acredita que podemos e devemos tentar entender o Universo. A punição de Prometeu foi ficar acorrentado a uma rocha pela eternidade, embora, felizmente, tenha sido libertado por Hércules, um dos doze deuses do Olimpo.

Pelo exposto pela mente brilhante de Stephen Hawking e de seus contemporâneos igualmente dotados de cérebros acima da normalidade, tais como Albert Einstein, Edwin Hubble, John Mitchel, para citarmos apenas alguns, é óbvia a tendência daqueles que se dedicam à ciência de se confrontarem com o que ensinam as religiões.

As religiões, desde os primórdios da humanidade, acreditavam no sobrenatural, em forças malignas capazes de destruir tudo num estalar de dedos. Para que tudo corresse bem, era imperativo se erguer templos suntuosos, suplicar aos deuses de plantão, orar e fazer donativos. Além disso, as religiões acreditavam em dogmas criados pelos religiosos, como ocorre lamentavelmente até os dias atuais. E o que é pior ainda: o que é dogmático, por definição, não admite discussão, e, por não ser discutido, não pode mudar; por não poder mudar, fica estacionado naquele mundinho das trevas, orando, orando e orando para quem? E, talvez, para quê?

Afinal, para chegarmos até aqui, isto é, como vivemos hoje, num mundo onde a tecnologia vem facilitando tremendamente todas as atividades humanas como nunca antes, melhorando a nossa qualidade de vida em quase todos os aspectos, tal avanço não teria sido possível a não ser por meio dessa nossa intrínseca capacidade de investigar, questionar, inventar e melhorar.

E o que nos permite tudo isso são a ciência e a tecnologia.

Não tenho nenhum receio em afirmar que, no que se refere às crenças religiosas, cujo fanatismo levou outrora os fiéis a conflitos muitas vezes sangrentos, não tornarão a ocorrer, mesmo porque nossos problemas atuais são outros, e as crenças religiosas passaram a ter, cada vez mais, menor interesse e importância, conduzindo-nos a um mundo secularizado.

Em seu belíssimo livro "A Ilha do Conhecimento", o internacionalmente conhecido físico brasileiro Macelo Gleiser, professor titular de filosofia natural, de física e astronomia no Dartmouth College, nos Estados Unidos, cuja leitura recomendo a todos os que têm o desejo ou a necessidade de sempre querer saber mais sobre tudo, já no início da Parte I, se pergunta: "Será que podemos entender o mundo sem algum tipo de crença pré-concebida?"[7].

Ele nos faz tal pergunta por ser essa a razão pela qual podemos crer tanto nos relatos de natureza religiosa quanto naqueles que a ciência, por meio de observações e experimentos que outrora não estavam ao alcance da humanidade, tem nos proporcionado ultimamente. Assim, chegamos a uma situação em que as religiões tentam explicar o desconhecido, como ele diz, por meio do desconhecível, enquanto a ciência busca explicar o desconhecido a partir do conhecível.

Todos sabemos, como já mencionado, que ciência e religião são,

---

[7] M. Gleiser, *A Ilha do Conhecimento: Os Limites da Ciência e a Busca por Sentido* (Record, Rio de Janeiro, 2014).

desde o início, como água e óleo, arqui-inimigas, não se misturam. Tampouco podemos admitir que ambas estejam absolutamente corretas, por exemplo, quando se discute sobre a existência de um Deus criador de tudo ou sobre a continuidade da vida após a morte. A ciência caminha lentamente, ora acertando, ora errando, mas sempre se utilizando da aplicação diligente e extremamente rigorosa do método científico, à procura daquilo que denominamos de verdadeiro. Se, no entanto, se observa, ainda que tardiamente, algo que não seja absolutamente correto em termos científicos, haverá sempre alguém da comunidade científica pronto para denunciá-lo e repará-lo.

Por outro lado, sendo as religiões movidas por verdades que se apoiam unicamente em conceitos dogmáticos motivados unicamente pela fé, o que foi estabelecido pelas religiões outrora jamais deverá ser alterado. Além disso, as crenças religiosas costumam acreditar em eventos sobrenaturais como os milagres do nascimento de Cristo por partenogênese, ou seja, o nascimento de um novo ser sem a participação de um espermatozoide, como aliás ocorre desde em animais inferiores, especialmente nos artrópodes. Na espécie humana nunca foi assim. A virgindade de Maria Santíssima, por conseguinte, somente pode ser concebida pela fé. Pela ciência, jamais!

Essa é apenas mais uma das razões pelas quais tenho mantido minhas convicções de que, nem o sobrenatural, nem Jesus Cristo, nem Deus, de fato existam.

Quero citar mais alguns exemplos dessa fé inabalável praticada por milhões de crentes em todo o mundo. Começo com a passagem do povo hebreu pelo Mar Vermelho, que se abre milagrosamente por Moisés, seu líder, ao livrar esse povo da escravidão imposta pelo faraó no Egito, onde viveu por algum tempo trabalhando como escravo. Diz-nos a Bíblia Sagrada que, ao deixar o Egito em direção à Terra Prometida, Jerusalém, o povo hebreu ficou perdido no deserto do Sinai por 40 anos!

Como conseguiram água e comida durante todo esse tempo? Por milagre! Diz-nos as Sagradas Escrituras que, à noite, chovia "Maná", alimento em forma de chuva que salvou o povo judeu da fome e da sede. Vejam só! Como é fácil explicar as coisas por meio das crenças religiosas!

Incognoscível é algo que está além do alcance da ciência e de seus métodos. Porém, buscamos conhecimento cada vez mais. Somos extremamente curiosos sobre tudo o que existe ao nosso redor. É dessa forma que conseguimos aprender e transmitir, às gerações futuras, o que sabemos hoje através dos nossos ancestrais. Por outro lado, temos que aceitar que estamos e permaneceremos cercados por mistérios. Entretanto, essa visão nada tem de anticientífica ou derrotista. Também não se trata de uma proposta para que sucumbamos ao obscurantismo religioso. Afinal de contas, a "Idade das Trevas" já passou.

Como já mencionado anteriormente, outro exemplo que me deixa no mínimo encabulado é o do dilúvio provocado por Deus, em razão do excesso de pecados que vinham sendo cometidos pela humanidade, conforme nos relatam os que leem as Sagradas Escrituras. Assim, para purificar a nova espécie humana pós-diluviana, Deus determina, a Noé e sua família, considerados obedientes a Deus, a construção de uma arca, que demorou dez anos para ser concluída, para acolhê-los durante o dilúvio, juntamente com um casal de cada espécie animal, além das aves não aquáticas e de plantas também não aquáticas. O dilúvio foi um evento provocado por Deus: choveu torrencialmente durante 40 dias e 40 noites em toda a face da Terra, inundando todos os recantos, ao mesmo tempo em que todas as espécies de animais terrestres, todas as aves e todas as plantas não aquáticas eram dizimadas, exceto é claro, Noé e sua família e os animais, aves e plantas que foram antecipadamente acondicionados na sua arca.

Muito bem!

Agora eu, Mauro, me pergunto: considerando a enormidade de espécies animais presentes no mundo atual, dá para imaginarmos quais seriam as dimensões daquela nau? Não é necessário sequer mencionarmos o número de aves e de plantas! Hoje temos em nosso meio, para falarmos apenas nas espécies de cães já devidamente classificados pela ciência (384), uma quantidade igualmente grande de espécies de gatos, porcos, cavalos, aves, etc. que certamente não poderíamos acondicionar nem mesmo no maior dos nossos modernos transatlânticos.

Como nos diz o historiador da religião, Mircea Eliade, para o australiano, o chinês, o hindu e o camponês europeu, os mitos são a verdade porque são sagrados, porque tratam de entidades e eventos sagrados[8]. Consequentemente, ao recitar ou ouvir um mito, o crente estabelece contato com o sagrado e com a realidade e, com isso, transcende a condição profana.

Como citei anteriormente quando tratei dos ensinamentos de René Descartes a respeito da alma, a parte espiritual do homem, que ele acreditava existir, segundo ele, deveria ter como sede anatômica a glândula pineal que se acha intimamente ligada ao cérebro humano. Bem, aqui cabe discussão a respeito dessa dualidade defendida por Descartes de que o homem é formado de duas partes distintas: uma, material e formada por ossos e carne, e a outra, espiritual – a alma. Sob o ponto de vista científico, como já sabemos, a alma, essa entidade etérea, amorfa, imortal e, quem sabe, até divina, como é preconizada pelas religiões, definitivamente não existe, até mesmo por sua natureza física.

Sabemos perfeitamente também que é a nossa mente que nos identifica como seres humanos e não como animais irracionais. Somos dotados de uma capacidade cognitiva que nos permite interagir com tudo que há na natureza, os animais, as plantas, nosso meio ambiente, e, assim, nos adaptarmos da maneira mais satisfatória quanto possível, mesmo em diferentes biomas tais como os mais hostis, de modo a perpetuar a nossa espécie e vivermos felizes.

É essa mente inteligente que garantirá o nosso bem-estar e o sucesso de nossas empreitadas, como tem ocorrido afinal. Por isso somos dotados da maior massa cerebral dentre todos os animais, considerando obviamente a relação entre a massa corporal e a massa cerebral. Uma baleia de 5 toneladas tem cérebro pesando cerca de 50 kg. Já um homem pesando 70 kg apresenta um cérebro de 1,4 kg.

---

[8]Consulte M. Eliade, *O Sagrado e o Profano* (Livraria Martins Fontes Editora, São Paulo, 1992), trad. port. Rogério Fernandes.

Mas não é só isso.

Nosso cérebro conta com cerca de 120 bilhões de neurônios, as principais células do nosso sistema nervoso. São os neurônios que se organizam em córtex cerebral e núcleos subcorticais, ambos interligados com todas as porções do nosso corpo por meio de uma exuberante rede de fibras, os prolongamentos do neurônio (axônio envia o impulso neural no sentido centrífugo, ou dendritos, que recebem os impulsos neurais no sentido centrípeto) que garantem a perfeita integração entre os bilhões de estímulos coletados pelos nossos órgãos dos sentidos captados no nosso meio ambiente para serem processados pelo cérebro, pelo cerebelo e por outras áreas subcorticais.

Há também os estímulos provenientes de órgãos internos, tais como o coração, pulmões, rins, bexiga urinária, intestinos etc., que dependem da ação coordenadora do sistema nervoso central, no sentido da manutenção de um sistema homeostático, ou seja, que mantenha um equilíbrio dinâmico interno, como a quantidade de líquidos, de eletrólitos, de sais minerais, de hormônios etc., todos presentes no corpo saudável, sem o que se instalaria um desequilíbrio orgânico conhecido como doença; são exemplos de doenças uma simples dor de cabeça, uma diarreia, uma febre, entre outras tantas.

Essa complexa rede de fibras neuronais, que, através de sinapses, das substâncias neurotransmissoras, tais como a adrenalina, acetilcolina, dopamina etc., ora estimulam, ora inibem a transmissão neural de modo a permitir o perfeito controle da atividade visceral no caso dos órgãos internos, como glândulas secretoras de certos hormônios, ou da atividade que denominamos somática, que se trata das musculaturas voluntária ou involuntária, das sensações, da memória e da atividade cognitiva.

Portanto, é o cérebro a sede de nossa mente.

É ele essa estrutura fantástica e altamente complexa, que nos propicia nossa visão do mundo, e, a nossa consciência, a mais íntima percepção que temos sobre nós próprios. Enfim, isso tudo é o que denominamos não de alma, mas mente. Porém, ao contrário do que dizem as religiões, ou alguns teólogos e filósofos, principalmente os mais antigos, e a maioria das pessoas de senso comum, a alma ou essa mente não é imortal tampouco eterna. Também não é divina. Como nossa morte, que é absolutamente inevitável, faz parte das rígidas leis da natureza. Será apenas uma questão de tempo – embora nenhum de nós o deseje – um dia qualquer ela, a mente se desintegrará juntamente com o nosso cérebro.

Em "O Anticristo", de Friedrich Nietzsche, é nítida a implicância que ele demonstra em relação ao cristianismo, mas também a outras crenças religiosas[9]. Ele se opõe veementemente à Igreja por ela preconizar que a vida deve ser vivenciada com mais sacrifícios e penitências do que com prazeres. Nas palavras dele: "Enquanto o sacerdote, esse negador, caluniador e envenenador profissional da vida, for aceito como o mais elevado tipo de homem, não poderá haver uma resposta para a pergunta: O que é a verdade?". E continua: "A verdade já foi posta de cabeça para baixo quando o advogado consciente do nada e da negação, se considera seu representante". Contra esse instinto teológico, ele nos diz: "Eu faço a guerra – encontro vestígios dele por toda a parte".

Quem quer que tenha sangue teológico em suas veias tem uma atitude desonesta e tendenciosa ante todas as coisas, diria ele.

Nietzsche ressalta que aquilo que toca os sentimentos ou excita as paixões e emoções dos fiéis, e que emerge dessa condição, é denominado de fé. Em outras palavras, ter fé religiosa é fechar os olhos sobre si mesmo e, de uma vez por todas, evitar o sofrimento causado pela visão de uma falsidade incurável. Os fiéis constroem um conceito de moralidade, de virtude e de santidade a partir dessa falsa ótica. E, dessa forma, fundamentam as suas consciências sobre uma visão deturpada, visto que a tornaram sacrossanta em nome de "Deus", da "salvação" e da "eternidade".

Quanto a isso, Nietzsche é brutalmente enfático: "Descubro esse instinto teológico em toda a parte; é a forma mais difundida e subterrânea de mentira que existe na Terra". E acrescenta: "Seja o que for que um teólogo considere como verdadeiro, deve ser uma mentira".

---

[9]Consulte F. W. Nietzsche, *O Anticristo* (Editora Martin Claret, São Paulo, 2018).

Para Nietzsche, não há dúvida de que a alma e espírito representam a mesma entidade, o que não deixa de ser um grandessíssimo avanço em se tratando da época (1895) em que tal conceito é manifestado. Nessa época se pensava que a consciência do homem, "seu espírito", era a evidência de sua origem "superior", de sua "divindade". Além disso, que esse "puro espírito" continuaria a existir eternamente. Porém, para Nietzsche, o "puro espírito" era uma pura mentira.

Para nós que vivemos no século XXI, tanto alma quanto espírito, sob o ponto de vista científico, não fazem qualquer sentido, por se tratarem de entidades sobrenaturais. A ciência não dispõe de meios para analisar o que não seja matéria ou energia. Entretanto, se falarmos sobre a atividade mental, cuja sede é o nosso cérebro, órgão maravilhoso que controla até o mais profundo dos nossos sentimentos, então podemos explicar por que ora sentimos frio ou calor, fome ou sensação de saciedade, amor ou ódio, alegria ou tristeza.

Para não ser repetitivo, e re-explicar como o nosso sistema nervoso opera, sugiro que se revejam algumas das passagens que já escrevi.

Agora, eu gostaria de examinar brevemente o que nos diz o reconhecido sociólogo francês, Isidore Auguste Marie François Xavier Comte (1798–1857), a respeito da filosofia e da criação de um novo modo de se pensar a filosofia de sua época, o positivismo, movimento que triunfou e ecoa até os dias atuais.

Para Comte, depois da Revolução Francesa e do Iluminismo, o homem ficou sem Deus e sem reis. Assim, a ordem estabelecida não possuía nem disciplina nem sequer exigia a obediência a ninguém, ou seja, imperava a anarquia pós-revolução. Comte havia lido as obras de Voltaire, Montesquieu (1689–1755) e Condorcet, seus compatriotas, para fundar sua filosofia positivista. Para isso, apoiou-se primeiramente em três princípios ou pilares para elaborar seu pensamento.

O primeiro, influenciado por Condorcet, seria a formulação de uma filosofia baseada na História. O segundo, seria a criação de uma ciência, que de modo análogo às ciências naturais, estudasse mais a sociedade. E, finalmente, o terceiro pilar seria a classificação das ciências, na verdade, uma reclassificação do que já existia.

A filosofia da História, de Comte, é pensada em três etapas, as quais denominou de "Lei das três etapas". Ele imaginou ter descoberto uma lei natural que serviria para entender as etapas do desenvolvimento do conhecimento ou da mente. Para ele, o desenvolvimento da compreensão intelectual da humanidade passa por três estados teóricos: o estado teológico ou fictício, em que os eventos e fenômenos são compreendidos e explicados com base no sobrenatural ou divino; o estado metafísico ou abstrato, quando se investiga a realidade diretamente, mas ainda se preserva o aspecto metafísico, caracterizado pela presença de entidades personificadas como a "política", a "Natureza", o "povo" e o capital". E, por fim, o estado científico ou positivo, que seria, de acordo com Comte, o ápice do conhecimento humano. Nesse estado, os acontecimentos são explicados e regulados, tendo como base as leis gerais e universais.

Para o positivismo, ou seja, o movimento que deu impulso a uma orientação cientificista ao pensamento filosófico desenvolvido por Augusto Comte, o livre pensar pode ser empregado pelos homens que recusam as ideias ligadas à teologia e à metafísica. Todavia, os positivistas não podem ser livres pensadores. Podem ser até mesmo críticos à ideia de Comte, como Thomas Huxley (1825–1895) e Herbert Spencer (1820–1903). Esses pensadores são, inclusive, reputados como adversários do positivismo, mas apresentam uma conduta completamente oposta às de pensadores ligados ao cristianismo.

Comte geralmente afirma que o livre pensador tem ódio do catolicismo, pois os católicos não sabem apreciar os imensos benefícios que ele emprestou à humanidade e à religião de Cristo, e consideram que a Idade Média foi uma época de barbárie e escuridão que nada fez em prol do adiantamento e civilização do mundo. Assim sendo, de um modo geral, ser um livre pensador implica necessariamente o rompimento com as religiões cristãs. E tudo isso, ou seja, a decadência das ideias teológicas, fez com que houvesse a necessidade de uma nova visão de mundo, agora mais "pé-no-chão" do que nunca.

Para Comte, o grande problema da humanidade é a falta de "predomínio do altruísmo sobre o egoísmo". Por isso, ele explica, também, que o catolicismo fracassou nessa missão por impor o altruísmo pelo medo da punição de uma vida pós-morte; porque o amor se desenvolve mais por atos do que por votos. Ser altruísta significa viver para outrem (*vivre pour autruit*), uma tendência natural de todos os homens que se consolida na família e deve ser ampliada a toda a sociedade. Este termo, dentre outros, foi cunhado por Comte. Assim, ele retira o elemento latino *ego* (eu) para substituí-lo pelo também latino *alter* (o outro), mantendo o sufixo "-ismo".

O altruísmo é uma moral ativa que regulamenta as relações sociais e de direito entre os indivíduos. Esse termo encontra um eco evidente em Mateus (22,39): "Amarás teu próximo como a ti mesmo", como também na máxima chinesa conhecida como a "Regra de Ouro", do confucionismo: "Não faça aos outros aquilo que não quer que façam a você".

Finalmente, sobre a alma, Comte propõe que ela seja a unificação de diferentes funções: a ação, o pensamento e o amor. E só por meio dela que um indivíduo pode ser considerado humano. Para os positivistas, corpo e alma não possuem a mesma natureza.

Do ponto de vista objetivo, entretanto, Comte "é contrário à existência da alma". Ele jamais afirma a existência objetiva da alma fora do corpo. Comte propõe a imortalidade da alma como presença real na memória das pessoas e rituais de recordação e de saudação aos mortos, como o culto aos mortos.

A vida objetiva, ou seja, a física e corpórea deve ser dominada pela vida subjetiva.

A partir da obra "As Formas Elementares da Vida Religiosa, de Émile Durkheim (1858–1917)"[10], descobrimos que ele se interessou em estudar as sociedades humanas mais primitivas com o objetivo de entender por que as sociedades mais modernas tornaram-se, ao

---

[10] O texto que sigo aqui foi apresentado no Simpósio, 100 ANOS DE 'AS FORMAS ELEMENTARES DA VIDA RELIGIOSA', promovido pelo Programa de Pós-Graduação em Ciências da Religião, da Universidade Mackenzie, nos dias 13 e 14 de novembro de 2012, em São Paulo. Consulte R. Bitun, *Estudos sobre Durkheim e a Religião – 100 Anos de as Formas* (Academia Cristã, São Paulo, 2014)

longo dos anos, sociedades humanas portadoras de alguma fé no sobrenatural e criadora de religiões as mais diversas. Dá início à sua empreitada procurando entender o comportamento sobrenatural ou religioso em aborígenes da Austrália.

Uma de suas primeiras afirmações sobre a relação entre religião e as relações sociais é a de que a religião tem sido a forma que permitiu a vida humana em comunidade. Em outras palavras, a vida humana em comunidade só foi possível graças ao elemento religioso que a aglutinava.

Entretanto, no meu modo de entender, essa sociabilização ocorreu em tempos muito mais remotos, aliás, aos quais Durkheim, para minha surpresa, não faz nenhuma menção em todo o desenrolar do seu livro.

Obviamente, isso me causou enorme perplexidade.

A humanidade não tem sua origem com os povos primitivos, quer da Austrália, da África, do polo norte, da Europa, da Ásia ou da recém-descoberta América. Pelo contrário, todos sabemos que a humanidade atual tem suas origens na África sim, mas a partir da evolução do *Homo erectus*, há cerca de 70 mil anos, quando esse sofreu uma mutação em seu DNA e se transformou no *Homo sapiens*, agora dotado de algum grau de conhecimento, capaz de se utilizar de uma palavra falada gestual e com certo grau de inteligência, o que se traduz como "revolução cognitiva" para o meio científico.

É esse ser humano que, estimulado pela sua inata capacidade de tudo querer saber, dominar e entender, cria inicialmente as lendas, os mitos, os seres sobrenaturais e as crenças religiosas. É dos mitos e das lendas que surgem também as artes, a palavra escrita, a poesia e a ciência.

Durkheim confessa, em seus trabalhos, que até 1895 não conseguia ter uma ideia clara do papel essencial que desempenhava a religião na vida social e que foi a partir daí que, pela primeira vez, encontrou a maneira de abordar sociologicamente o estudo da religião na vida em sociedade.

Concluiu que a religião foi a primeira forma que permitiu, ao indivíduo, estar em grupo dentro de um sistema que já não era mais um simples agregado de indivíduos. Acrescentou, ainda, que a sociedade não é um grupo de indivíduos, mas um conjunto de ideias e de crenças em torno de um ideal moral realizado pelos indivíduos. Dessa forma, nascem as religiões.

Bem, como já mencionado anteriormente, voltemos ao passado remoto para entendermos que o *Homo sapiens* já não vivia nas copas das árvores como outrora. Procurava, com sua prole, pelas cavernas, juntamente com os outros membros do grupo, para se proteger das intempéries, de seus predadores como o tigre, o leão etc. e caçavam juntos, num sistema de perfeita harmonia e liderança.

Como ainda não podiam explicar as chuvas, os raios que surgiam nos céus durante as tempestades, as erupções vulcânicas bem como outras manifestações da natureza, sentiam-se sempre ameaçados e amedrontados, sem terem a quem recorrer. Para mim, parece muito plausível e até mesmo natural que, pelo medo do desconhecido, adotassem alguma forma de se organizar para, em conjunto, rogarem pela sua proteção a uma entidade com poderes sobrenaturais. Assim nasceu o animismo, a primeira forma de manifestação religiosa de que temos notícia. Esse meio de manifestação implica adorar, respeitar como portadora de poderes sobrenaturais, por exemplo, uma cachoeira, uma árvore, um monte suntuoso etc. Está presente até hoje em alguns grupos humanos tais como entre os esquimós, alguns índios brasileiros como os Ianomâmis, os aborígenes da Austrália etc.

Atualmente, admite-se que a crença na vida após a morte e o culto aos animais e às forças da natureza foram as primeiras formas de manifestações religiosas realizadas por seres humanos, e que cada povo, com o passar dos anos, foi desenvolvendo sua própria religião, adequando-a às suas próprias necessidades.

Os religiosos gregos e romanos acreditavam na existência de vários deuses. Os judeus, os muçulmanos e os cristãos, que há apenas uma divindade, um ser impossível de ser sentido pelos sensores humanos e que é capaz de provocar acontecimentos improváveis e impossíveis que podem favorecer ou prejudicar os homens.

Para a maioria das religiões, as coisas se dividem em sacras ou profanas.

O sagrado é o que mantém uma relação com os deuses e é frequentemente relacionado ao conceito moral. O profano é aquilo que não apresenta nenhuma ligação com Deus ou deuses. É fato que toda religião possui um sistema de crença no sobrenatural, geralmente envolvendo entidades, deuses e demônios. A maior parte crê na vida após a morte.

A religião é um fenômeno social. A ideia de religião geralmente contempla a existência de seres superiores que teriam influência ou poder de determinação no destino humano. Se o ateísmo é a ausência de crença em qualquer tipo de Deus, muitas vezes se contrapondo às religiões teístas, o agnosticismo é a postura filosófica que afirma ser impossível se saber racionalmente sobre a existência ou inexistência de deuses e sobre a veracidade de qualquer religião teísta, por absoluta falta de provas favoráveis ou contrárias. Nessa mesma direção, o deísmo é a crença na existência de um Deus, porém questiona a revelação divina. É o caso do budismo, do taoísmo e do confucionismo.

Secularização é o ato ou efeito de secularizar-se, ou seja, é o fenômeno dos últimos séculos pelo qual as crenças e instituições religiosas se converteram em doutrinas filosóficas e instituições legais.

Durante a Reforma Protestante de Martinho Lutero (1483–1546), na Alemanha, houve a retomada de terras e bens da Igreja pelos nobres alemães. Significa também tornar secular ou leigo o que era de natureza eclesiástica.

No final do século XIX, parte importante dos textos sagrados já tinha sido traduzida para as principais línguas europeias. No século XIX ocorreu também a estruturação da antropologia como ciência, tendo vários antropólogos se dedicado ao estudo das religiões dos povos tribais. Nessa época, os investigadores refletiram sobre as origens da religião, tendo alguns defendido um esquema evolutivo, no qual o animismo era a forma religiosa primordial, que depois evoluiria para o politeísmo e, mais tarde, para o monoteísmo. Entre os principais sociólogos ligados ao estudo das religiões estão Émile Durkheim, Karl Marx, Ernst Troeltsch (1865–1923), Max Weber e Peter Berger (1929–2017). Sobre a História Natural da religião, David Hume (1711–1776) é um dos pensadores mais consagrados.

O humanismo, ou seja, a doutrina expressamente antropocêntrica – já que o homem é o criador dos valores morais –, com maior ou menor radicalismo, afirma que a verdade ou a mentira sobre determinado conhecimento só se define em função de sua eficácia ao longo do tempo. Assim, o humanismo dominou o mundo por 300 anos, o que não é tanto tempo assim.

Os faraós governaram o Egito por três mil anos e os papas dominaram a Europa durante mil anos.

Se alguém dissesse a um egípcio, no tempo de Ramsés II, que um dia não haveria mais faraós, aquele ficaria perplexo. Como é possível viver sem um faraó? Quem iria garantir a ordem, a paz e a justiça? Se você dissesse às pessoas da Idade Média que dentro de alguns séculos Deus estaria morto, elas ficariam horrorizadas. Como podemos viver sem Deus? Quem vai dar um significado à vida e nos proteger do caos?

Fazendo uma retrospectiva, muitos pensam que a derrocada dos faraós e a morte de Deus foram desenvolvimentos positivos. Talvez o colapso do humanismo seja também benéfico. As pessoas normalmente têm medo da mudança de paradigmas porque temem o desconhecido. Mas a única constante da História é a de que tudo muda!

A crítica religiosa tem uma longa história, desde o século V na Grécia, com Diágoras de Melos (c. 465–410 a.C.), e prossegue até os dias atuais com o advento do ateísmo. As religiões têm sido apontadas, pelos críticos, como prejudicial ao indivíduo e à sociedade, além de promoverem irracionalidade e encorajarem o terrorismo. Qualquer religião que alegue a posse da verdade necessariamente denigre as outras religiões. Os críticos da religião, em geral, a consideram antiquada, um impedimento ao progresso da ciência, uma fonte de atos e costumes imorais bem como uma ferramenta política para o controle social.

O poeta romano do século I, Tito Lucrécio Caro, em seu hercúleo trabalho *De rerum natura*, criticou a religião. Filósofo epicurista que era, Lucrécio acreditava que o mundo era constituído apenas de matéria e vácuo e que todos os fenômenos poderiam ser entendidos como resultantes de causas puramente naturais. Lucrécio, como Epicuro, sentia que a religião teria nascido do medo e da ignorância e que a compreensão do mundo natural poria as pessoas livres de seus grilhões.

O deísmo, ou seja, a atitude dos que, rejeitando toda a forma de revelação divina e, portanto, a autoridade de qualquer igreja, aceitavam, todavia, a existência de um deus, porém destituído de atributos morais e intelectuais, e que poderá ou não haver influenciado na criação do Universo. O deísmo tornou-se destaque nos séculos XVII e XVIII durante a era do Iluminismo, especialmente no Reino Unido, na França e nos Estados Unidos, principalmente entre os apontados como os cristãos que descobriram que poderiam não crer nem na Doutrina da Trindade nem na da Divindade de Jesus, nos milagres ou na possibilidade de que a Bíblia pudesse estar errada, mas que, ainda assim, acreditavam num Deus.

O interesse e a controvérsia sobre a crítica das religiões têm aumentado nos últimos anos, principalmente em razão do crescimento do denominado "neoateísmo".

A maioria das religiões foi formulada num momento em que a vida, o funcionamento do organismo bem como a natureza das estrelas e dos planetas eram mal compreendidos. Os sistemas religiosos tentaram explicar uma existência ameaçadora, por meio de uma narrativa dramática descrevendo o modo como o mundo e sua comunidade surgiram. Tais narrativas objetivaram intencionalmente dar conforto e uma sensação de relacionamento com as forças superiores. São exemplos de como certas religiões tinham medo ou respeito pelos eclipses tanto lunares como solares e do surgimento de cometas, o que resultou na origem do estudo da astrologia.

Tendo em vista o atual nível de compreensão da biologia, da sociologia, da química e da física e que o conhecimento tem aumentado dramaticamente, muitos críticos, como Sam Harris, Richard Dawkins, Cristopher Hitchens e Michel Onfray, argumentam que continuar a sustentar esses sistemas de ideias é um absurdo, além de um comportamento completamente irracional.

John McCarthy afirma: "Nós não temos a necessidade da hipótese de Deus porque a ciência tem sido bem sucedida, e a ciência é a melhor abordagem para a solução dos mistérios que ainda subsistem".

Apologistas da religião, como Willian Lane Graig, no entanto, dizem que existem razoáveis argumentos para apoiarem a existência de Deus. Muitos críticos da religião veem dificuldades significativas no fato de que porções da população atual continuam a subscrever essas antigas tradições. A preocupação de Graig não é só de que esse resquício de concepções relativamente primitivas da vida entre nós atrapalhe os maduros desenvolvimentos científicos, mas que a evolução dos valores culturais mostre que isso tem impacto negativo sobre as questões éticas, morais e sociais atuais.

Algumas religiões pregam que existiu e que ainda existe um ser divino entre nós ou um ser humano que age, guiado por divindade e que é, portanto, infalível: Jesus, Maomé e, em algumas circunstâncias, o papa.

7

Como Surgiram as Religiões

Há dragões? Pergunta sua filha Lisa.
Eu digo que eles não existem. Responde a mãe.
Eles já existiram?
Eu digo que todas as evidências dizem o contrário.
Mas se há a palavra dragão, Lisa diz, então tinha
Que ter dragões[1]!

Primeiramente é preciso definir o que seja uma religião.

Quando por volta do século IV o cristianismo se fez romano e então o Ocidente adotou a língua latina em substituição ao grego dos fundadores e codificadores, o "termo" religião, dando-lhe o alcance e a importância que tem até hoje, foi criado.

O sentido original da palavra era muito restrito: derivada do verbo "relegere" aparentando a "colligere", formas reforçadas de "legere" – que quer dizer "colher", recolher –, referiu-se no princípio, como o nome indica, à coleção de regras e letras de orações, de liturgias.

Por outro lado, entende-se como religião a crença na existência de uma força ou forças sobrenaturais, incognoscíveis, consideradas criadoras do Universo e que, como tais, devem ser adoradas, respeitadas e obedecidas pelos seus seguidores.

Já as seitas, do latim *secta*, são uma doutrina ou sistema de doutrinas que diverge da opinião geral e é seguida por um conjunto

---

[1] Da bela novela MOON TIGER, de Penelope Lively.

de pessoas que professam a mesma crença. É constituída por uma comunidade fechada e de natureza muito radical.

De outro modo, a religião é um sistema de normas e valores humanos que se baseia na crença de uma ordem sobrenatural, que, por ser sobrenatural, está fora do alcance da inteligência humana.

Bem, neste ponto que me perdoe o leitor por ter que repetir o que já foi dito anteriormente: desde os primeiros anos da minha juventude tenho ouvido dizer que "religião não se discute" e ponto final! Na falta da crença em algo incognoscível, como Deus, santos, anjos e arcanjos, como ocorre com este autor, só me resta acreditar naquilo que a ciência tem nos demonstrado e que, na maioria das vezes, tem se confirmado.

Mas tenham calma com o andor porque o santo é de barro!

À luz da razão, qualquer que seja o assunto, por mais complexo que possa ser, será passível de discussão. Por exemplo, qual seria o sexo dos anjos? Se partirmos de uma premissa falsa, sem dúvida alguma chegaremos a um resultado falso! Quem nos disse que os anjos existem? Sem dúvida alguma, o cristianismo! E, para os que creem, eles de fato existem! Por que e para quê? Vai saber! E será que Deus também existe? Acho que não.

Como afirmei no início deste livro, creio que nós, humanos, criamos o nosso Deus, assim como os gregos antigos criaram os deles: os doze deuses do Olimpo!

Para reforçar essa minha afirmativa, não tenho a menor dúvida de que jamais haveria um único deus no Universo inteiro, se não houvesse a nossa espécie, ou seja, a humana, a única capaz de indagar sobre tudo e sobre tudo querer saber. A única com capacidade cognitiva suficiente para criar, duvidar e fazer abstrações sobre quem somos, de onde viemos e para onde iremos após a morte. A única capaz de criar Deus, deuses, deusas, santos, santas, anjos, arcanjos, enfim, seres sobrenaturais que, até agora, pelo que me consta, ninguém viu, tateou, cheirou ou teve contacto de qualquer modo.

Nenhum outro animal, que não o homem, sabe muito bem como enganar seus semelhantes para, de alguma maneira, tirar algum proveito. E que proveito poderia ser esse? O de se colocar sobre aqueles que se permitiram acreditar no inacreditável, no imponderável, no incognoscível e, desses agora crentes, subtrair tudo o que quiser, inclusive, lamentavelmente, sua própria dignidade.

No início da humanidade, após a revolução cognitiva, surge no homem primitivo a necessidade de se organizar para a vida em sociedade, o que não havia até então. A partir daí, seus líderes, indivíduos que se sobressaíram perante os demais na caça, na pesca, e em outras atividades, estabeleceram, aos poucos, alguma forma de hábitos de boa convivência, de entendimento, de solidariedade, de amizade e até mesmo de amor fraternal. Um prenúncio do que viriam a ser os preceitos básicos das religiões.

Daí, portanto, supomos que, sem as religiões, as relações humanas seriam muito mais complicadas do que já o são. Entretanto, infelizmente as religiões foram muito além. Com o tempo, elas se desvirtuaram e nos amordaçaram, não permitindo que seus fiéis pensassem por si mesmos. Tornaram-se instituições com interesses políticos, econômicos e mercantis dos mais vorazes. Por outro lado, pararam no tempo e não admitem o avanço desencadeado pelas novas descobertas sobre o mundo em que vivemos. Não se dignaram a mover uma vírgula que fosse sobre os dogmas consagrados há mais de 2 mil anos por aqueles povos bárbaros que nos antecederam. Com efeito, é ainda prática corrente que não se possa questionar a virgindade de Maria, mãe de Jesus; que se questione o sentido do pecado original, a promessa de uma vida após a morte, os inúmeros milagres que constam na Bíblia etc.

Esqueceram-se de sua função precípua: a de ensinar o Evangelho para uma humanidade, de acordo com sua época de evolução. Afinal, o que fazem as religiões senão pregar somente a crença no incognoscível, manter-nos na servidão, com o mesmo medo e a sensação de dependência dos que nela sempre acreditaram?

Um ambiente deletério como esse, para a cultura geral, só pode ser propício para a crença em superstições. Ainda que ataviada de ouro e investida de majestade, a superstição, afinal, não passa de ignorância, e dos frutos da ignorância se alimenta. Ao mesmo tempo em que o sobrenatural se revela graças às fantasias de nossa imaginação.

Os complexos religiosos, especialmente o cristianismo, reivindicam a sua espiritualidade a partir do fato de haverem estabelecido que o ser humano em si é dois: carne que se desintegra e some; o espírito sem carne, que sobrevive como simples, irredutível e ociosa energia em moto contínuo. Qual seria a vantagem intelectual ou moral que esse espírito obtém quando deserta para regiões etéreas, dissolvida a dualidade, livre, mas falho dos sentidos que lhe proporcionaram tantas experiências maravilhosas?

Como afirma Gerd Theissen, o judaísmo e, por conseguinte, o cristianismo são religiões que se caracterizam pela fé monoteísta, em um único Deus, que é o Deus de todas as pessoas, quer elas o reconheçam ou não[2].

Que coisa mais bizarra, digo eu!

Quem é que adotaria, se é que isso seja realmente possível, qualquer tipo de crença em algo em que realmente não se crê? Para satisfazer a quem? E por que essa imposição? Descreve-se a religião cristã primitiva como se fosse um sistema simbólico erguido pelos primeiros cristãos sobre o solo da religião judaica. Esse material histórico serve de base para a narrativa primitiva de Jesus de Nazaré. Nesse processo, mito e História acabam formando uma unidade cheia de tensão. A história de Jesus, profeta judeu e carismático, foi narrada de forma mítica. Essa "mitologização" da história e "historicização" do mito tem seu início com o anúncio do reinado de Deus feito por Jesus. Assim, começa uma unidade entre MITO e HISTÓRIA que narra o nascimento do cristianismo. A história de Jesus se transforma cada vez mais em afirmações MÍTICAS do que históricas.

Aqui cabe um grande parêntese!

À luz da razão, como uma mente sadia, gozando de sua perfeita faculdade mental, pode entender ou aceitar que Jesus de Nazaré tenha sido concebido por Maria, uma mulher virgem, casada com um carpinteiro chamado José, sem que com esse tenha havido nenhuma conjugação carnal até o momento da gravidez transcendental, misteriosa? Na minha maneira de ver as coisas, modo esse

---

[2]Consulte G. Theissen, *A Religião dos Primeiros Cristãos – Uma Teoria do Cristianismo Primitivo* (Editora Paulinas, São Paulo, 2009).

que não deixa de ser um tanto analítico, portanto, ponderado, não se admite crer sem que haja pelo menos uma análise, ainda que sumária, para se admitir ou não alguma probabilidade de que seja verdade. Além do mais, quando se trata de assuntos ligados às religiões, via de regra nos deparamos com afirmativas baseadas em ocorrências que, na maioria das vezes, estão estribadas em situações que fogem da normalidade natural.

Ou seja, há de se admitir sempre o concurso de milagres, como no caso do nascimento de Jesus!

Como ocorre na Bíblia Sagrada, o livro mais lido do mundo: não se consegue ler uma única página sem que haja um mito, uma lenda ou um milagre. Parece até que sem um milagre, um mito ou uma lenda, não há Deus, e, assim, também não haveria religião alguma. Afinal, será mesmo absolutamente necessário que haja um Deus?

Que me desculpem os que creem, mas não parece plausível que seja condição *sine qua non* que, para que existamos nós, os microrganismos, as plantas e os outros animais, tenha-se necessariamente que haver um Deus, tal como nos é ensinado durante todos esses séculos em que temos sido submetidos a uma verdadeira "lavagem cerebral", imposta de forma até implacável pelas religiões ocidentais.

Não sou adepto do budismo ou do confucionismo, embora me identifique com eles, principalmente com o já mencionado mandamento único: "Não faça aos outros aquilo que não gostaria que fizessem a você". Esse mandamento dispensa a necessidade da existência de um Deus imortal, onisciente, onipresente e onipotente. Não há, nesse contexto, recurso a milagres para fazer valer seus ensinamentos. Não há condenações que nos remetam diretamente ao inferno, caso não obedeçamos seus preceitos baseados unicamente em assertivas puramente utópicas e fora do senso comum, como é o caso da vida após a morte.

Por outro lado, o cristianismo nos apresenta os "Dez Mandamentos" enviados por Deus a Moisés. Já no primeiro, em que se estabelece que devemos amar a Deus sobre todas coisas, o que temos verificado é que amamos de fato o dinheiro. Por ele, fazemos qualquer coisa. Em outro, se estabelece que "não devemos desejar a mulher do próximo", mas isso está em nós, sempre olhamos para a mulher do próximo com algum desejo. Faz parte da nossa natureza. Até o apóstolo Pedro negou conhecer Cristo perante os romanos com medo da morte. Essas fraquezas são próprias da espécie humana, estão em nós. Não somos perfeitos.

Com tudo isso, assim como expus de forma crua, sem muitos pruridos, me pergunto: a quem de fato interessa manter essa instituição milenar tão poderosa no campo da exploração religiosa dos seus humildes seguidores que, às vezes, tiram o pouco que têm da boca de seus filhos pequeninos e famintos para renderem dízimos e outras ofertas para agradar ao pároco de plantão de sua comunidade? Obviamente aos que delas, de alguma maneira, tiram algum tipo de proveito, material ou não. A propósito, não posso deixar de citar que a sede da Santa Madre Igreja Católica, o Vaticano, é a mais rica e opulenta instituição que já conheci pessoalmente. Nem a *Agia Sophia* de Istambul, mais antiga, é tão esplendorosa quanto.

Pois bem, o que acabo de relatar é o testemunho vivo de que a Igreja Católica se tornou, ao longo dos séculos, a antítese daquilo que fora preconizado pelos primeiros cristãos: "A prática da moral, dos bons costumes, do amai-vos uns aos outros como eu vos amei". Acabou por transformar-se numa atividade meramente mercantil, política e social, com unhas afiadas e garras poderosas.

A ascensão política, social e econômica do cristianismo deu-se em ambientes de vícios e degeneração, que com frequência eram praticados durante os 300 anos de domínio do Império Romano. Os imperadores gastavam seu tempo divertindo-se em orgias ou construindo circos e estádios, como o Coliseu, para que a população pudesse assistir a uma matança cruel de cristãos por leões famintos. Num cenário desses, travestido de majestade, de opulência e soberba, a superstição se alimenta e a ignorância só tende a crescer.

Assim se descreve o triunfo do barbarismo e da religião. Daí em diante, desde Constantino (272–337), o imperador romano que fortaleceu e legitimou o despotismo, sem máscara, sem pudor, com a conivência da Igreja, a Europa sofreu uma queda vertiginosa até se transformar em nações como as dos impérios orientais, como o babilônico, o egípcio, assírio e persa, cujos povos não eram capazes de conceber regime diferente daquele que os oprimia.

Descendente dessas religiões, a Igreja se agarrou ao trono podre em decomposição do império e se alastrou, encouraçada e invulnerável, em inteiriça organização política, independente do poder civil, alicerçada em bens e finanças próprias. Cada bispo, da segunda metade do século II em diante, foi rei soberano, vitalício, dentro do seu município.

Dos cultos orientais, a Igreja preservou a pompa, as vestes, a tendência dos templos para a grandiosidade e a riqueza, os privilégios dos ministros, a hierarquia, o estilo pretensiosamente poético das rezas e cantos, evidentemente para impressionar os fiéis e transformar-se numa poderosa máquina de opressão, da qual a humanidade não poderia libertar-se nem depois de morta. Essa Igreja acabou por tornar-se sócia dos governos absolutos que se seguiram e com os quais se identificou.

As religiões tentam, a todo custo, porém em vão, nos manter cativos a crenças que já não se sustentam. O homem religioso de hoje é um indivíduo pacato. Não se dispõe a pensar, indagar, questionar, contrariar, duvidar das coisas que não entende, que não têm nexo. Para ele, religião não se discute! Ou se crê nelas ou se está vivendo uma vida em pecado, sem chance alguma de se merecer o céu! O inferno será o seu implacável destino, ainda que não se tenha como certa a vida após a morte.

Conforme nos relata Yuval N. Harari, em seu belíssimo livro "Sapiens – Uma breve História da Humanidade"[3], best seller internacional, uma teoria bastante aceita sobre a origem dos deuses afirma que esses ganharam importância porque ofereciam uma solução para o problema das doenças que afetavam os primeiros humanos, bem como para as pestes que dizimavam inúmeras vidas além de bens, tais como suas plantações, suas criações de animais, como ovelhas e cabras. Além disso, eram os deuses que os protegiam de epidemias mortais, que governavam a natureza, que

---

[3]Y. N. Harari, *Sapiens – Breve História da Humanidade* (L&PM, Porto Alegre, 2018)

regulavam as chuvas, tão importantes para a vida na Terra, enfim, tudo aquilo de que dependemos para viver bem.

Boa parte da mitologia antiga, principalmente a mitologia grega, apregoava que os primeiros humanos prometiam devoção eterna aos deuses em troca do domínio das plantas e dos animais. Alguma evidência desse fato encontra-se em Gênesis, primeiro livro da Bíblia, que relata a história de humanos sacrificando cordeiros e ofertando-os com pão e vinho aos poderes divinos, em troca de colheitas abundantes e rebanhos sadios.

Que me permitam os prováveis poucos leitores voltar a citar novamente como viviam os nossos ancestrais. Após a revolução agrícola, o que aconteceu há 12 mil anos após a revolução cognitiva, então já mais evoluído, o *Homo sapiens* deixou de viver nos galhos das árvores para viver sob elas, em grupos maiores, de centenas de indivíduos, numa comunidade socialmente mais organizada. De animal de vida nômade, catador-coletor de insetos, grãos, castanhas etc. para se alimentar, passou a viver em locais nos quais havia rios ou lagoas próximos, para ter abundância de água. Ao mesmo tempo deixa de ser um animal catador-coletor e passa a produzir seu próprio alimento. Para tanto, ele aprimora suas ferramentas, ainda que feitas da pedra lascada, para o cultivo da terra. Já não consome seu alimento na forma crua, pois já aprendera como lidar com o fogo e com esse também afugentar seus predadores. O domínio do fogo foi de extrema importância para o desenvolvimento de outras atividades, como a produção de artefatos metálicos, tais como os utensílios de cozinha, de ferramentas e de armas. A esse tempo também criava animais de caça, como ovelhas e cabras para sua alimentação.

Toda essa nova conjuntura passou a exigir do novo homem primitivo, a crença numa força sobrenatural que garantisse o bem-estar e a segurança de sua comunidade.

As religiões também surgem a partir das nossas questões existenciais como, por exemplo, quem somos? Como o mundo passou a existir? Deus existe? Não há nenhuma raça humana ou tribo, de que tenhamos registro, que não tenha tido algum tipo de crença. Até mesmo os esquimós, que sempre viveram sós, isolados do polo norte, tinham suas crenças.

Em certos períodos da História houve gente que colocou questões existenciais numa base puramente humana, não religiosa. Mas apenas há pouco tempo, grandes grupos de pessoas deixaram de pertencer a qualquer religião reconhecida, como é o caso deste autor. Isso, no entanto, não quer dizer que tenham perdido o interesse pelas relevantes questões existenciais.

Nossos ancestrais mais antigos, durante a revolução cognitiva, acreditavam que os animais, as plantas, os rios, as montanhas, o Sol, a Lua e as estrelas eram providos de espíritos e que esses precisavam ser apaziguados ou acalmados continuamente. Essa crença foi denominada de animismo pelo teólogo E. B. Tylor (1832–1917). Tylor foi influenciado pelas teorias de Darwin a respeito da evolução. De acordo com Darwin o desenvolvimento religioso caminha paralelamente ao avanço geral da humanidade, tanto cultural quanto tecnológico, primeiramente em direção ao politeísmo e, posteriormente, ao monoteísmo. Tylor concluiu que os povos tribais não foram além do estágio da idade da pedra lascada. Portanto, praticavam esse mesmo tipo de animismo. É óbvio que, nos dias atuais, a teoria do animismo não é mais aceita e que há um consenso de que o animismo não seja uma caracterização adequada para a religião dos povos tribais

Nas modernas ciências das religiões, predomina a ideia de que a religião é um elemento independente, ligado ao elemento social e ao elemento psicológico, mas que tem a sua própria estrutura.

Não se trata de definirmos o que seja uma religião. Vários pesquisadores constroem suas ideias visando descobrir o que caracteriza de fato uma religião.

"A religião é um sentimento ou uma sensação de absoluta dependência", de acordo com Friedrich Schleiermacher (1768–1834).

"Religião significa a relação entre o homem e o poder sobrehumano no qual ele, o homem, acredita, ou do qual se sente dependente". Essa relação se expressa em emoções especiais (confiança-medo), conceitos (crença) e ações (culto-ética) conforme nos ensina C. P. Tiele (1830–1902).

A religião é a convicção de que existem poderes transcendentes, pessoais ou, impessoais que atuam no mundo, e se expressa por insight, pensamentos, sentimentos, intenções e ações, de acordo com Helmuth von Glasenapp (1851–1963).

Em 1757, em sua dissertação "História Natural da Religião", David Hume trata das origens e das causas que produzem o fenômeno da religião, dos seus efeitos sobre a vida e a conduta humana, e das variações cíclicas entre o politeísmo e o monoteísmo. Uma de suas preocupações é também chamar a atenção para os efeitos das diferentes espécies de religião sobre a tolerância e a moralidade.

Hume desenvolve uma investigação sobre os princípios "naturais" dos quais se originam as crenças religiosas bem como um estudo sobre os efeitos sociais da religião. Em seus textos podemos observar claramente que Hume apresenta uma História Natural das religiões, em oposição a uma história guiada por pressupostos religiosos. Ele trata todas as crenças religiosas como um mero produto da natureza humana.

Já no início de sua obra, Hume menciona duas explicações diferentes sobre a origem da religião. Uma delas afirma que as pessoas são levadas à crença religiosa pela simples contemplação racional do Universo. A outra baseia-se no fato de que há fatores psicológicos completamente independentes de um fundamento racional.

Entre as duas teses, Hume defende a segunda explicação, e argumenta que todas as religiões populares se iniciam, não de uma tentativa de entendimento racional do Universo, mas de paixões humanas mais primitivas e básicas, de instintos naturais, tais como o medo e a esperança.

O conceito psicológico central pressuposto por ele, é o de que a experiência religiosa é governada pelas paixões. A religião se origina do medo de influências desconhecidas sobre a sociedade humana e prospera em situações terríveis de medo e ignorância sobre o futuro.

As convulsões da natureza, as catástrofes, os prodígios, os milagres que, em grande medida, refutam a ideia de um plano elaborado por um sábio diretor, imprimem no homem os mais fortes sentimentos religiosos.

Como acabamos de ver, todas as definições, assim expressas por alguns estudiosos da religião, nos conduzem ao mesmo princípio básico em que tanto venho insistindo neste livro. Ou seja, coube, ao ser humano, pela sua curiosidade inata em querer saber sobre o mundo em que vive, tentar compreender de onde viemos e para onde vamos após a morte. Pela nossa dependência às condições de sobrevivência propiciadas pelas leis da natureza, pelo medo que sempre tivemos do desconhecido e por tantas aflições que temos de enfrentar, criamos algo para nos confortar e nos agarrar diante de tais adversidades.

Esse algo, para mim, denomina-se religião, algo que nos conecta a um ser todo poderoso, incognoscível, criador de todas as coisas que imaginamos e que chamamos de Deus!

Portanto, estou plenamente autorizado a dizer que, se não houvesse a espécie humana, não haveria nem religião nem deuses! Consequentemente, Deus só pode ser mais uma das invenções da humanidade!

Agora peço permissão e paciência aos prováveis poucos leitores para voltarmos mais uma vez a uns 70 mil anos para entendermos um pouco o que se passava com os nossos irmãos *Homo sapiens*.

O que podemos dizer sobre a vida mental e espiritual dos antigos caçadores-coletores?

A base da economia caçadora-coletora pode ser reconstruída, com certa segurança, segundo fatores objetivos e quantificáveis. Quantas calorias/dia uma pessoa precisava para sobreviver, quantas calorias eram obtidas a partir de 1 quilo de nozes e quantas nozes poderiam ser obtidas em um km^2 de floresta? Com tais dados podemos fazer uma estimativa da importância das nozes em sua dieta. Mas eles acreditavam que as nogueiras eram habitadas por espíritos?

O mundo do pensamento abstrato, da crença e do sentimento é muito difícil de ser decifrado. A maioria dos acadêmicos concorda que as crenças animistas eram comuns entre os antigos caçadores-coletores. O animismo é a crença de que praticamente todo lugar, todo animal, toda planta e todo fenômeno natural têm consciência e sentimentos e que podem se comunicar com todos os seres humanos. Desse modo, os animistas podem acreditar que a grande rocha no alto da montanha tem desejos e tem necessidades. A rocha pode se irritar com alguma coisa que as pessoas fazem e se alegrar com outras ações. Pode advertir as pessoas ou pedir-lhes favores. Os humanos, por sua vez, podem se dirigir à rocha para acalmá-la ou ameaçá-la. Não só a rocha como o carvalho ao pé da colina são seres animados, e também o rio que corre abaixo da colina, a nascente na clareira da floresta, os arbustos que crescem à sua volta, o caminho para a clareira e os camundongos, lobos e corvos que bebem ali.

No mundo animista, objetos e coisas vivas não são os únicos seres animados. Há também entidades imateriais como os espíritos dos mortos, os seres benévolos e malévolos, do tipo que hoje chamamos de demônios, fadas e anjos. Os animistas acreditam que não há barreira entre os humanos e outros seres. Eles podem se comunicar diretamente por meio da fala, da música, da dança e de cerimônias. Quando algum fica doente, um xamã pode contactar o espírito que causou a doença e tentar afugentá-la. O animismo não é uma religião específica. É um nome genérico para milhares de religiões, cultos e crenças.

O teísmo é a visão de que a ordem universal se baseia numa relação hierárquica entre seres humanos e um pequeno grupo de entidades etéreas, chamadas deuses. A rubrica genérica "teístas" abrange rabinos judeus da Polônia do século XVIII, puritanos queimadores de bruxas de Massachusetts do século XVII, padres astecas do México do século XV, místicos sufistas do Irã do século XII, guerreiros vikings do século X, legionários romanos do século II e burocratas chineses do século I. As diferenças das crenças e práticas de grupos de caçadores-coletores "animistas" eram provavelmente tão grandes quanto. Sua experiência religiosa pode ter sido turbulenta e cheia de controvérsias, reformas e revoluções.

As teorias dos acadêmicos que afirmam saber o que os caçadores-coletores sentiam, dizem muito mais respeito aos preconceitos de seus autores do que sobre as religiões da Idade da Pedra Lascada. As religiões monoteístas acreditam num único Deus, com poder soberano sobre sua criação. São originárias das religiões politeístas, das quais se originam também o dualismo. Este acredita que o mal é um poder independente, ou seja, nem criado pelo Deus bom, nem subordinado a ele. O dualismo explica que o Universo é um campo de batalha entre as forças do bem e as do mal, e que tudo que ocorre no mundo é parte desta batalha. Até o cristianismo, uma religião monoteísta, desenvolveu seu próprio panteão de santos, cujos cultos pouco se diferenciam dos cultos aos deuses politeístas.

Todas as religiões que discutimos até agora têm em comum uma característica importante: surgiram em torno de uma crença em deuses e outras entidades sobrenaturais. Isso parece óbvio para os ocidentais, que estão familiarizados, principalmente, com os credos monoteístas e politeístas. No entanto, a história religiosa do mundo não se resume à história dos deuses.

Durante o primeiro milênio antes de Cristo, religiões de um tipo totalmente diferente começaram a se espalhar pela Afro-Ásia. As recém-chegadas, como o jainismo e o budismo na Índia, o taoísmo e o confucionismo na China, o estoicismo, o cinismo e o epicurismo na bacia do Mediterrâneo, se caracterizavam por prescindir de deuses. Esses credos sustentavam que a ordem sobre-humana que governava o mundo era produto de leis naturais, e não de vontades e caprichos divinos. Parte das religiões baseadas em leis naturais continuaram a aceitar a existência de deuses, mas seus deuses estavam sujeitos às leis da natureza tanto quanto os humanos, os animais e as plantas.

Um ótimo exemplo é o budismo, a mais importante das antigas religiões baseadas em leis naturais, até hoje, um dos credos principais, já que praticamente toda a população asiática, a maior do planeta, a pratica. A figura central do budismo não é um deus, mas um ser humano chamado Sidarta Gautama.

Dois mil anos de lavagem cerebral monoteísta fizeram com que a maioria dos ocidentais vissem o politeísmo como uma idolatria ignorante e até infantil. Com base nessa ordem sobre-humana, a religião estabelece normas e valores que considera obrigatórios. Hoje, muitos ocidentais acreditam em fantasmas, fadas, reencarnação, na vida após a morte, mas essas crenças não dão origem a padrões morais de comportamento. Sendo assim, tampouco constituem religiões.

É importante relembrarmos que já no nascimento das religiões ditas reveladas, que se iniciam no período patrístico que se estende desde os 100 primeiros anos a.C. aos 500 anos d.C., os principais intelectuais da Igreja Cristã tiveram acesso às ciências naturais da antiga Grécia. Os mais influentes textos utilizados foram os de Platão (427–347/8 a.C.) e de Aristóteles. Outros textos vieram das escolas estoicas e epicuristas.

Foi com essa herança literária que os Pais da Igreja, que assumiram a tarefa de definir a ortodoxia teológica cristã, tiveram que se virar. Esses foram os homens que, de acordo com o mito, empreenderam verdadeiras guerras contra as ciências naturais, tais como a História, a Filosofia, a Retórica, a Teologia, a Lógica e a Matemática.

Os pais da Igreja vieram da "intelligentsia cristã", ou seja, da elite educada em escolas filosóficas. Não é difícil se juntar evidências em favor do mito. A hostilidade contra a educação aparece antes do início do período patrístico, já nos escritos do apóstolo Paulo, que disse em sua Epístola aos Colossenses (Cl 2,8): "Tomai cuidado para que não haja alguém que vos queira escravizar com sua filosofia e seus sofismas inspirados numa tradição meramente humana, segundo os elementos do mundo". Também em sua primeira epístola aos Coríntios ele avisou (1 Cor 3, 19): "Ninguém se iluda! Se algum de vós se julga sábio ... torne-se louco para ser sábio; pois a sabedoria desse mundo é loucura diante de Deus".

Portanto, temos aqui, já de início, um testemunho de que as crenças religiosas abominam qualquer ensinamento sobre as coisas do mundo que não sejam sob a luz da religião, ou seja, da fé, e procuram, a todo o custo, desmoralizar o conhecimento científico. Este tipo de conhecimento, o único, aliás, que dispõe de meios para provar de forma cabal e definitiva aquilo que tem afirmado ao longo da História humana.

Desde aqueles tempos até os dias atuais, é a Terra que gira em torno do Sol, e não o contrário, como defendia outrora a Igreja. Por não concordar com o que nos ensinaram mentes brilhantes daquela época, se não bastasse só isso, algumas delas foram brutalmente castigadas, simplesmente arderam vivas nas chamas de uma fogueira até a morte. O pior é que, em vez de se redimir perante o povo em geral, a Igreja simplesmente se recolheu, calada, em seus suntuosos castelos medievais.

Alberto, o Grande († 1280), professor de Tomás de Aquino e de outros pensadores medievais, usou a frase: "De Naturalibus Naturaliter", que significa dizer que é legítimo estudar a natureza como se Deus não interviesse. Tomás de Aquino e outros pensadores medievais adotaram uma posição semelhante. Porém, nos séculos XVII e XVIII, esse princípio não foi seguido ao pé da letra. Sir Isaac Newton (1642–1727) invocou a ação divina para explicar porque o Sistema Solar não parava de funcionar. No entanto, os newtonianos procuraram evitar explicações que recorressem a milagres sempre que possível.

O compromisso com os estudos sobre as coisas do mundo, como se Deus não tivesse nenhum papel nas causas secundárias da natureza, hoje é conhecido como Naturalismo Metodológico. Essa expressão tornou-se um termo de fato depois de ter sido empregada, em 1983, pelo filósofo cristão Paul de Vries. Ele procurou distinguir, por um lado, uma abordagem cientificamente legítima que exclui a necessidade de explicações sobrenaturais, e por outro, o que ele chama de naturalismo metafísico que ia além, negando a existência de qualquer entidade sobrenatural. O naturalismo em si é compreendido como equivalente ao ateísmo.

Muito bem, voltemos às origens das religiões, o que ocorre logo após a grande revolução cognitiva, há cerca de 70 mil anos, quando se inicia propriamente a nossa civilização com o surgimento do *Homo sapiens*. Ao longo da História da humanidade, é justamente nas cavernas que se têm encontrado várias comprovações da existência do *Homo sapiens*. Como vimos na Sec. 3.5, na de *Chauvet-Pont-d'Arc*, na França, foi encontrada a figura de uma mão humana fossilizada, cujas análises científicas apontaram para a idade de 30 mil anos.

O *Homo erectus* vivia na Ásia oriental, o *Homo rudolfensis*, na África oriental, e o *Homo sapiens* também na África oriental. Hoje temos somente o *Homo sapiens*, já que esse, pela sua superioridade natural, acabou extinguindo, quer pela fome, quer pelos conflitos com os demais tipos de *homo*, dos quais tomavam seus territórios, impondo-lhes, assim, sua fatal extinção.

Como tenho afirmado ao longo deste livro, de maneira até insistente, não foi nenhum Deus que criou o Universo, a natureza ou a humanidade, como nos conta a Bíblia, por exemplo, sobre Adão e Eva criados a uma só ordem do "Faça-se!" e pronto! Estão feitos! Já adultos!

Com Charles Darwin, esse mito infantil da criação do homem, perfeito, acabado, adulto e sexuado já começou a ruir.

Como dar sentido a algo que parece não só violar como também agredir o bom-senso? As religiões usam os deuses para resolver esse bem como os demais dilemas. Dessa forma, fica até sem graça levarmos avante qualquer discussão, pois implica acreditarmos no inacreditável. A ciência, essa, sim, tem uma explicação racional que pode ser testada e comprovada ou não, mas que não depende de uma crença absurda, sem fundamentação lógica e empiricamente comprovada!

Como já citado, as crenças nos poderes sobrenaturais, inexplicáveis, extremamente poderosas e imprevisíveis certamente têm sua origem logo após a revolução cognitiva. Tal revolução, por sua vez, é o momento em que nosso ancestral mais próximo, o *Homo erectus*, sofreu uma mutação genética que o transformou no *Homo sapiens*, portador da capacidade de raciocinar, de se comunicar através da palavra falada, de se questionar sobre o mundo, sobre a vida e sobre a morte e, talvez, sobre a vida após a morte.

Ao colocarmos "as barbas de molho" para pensarmos sobre nossas vidas, nossas crenças religiosas e todas as nossas preocupações, criamos uma situação de quase desespero, senão também de desesperança na possibilidade de mudar esse *status quo* de nossas vidas e a vida do meio em que vivemos. E mudar por quê? "Porque há algo de podre no reino da Dinamarca"! A humanidade continua sendo instigada o tempo todo a acreditar no sobrenatural, a professar uma fé em algo que até agora ninguém foi capaz de demonstrar ser, pelo menos, factível. Será que a nossa vida estará apenas e tão somente fadada aos destinos traçados por esse Deus, como a vida dos animais irracionais, dos vegetais, dos protozoários?

Na Grécia antiga, onde se produziu inúmeros filósofos da natureza, costumava-se perguntar se existiam mesmo deuses para os quais se oravam, ou se seriam apenas seres imaginários, se seria a contingência cega que regeria o mundo.

Alguns humanos dos tempos atuais pensam que talvez não tenhamos nunca uma resposta a esse respeito. Aliás, uma posição demasiadamente derrotista vista sob a minha ótica. Afinal, Júlio Verne (1828–1905), escritor francês, com quem aprendemos muito em algumas obras como "As 20 mil léguas submarinas", "Viagens ao Centro da Terra", "Da Terra à Lua" etc., obras que, para sua época, eram de pura ficção científica, mas que hoje se tornaram não apenas possibilidades reais, mas também até corriqueiras.

Por outro lado, a filosofia tem nos ensinado que o que mais importa é fazermos perguntas inteligentes que nos elevem cada vez mais a um nível superior de conhecimento acerca de tudo, e não necessariamente as respostas que obtemos, mesmo porque essas nunca são tão perenes. Logo virão outras, às vezes mais precisas ou mais completas.

A propósito, cito mais uma vez (veja a citação que encima o Capítulo 2.3) uma fábula grega que, como todo mito, tem autoria desconhecida: "Estando Adão sentado sobre uma pedra e pensando sobre as coisas do mundo, eis que, de repente, surge Deus passando por perto, e Adão, muito humilde e respeitosamente, pergunta-Lhe qual o sentido de tudo aquilo que, extasiado, acabara de ver. E Deus responde: "É preciso realmente ter algum propósito?", ao que Adão responde: "Certamente que sim, meu Senhor!". E Deus se retira dizendo: "Pois muito bem, então deixá-lo-ei pensando sobre um". E simplesmente se afastou".

A filosofia pré-socrática nasce da necessidade de nos proporatmos explicações sobre as origens das coisas, desde que não sejam as narrativas míticas. Esse esforço nunca é bem-sucedido. As razões para esse fracasso são múltiplas. Desde a experiência de uma espécie *sapiens* evoluída nesse ambiente de narrativas míticas que produziam, e ainda produzem, sentido para esses seres pré-históricos perdidos que somos num contemporâneo hostil, até o simples fato de que as explicações racionais nunca darão conta dos fatos. Por outro lado, as questões e os mistérios que envolvem a vida e a morte, o mundo e o Universo, são tantas que sempre haverá mais perguntas em aberto que respostas satisfatórias.

A filosofia é tida como nascida do esforço grego para se afastar da narrativa místico-religiosa e ficcional acerca da origem e sentido das coisas.

A filosofia pré-socrática, ou filosofia da natureza, parecia buscar os princípios naturais nas coisas do mundo. Esses princípios ainda nos parecem ingênuos. Carregavam em si a marca do esforço da razão natural para se entender de onde se originavam as coisas: a água, o fogo, o movimento incessante dessas coisas, enfim, elementos perceptíveis pelos nossos órgãos sensoriais e que serviam como um suporte para as tentativas de explicações do mundo. Todavia, foi Protágoras quem observou, com muita acurácia, que o homem é a medida de todas coisas. Ele quer dizer que, como já dito, se vacas tivessem deuses, esses teriam cabeças de vacas, assim como nós, que temos deuses, que têm a nossa cara. Notemos que já aqui, neste ponto, ocorre a manifestação do nosso egocentrismo. Este postulado de Protágoras ainda impacta o mundo dos que pensam até hoje.

Já os sofistas eram da opinião de que o que a assembleia entendesse como verdade era verdade. Para eles, a verdade parecia ser "apenas" o efeito de um bom argumento sobre o oponente. Uma questão apenas de retórica, ou seja, o consentimento como verdade. De acordo com Sócrates, "quanto mais sei, sei que nada sei".

Vale a pena refletir sobre o que nos conta Stephen Hawking em seu brilhante e já citado livro: "Breves Respostas para Grandes Questões"[4].

Há cerca de 300 anos a.C., um filósofo grego, Aristarco de Samos, ficou fascinado por entender os eclipses, sobretudo os lunares. Ele foi corajoso o suficiente para questionar se eram causados por deuses, como admitia a Igreja católica, ou por outras razões que se desconhecia em sua época. Aristarco chegou a uma conclusão ousada demais para seus dias: ele percebeu que o eclipse, na ver-

---

[4] S. Hawking, *Breves Respostas Para Grandes Questões* (Editora Intrínseca, Rio de Janeiro, 2018).

dade era apenas a projeção da sombra da Terra passando sobre a superfície da lua, e não um evento DIVINO, como pensavam as religiões de sua época. E aí vem a pergunta: Será que precisamos mesmo de um Deus para nos explicar o que é o Universo?

Sempre foi por meio da ciência, palavra derivada do latim *scientia*, que quer dizer literalmente "conhecimento", que temos conseguido conhecer, com considerável grau de profundidade, grande parte de tudo que nos cerca: o ar, a água, a terra e até parte do espaço sideral. Ainda que, como sabemos, a verdade jamais será absoluta, pois sempre haverá mais a aprender do que já aprendemos. Aliás, já descemos no solo lunar em 1969 e temos já agendado, para breve, novas incursões à Lua e em outros planetas como Vênus, Marte e Júpiter!

Como venho insistindo ao longo deste modesto livrinho, a ciência é a única ferramenta que nos permite ir adiante em termos de conhecimento. A religião terminou com a chegada da filosofia assim como a filosofia findou com a chegada da ciência. Ao mesmo tempo, quanto mais aprendemos, mais suspeitamos das religiões e suas crenças. Onde está a lógica de se imaginar um Deus todo poderoso, de uma bondade infinita para com todas as suas criaturas, que possa ter admitido a existência de outro ser, igualmente tão poderoso, em fazer o mal às mesmas criaturas, como o Diabo? Tudo isso fez com que me tornasse cada vez mais cético no que diz respeito aos preceitos fornecidos pelas religiões.

Como disse Friedrich Nietzsche, em seu livro *Ecce Homo* (Eis o homem), eu também sou demasiadamente curioso, demasiadamente problemático e insolente para me confortar com uma resposta grosseira. Deus é uma resposta grosseira, de uma tremenda indelicadeza para conosco que queremos ser pensadores. No fundo, é mesmo uma grosseira proibição: Não deveis pensar! Dizem-nos os teólogos. Também é de Nietzsche a expressão "A própria palavra cristianismo é já um equívoco no fundo só existiu um cristão, esse morreu na cruz" – em seu livro "O Anti Cristo". Bem, de fato houve uma época (há 70 mil anos), em que o *Homo erectus* não tinha a capacidade de elaborar o pensamento abstrato. Ainda era um verdadeiro animal irracional.

Após a revolução cognitiva, momento em que tiveram início as primeiras interpretações de alguns fenômenos naturais, o *Homo*, então *sapiens*, passou a aceitar como naturais a ocorrência dos relâmpagos, as erupções vulcânicas etc. Sendo forças tão poderosas e com um poder destruidor imensurável, é compreensível admitir que tais catástrofes fossem tidas como a manifestação de um ser muito superior, invisível e que do céu mandava seus recados para os que viviam aqui na Terra. Também não entendíamos como tantas coisas maravilhosas automaticamente ocorriam de bom, de saudável para o nosso bem-estar, como um dia de sol, ou de chuva, de calor ou de frio, importante para a perfeita harmonia da natureza.

Porém, não consigo crer que haja um Deus exatamente da maneira como as religiões teimam ou insistem em nos ensinar. Talvez porque seguiram *ipsis litteris* a interpretação que os profetas escreveram na Bíblia. Este Deus etéreo, sem graça, sobrenatural, que nem aqui vive, que ninguém de fato o tenha visto, tateado ou sentido, como já enfatizado. As primeiras religiões foram consideradas pagãs por adorarem vários deuses semelhantes ao próprio homem, com seus defeitos como a inveja, a cobiça, o ciúme, o desejo sexual etc., tais como os gregos da época de Sócrates, e acabaram sendo substituídas por religiões monoteístas como as de hoje.

Em minha modesta opinião, é muito provável que estejamos caminhando em direção a uma segunda revolução cognitiva. A primeira, como vimos, nos levou à crença no mundo sobrenatural, em que deuses seriam os "manda-chuvas" aqui na Terra e nós, seus humildes súditos, subjugados às crenças no imponderável vivido intensamente pela humanidade durante o obscurantismo, ou seja, a época das trevas.

Nessa provável segunda revolução cognitiva, que começou a aflorar já há algumas dezenas de anos, tem crescido, sobremaneira, o número de pessoas que, como eu, passaram a adotar a posição de ateus ou agnósticos. Admitir a existência de algo que não compreendemos como o sobrenatural, à luz da razão, é no mínimo uma grande incongruência! Eu diria que a humanidade ainda sobrevive nos primórdios de uma espiritualidade superior, rendida às divindades que a enclausuraram nos dogmas primitivos baseados em supostas verdades.

O mundo que nos deu a vida sempre esteve em nossas mãos. Cabe somente a nós mesmos, após os 2 mil anos da nefasta influência do cristianismo, com suas incongruências que tanto nos envolveram num redemoinho insano, perverso e desorientador, revertermos esse quadro tão nefasto e sombrio, no que nos diz respeito ao que há de vir, como nos ensina o que se acha escrito nas páginas de "A História da Mitologia Judaico-Cristã", do eminente jurista Sacha Calmon[5]. E continua, já nas suas primeiras páginas, a nos dar ciência de que, "se a evolução das espécies termina no homem", hoje senhor, e o inquieta e o perturba, ao mesmo tempo desperta em nós, não só a esperança, mas um grande sentimento de júbilo.

Nós somos os atores e não os pacientes da história humana. E como seres falíveis, podemos tanto terminar em completa decadência ou em um retumbante esplendor! Se agirmos na direção de atores, como estamos fazendo desde a revolução cognitiva, que nos ensinou a pensar, de procurar incessantemente pela verdade científica que nos impulsionou até aqui, certamente lograremos êxito nesta empreitada, se é que já não conseguimos.

É fato inquestionável que as religiões procuram o tempo todo agarrarem-se, até com fervor desmedido, aos ensinamentos equivocados do passado longínquo, muitos deles baseados em fundamentações completamente fora de época para os dias de hoje, aceitando-os unicamente em razão da fé. Uma fé sem qualquer razão, ao menos coerente, não só me repugna como também me assusta. No mundo racional, ter fé não é importante. Às vezes é até pernicioso, perigoso ou até insano.

Que me desculpem os prováveis poucos leitores, mas algumas crendices chegam, para citarmos apenas alguns exemplos que ocorrem até hoje, até os nossos atletas do futebol profissional: adentrar ao gramado somente com o pé direito; o goleiro deve se benzer dando um tapa nas traves de cada lado, como que pedindo para não tomar gols durante o jogo; ao se conseguir realizar um gol, o

---

[5] S. Calmon, *A História da Mitologia Judaico-Cristã* (Editora Noeses, São Paulo, 2010).

autor deve agradecer aos céus, levantando os braços, e por aí vamos. Em sã consciência, chegamos à conclusão de que isso tudo é, no mínimo, muito bizarro.

A partir dessas constatações, eu me pergunto: até quando irão insistir as religiões na pregação desse evangelho tão ultrapassado, tão aquém da realidade que se nos apresenta, se a idade das trevas já se foi desde os anos 1200?

As religiões são também cosmovisões e muletas imobilizantes que impedem a reflexão crítica, tal como as que tenho feito ao longo deste livro. Sempre me perguntei por que as religiões insistem em dizer que somos feitos à imagem e semelhança de Deus, se na verdade ninguém jamais o viu.

Esse antropocentrismo é de uma crendice totalmente destituída de qualquer raciocínio, no mínimo, lógico. Se considerarmos que Deus está em todos os lugares ao mesmo tempo, ele não pode ser material, como nós, pobres mortais. Há de ser algo imortal, imaterial, onipotente, onisciente, transcendental, enfim. Percebo muito claramente aí a milenar crença no antropomorfismo arcaico, primitivo, sem lógica alguma, forjado pelas religiões, numa tentativa vã de nos fazer crer que temos um pai celestial que cuida de nós, seus filhos débeis e indefesos. Se fosse igual a nós, como nossos pais, estaria Ele também imerso na natureza e, assim, seria fruto da evolução criadora feita da poeira cósmica original? Além disso, Deus não é um ser dotado de órgãos e sentidos, pois está fora da natureza. Não tem olhos, nem fala, não come porque não tem fome ou qualquer desejo sexual. Esse antropomorfismo é uma invenção descabida, meramente humana.

Mudando um pouco de assunto, na verdade, quem destruiu Roma foi o cristianismo pagão juntamente com os invasores bárbaros germânicos. Somente 900 anos depois da morte de Cristo na cruz, desapareceu a civilização greco-romana e instaurou-se a denominada "Idade Média", conhecida como a era das trevas, da ignorância e da servidão no mundo ocidental. A partir de então, instalou-se a diversidade social – os senhores feudais, proprietários das terras e a massa de não proprietários, os servos da gleba –, o que resultou em sociedades europeias altamente fixadas e de baixa mobilidade social.

A religião cristã simplesmente aderiu a esse "mundo das trevas", encharcado de ignorância e de muitas práticas supersticiosas. Por outro lado, o islamismo surgiu como um poder que unia tudo: a vida privada, a vida pública, a vida religiosa das suas sociedades. Enquanto isso, o cristianismo subverteu-se. Ele nasceu desprezando o mundo. Segundo palavras do Novo Testamento, nada levaremos deste mundo. Nosso reino está nos céus. No entanto, da Era Medieval em diante, o catolicismo e alguns países protestantes aspiraram exercer o seu reino sobre o resto do mundo. Somente cederam no século XVIII, com o Iluminismo, o laicismo, o progresso econômico, a democracia e o Estado de direito constitucional. Ainda assim, impuseram, à força, missionários à fé cristã até onde puderam, com a apologia de sua crença para todo o mundo: na América Latina, na África, na Ásia e na Oceania.

O cristianismo é a única religião apologética. Nem o Islã, que levava a fé na ponta de suas lanças, a impôs, admitiu apenas a submissão voluntária e sincera.

A forma de cristianismo que irá triunfar no Ocidente não é, de modo algum, de grande qualidade ou de grande pureza. Até mesmo os grandes bispos são supersticiosos, crédulos acreditando nos presságios, habitados pelo medo do diabo. O seu conceito de divindade é, muitas vezes, o de um Deus ciumento, vingativo, favorecendo seus devotos sem grandes preocupações quanto à sua moralidade.

E o que dizer das grandes massas de fiéis?

Certas práticas contribuem mesmo para degradar o sentimento cristão, tal como o uso das penitências. Segundo parece, trata-se na verdade de simples "tarifa" de resgate dos pecadores. Espera-se, dos santos, não só uma intercessão da divindade, mas também lucros materiais. O seu corpo protege o país onde foi sepultado: até mesmo os seus fragmentos e as suas relíquias são usados como talismãs para se curar doenças. O santo é, pois, alguém que trata os males do corpo e do espírito, a tal ponto que os santos curandeiros acabam por substituir os deuses e heróis da Antiguidade. E, com esse comportamento, a humanidade, sem se dar conta, vai, desamparada, recaindo no paganismo.

Na virada do ano 1000, a Europa estava de joelhos. Pela espada dos reis católicos e pelas viagens dos missionários, o cristianismo tinha unificado o caleidoscópio cultural do Ocidente numa grande nação espiritual. Na Ásia, porém, a autoridade do papa não era reconhecida. Também havia certas discordâncias quanto a determinados aspectos da liturgia romana, como o celibato e a missa rezada em latim. Essa rixa explodiu em 1054, quando o papa Leão IX e o patriarca Miguel I Cerulário excomungaram um ao outro e acabaram rompendo as relações.

Os orientais formaram a Igreja Ortodoxa, enquanto a Igreja Romana se declarou a única, a eterna e Católica (do grego *katholikós*, 'Universal'). Na época, a segurança do Estado Pontifício era mantida por tropas do Sacro Império Romano, fundado por Carlos Magno (742–814). Em troca de proteção, os imperadores exerciam pesada influência sobre a Igreja. Na verdade, o líder da cristandade era um verdadeiro pau-mandado.

Em 1073 surgiu um papa disposto a virar o jogo. Baixinho e de voz aguda, Gregório VII tinha um temperamento tinhoso, que lhe rendeu o apelido de "Santo Satanás". Em um decreto famoso, determinou que os pontífices não só tinham o direito de legitimar os soberanos como também podiam depô-los. Além disso, declarou que o papa não só era o líder da Igreja, mas também senhor de todo o mundo. Tal declaração, obviamente, enfureceu Henrique IV, soberano do Sacro Império Romano. Sem pestanejar, Gregório o excomungou!

O excomungado ficava proibido de ir à missa e receber sacramentos, o que, para a época, era uma punição deveras pesada, nos diz a historiadora Andréia Frazão, especialista em Igreja medieval. No inverno de 1077, Henrique IV foi pedir perdão às portas do castelo de Canossa, na Itália, onde o Papa se hospedava. O "Santo Satanás" o obrigou a esperar três dias na rua, debaixo de neve, antes de absolvê-lo.

Com o implacável Gregório, o papado passou da defensiva para o ataque. Se antes precisava da proteção, agora se impunha com ameaças e excomunhões. Afinal, os papas declaravam-se apenas pastores espirituais. Naquela época, eram soberanos políticos com sonhos de poder e hegemonia, dispostos a conquistar o mundo pela cruz e pela espada.

A maior prova de poder e ambição ocorreu em 1095, quando Urbano II ordenou que os reis cristãos marchassem para o Oriente Médio para "libertar" Jerusalém, governada por muçulmanos desde o século VII. Cerca de 25 mil peregrinos e guerreiros cristãos começaram a escrever uma das páginas mais brutais da História: as Cruzadas. Durante a tomada de Jerusalém, em 1099, quase todos os judeus e muçulmanos da cidade foram massacrados. Nos 200 anos seguintes, mais oito Cruzadas marcharam sobre a Terra Santa.

Em 1233, o papa Gregório IX, sucessor de Inocêncio, criou a "Santa Inquisição", um tribunal de clérigos com o poder de acusar, julgar e condenar os inimigos da Igreja.

Que me desculpem os leitores, mas aqui cabe uma das mais severas, implacáveis e exemplares reprovações que se possa fazer a qualquer entidade criada por um ser humano. Desde quando, em termos de direito, alguém pode pensar, em sã consciência, ter alguma autoridade para julgar questões ligadas à fé? Será que a fé, esse sentimento dos mais particulares, próprio de cada um, pode ser impregnada a alguém, à força, por outro alguém?

Com o tempo, o Santo Ofício se espalhou por outros países e passou a perseguir e queimar não só os albigenses (povos hereges do sul da França), nos séculos XII–XIII, que professavam doutrina dualista maniqueísta, mas também todos aqueles que discordassem dos dogmas católicos como os judeus, os cientistas daquela época, os gays. Dessa maneira, as sociedades cristãs tornaram-se perseguidoras e teocráticas ao extremo.

Entre os séculos XIII e XV, o sonho de hegemonia do cristianismo implodiu. As Cruzadas acabaram em verdadeiro fiasco. Em 1252, os europeus foram definitivamente expulsos pelos sultões islâmicos. Dentro da Europa, os delírios absolutistas do Vaticano revoltaram até o próprio clero. Foi Lorenzo Valla (1407–1457), um sacerdote, que desmascarou a doação de Constantino, em 1440. Valla provou que o documento estava repleto de erros históricos, de acordo com os biógrafos antigos. Constantino, de fato, nunca sofrera de lepra. O prestígio da Santa Sé foi estremecido, as excomunhões perderam a eficácia e os reis começaram a peitar os papas. Enquanto isso, a educação deixava de ser privilégio do clero. As universidades pipocavam em toda a Europa, e a ciência e as artes vicejavam: era o Renascimento surgindo para empalidecer de vez os perniciosos poderes teocráticos.

A influência clerical esmorecia, mas os papas ainda eram príncipes ricos e poderosos em seu território. Aos poucos, a boa vida afrouxou os costumes da Igreja. O celibato passou a ser um detalhe esquecível e Roma mergulhou numa luxuriosa *Dolce Vita*. A carreira eclesiástica passou a ser um verdadeiro convite para os oportunistas de plantão, interessados na fortuna obtida pela Igreja. Temos, como exemplo, o caso de Rodrigo Borgia (ou Alexandre VI), eleito papa em 1492 (ano do descobrimento da América por Cristóvão Colombo), graças à pesada propina distribuída aos eleitores; pesada por demais – eram quatro mulas carregadas de ouro. Bonitão e sedutor, Alexandre VI tinha duas amantes oficiais, deu festas de arromba no Palácio Apostólico e gerou sete filhos conhecidos, alguns com rentáveis cargos eclesiásticos.

Apesar da má fama, os papas da Renascença souberam usar sua riqueza para deixar um legado cultural exuberante. Construíram bibliotecas, ergueram monumentos e transformaram a cidade em um tesouro para os olhos. O maioral entre os "papas da arte" foi Júlio II, que subiu ao poder em 1503. Pai de três filhas, em vez de rezar missas de batina, ele preferia comandar exércitos, vestido de armadura de prata. No intervalo entre as batalhas, o papa guerreiro patrocinou alguns dos maiores gênios da época, como os pintores Michelangelo e Rafael. Com a proteção e os salários pagos pelo Vaticano, esses realizaram obras-primas, como as incríveis pinturas no teto da Capela Sistina, por Michelangelo.

Foi justamente a extravagância de Júlio II que detonou a pior crise na história da Igreja. Em 1505, o papa deu início à reconstrução da Basílica de São Pedro, no Vaticano, que estava em ruínas. Para financiar as obras, autorizou todas as igrejas da Europa a vender "indulgências", isto é, fornecer documentos que davam a absolvição total dos pecados em troca de dinheiro. Tal ato deplorável e absurdo enfureceu o monge alemão Martinho Lutero, que, em 1517 publicou 95 teses denunciando a corrupção da Igreja Católica. Assim começava a Reforma Protestante. Pouco depois, cristãos da Alemanha, da Holanda e da Europa central já não estavam mais dispostos a aceitar a autoridade do papa e a supremacia de Roma. A Europa mergulhou, então, em dois séculos de guerras religiosas.

De acordo com Vinícius Romanini[6], a história dos papas se confunde de tal forma com a civilização, que é impossível entender as motivações, os bastidores e a importância dos acontecimentos que envolveram o Vaticano, sem entender também os fatos que levaram ao declínio do Império Romano a partir das invasões bárbaras, a centralização do poder imperial em Constantinopla, hoje chamada de Istambul, o maior conglomerado humano da Europa atual, que tive o prazer de conhecer recentemente, a capital do império bizantino. A emergência dos reis francos da Europa e a aliança estratégica que os papas fizeram com essa nobreza de ascendência bárbara para evitar a transferência do poder papal para o patriarca grego. Logo depois, a disputa cada vez mais acirrada entre esses mesmos reis e os papas da época para saber quem detinha a última palavra e quem deveria obedecer a quem; as sucessivas excomunhões que os papas lançaram contra eles e, como resposta, a transferência forçada do papado para Avignon, na França, que se iniciou em 1309 e durou 7 décadas.

Os papas também desempenharam um papel fundamental nas lutas pela sucessão das casas reais europeias, da Alemanha à Bulgária. Às vezes tiveram os imperadores como títeres em suas mãos, afirmando-se como voz suprema e incontestada por toda a cristandade, ordenando cruzadas e destituindo reis que ousassem desobedecer. Outras vezes foram os papas a dançar conforme a música ou se recusassem a assim fazer, tinham que suportar a nomeação de papas alternativos pelos imperadores os chamados "anti-papas" que existiam às dúzias. Por outro lado, o papado também acompanhou de perto o renascimento das artes e do humanismo. Como sublinhei anteriormente, foram eles os principais incentivadores

---

[6]Consulte Vinicius Romanini, 2000 *Anos de História – A Alma e a Lama*, Revista História Galileu, (Editora Globo, São Paulo, setembro de 1999.), p. 6.

dos grandes artistas daquela época. Em resumo, agindo como príncipes, os papas do Renascimento foram guerreiros, esbanjadores de vida dissoluta, astrólogos, amantes da bebida e das mulheres e nepotistas contumazes.

Foi preciso que Martinho Lutero chamasse a atenção contra esses abusos para que a Igreja e o papado retomassem suas funções. Ainda assim, os séculos de crueldade continuaram a ecoar nos porões da Inquisição espanhola. Mais uma vez foi preciso que os iluministas confrontassem o ranço medieval que dominava o pensamento católico para que os papas aceitassem que a catequização deveria ser feita pela persuasão, e não pelo horror.

A partir do século XIX, o racionalismo científico e o novo panorama político europeu, cada vez mais nacionalista, relegou o poder do papa às questões somente da fé. Em 1870, a Igreja perdeu seus territórios, tomados pelo recém-criado reino da Itália. Após a Segunda Guerra mundial, o novo panorama deflagrado com a vitória dos aliados obrigou a Santa Sé a buscar um novo papel no mundo, muito mais diálogo do que de imposição raivosa.

O poder do papa deriva do apóstolo Pedro, escolhido por Cristo para ser a "pedra" sobre a qual a Igreja se ergueria, bem como o detentor das "chaves do céu". Pouco sabemos sobre o papel de Pedro durante o tempo em que conduziu os fiéis romanos, mas é certo que ele não tinha todo o poder que seus sucessores tiveram. Confrontando o imperador Nero com sua pregação sobre a obediência apenas aos mandamentos de Jesus, Pedro era muito mais um agitador político-religioso, reunindo-se quase sempre às escondidas em igrejas subterrâneas e na calada da noite.

Somente com o tratado de Milão promulgado pelo recém convertido imperador Constantino, em fevereiro de 313, os cristãos tiveram garantidos seus direitos de liberdade de culto que os pagãos gozavam. Constantino transferiu a capital do Império para Bizâncio, renomeando como Constantinopla, cidade que passou a ser o centro de gravidade do poder político. O imperador também quis levar para lá o poder religioso. O que levou a uma disputa que desembocaria na cisma entre as duas Igrejas, em 1054, situação que ainda perdura.

No século VIII, o Vaticano libertou-se das amarras de Constantinopla graças à aproximação com os reis francos. Essa nova aliança foi sacramentada durante o reinado de Carlos Magno. Assim começou uma nova época de afirmação e de prestígio que faria da Igreja a mais poderosa Instituição do ocidente. Papas e imperadores começaram a disputar o poder. O partido dos Guelfos era papista, enquanto os Gibelinos defendiam o imperador. Não havia um único reino europeu que não se alinhasse com uma das facções.

A partir do século IV, o trono papal foi ocupado por gente da pior índole.

Dâmaso I perseguiu e matou seus adversários com as próprias mãos. Pouco depois de sua morte foi canonizado.

Gregório I (540-604), o papa que não queria ser papa, entregou toda a sua grande herança para a Igreja. Embora resistisse a assumir cargos na hierarquia eclesial, sua refinada educação e experiência política foram logo aproveitadas pelo papa Pelágio II (530-590) que o enviou a uma delicada missão diplomática junto ao imperador de Constantinopla no sentido de diminuir a importância do papado romano em favor do Patriarcado Oriental. Foi assim, muito a contragosto que o monge Gregório acabou sendo eleito Papa depois da morte de Pelágio II.

Gregório VII (1020-1085), um dos grandes reformadores da Igreja. Entrou na história por ter instituído o celibato na Igreja e ter excomungado o imperador de Constantinopla numa época em que os reis se colocavam no direito de nomear e destituir papas, foi um grande reformador da Igreja.

Inocêncio III (1198-1216) representa o ápice do poder papal durante a idade média. Soube como nenhum outro papa a mexer nas pedras do tabuleiro político da Europa, fazendo com que reis e imperadores se submetessem ao poder papal como nunca antes.

Bonifácio VIII (1235-1303) foi o último dos papas a conceber a Igreja como uma instituição acima dos estados terrenos e o papa como uma figura quase divina, a quem todos os seres humanos deveriam respeitar e obedecer. Na verdade, foi um tirano megalomaníaco que tentou estabelecer um culto à sua própria personalidade.

A seguir, passo a descrever algumas curiosidades sobre os papas, obtidas a partir da mesma revista citada anteriormente. O título de papa deriva do grego "Pai", desde o século IX, e designa o chefe supremo da Igreja Católica Romana.

- Sisto I (115–125) – o primeiro papa filho de sacerdote. Nessa época ainda não havia a exigência do celibato;
- Inocêncio I (401–417) – o primeiro pontífice cujo pai havia sido papa (Anastácio);
- João II (533–535) – foi o primeiro a adotar um novo nome depois de eleito. Seu nome original, Mercúrio, era de uma divindade pagã;
- Gregório III (731–741) – o último a se submeter à aprovação do imperador em Constantinopla, hoje Istambul, na Turquia;
- Pelágio I (556–561) – o primeiro a não ser eleito por seu pares. Foi designado pelo imperador Justiniano.

Está mais do que na hora de nos perguntar: estamos ainda, de fato, ouvindo Jesus, o doce rabino da Galileia? A Igreja Católica Apostólica Romana corresponde à sua projeção na História?

Ao contrário, as igrejas cristãs, assim como as religiões reveladas, são bastiões do conservadorismo e teocracias que traduzem visões totalitárias do homem, da História e do Universo. Uma crítica à civilização é, indiretamente, uma crítica às religiões ditas "reveladas" por Deus. Toda a carga de repressão que perpassa a História da humanidade mediterrânea e ocidental é perfeita, justa e inegavelmente devida à religião. Essa que nada mais fez do que enganar, com astúcia desmedida, a ingenuidade, a simplicidade de seus milhões de seguidores em todo o mundo, aliás como ainda faz nos dias de hoje.

Qualquer religião é um corpo que nasce, cresce, transforma-se, pouco, é verdade, adapta-se, menos ainda ao tempo, e busca manter seus preceitos a todo o custo, contra qualquer argumento inovador, moderno e atual. Agindo assim, as religiões pensam ser essa a maneira mais adequada para se manter a fé. Na mesma fé e nos mesmos milagres ocorridos num mundo tão distante, como o de 2 mil anos atrás. Coloquemo-nos a imaginar, só por um instante, que a notícia do nascimento de Cristo por meio da Virgem Maria fosse ao ar, em tempo real, pelo noticiário de televisão, nos dias de hoje. Quem acreditaria? O fenômeno denominado partenogênese nunca ocorreu na espécie humana!

Quem acreditaria? Como seria isso possível?

Apesar disso, a seita de Jesus está profundamente transformada. Após o cisma entre o catolicismo romano e o cristianismo ortodoxo, que se crê depositário da *doxa* verdadeira, se pularmos à frente, deixando para trás a Idade Média, feudal, anti-higiênica, bárbara, de baixa mobilidade social na parte ocidental e central da Europa e tomada pelo analfabetismo, a superstição, as Cruzadas, o enfrentamento bélico com o Islã, os desvios da religião e a degradação do papado, iremos nos deparar com os primeiros sinais da renascença da civilização, na região que desconhecia um Poder Central e também unidade política; justamente na península que abrigara a cidade que havia feito o império mais formidável e duradouro do mundo. A Itália era repartida em cinco regiões: O Reino de Nápoles, as Repúblicas de Florença e Veneza, o Ducado de Milão e os denominados Estados Pontifícios comandados pelos papas, no pleno exercício de poderes políticos.

Transcorria o século XV quando os humanistas italianos, inspirados em Francesco Petrarca (1304–1374) e Giovanni Boccaccio (1313–1375), redescobriram a arte greco-romana e empreenderam uma inusitada e forte renovação nas letras, nas artes, nas ciências e na filosofia.

O "Renascimento" da civilização mais uma vez vem da península Itálica e se difunde por toda a Europa por volta dos séculos XV e XVI, sacudindo o mundo medieval. Nesta península, com grande vantagem, dão início às grandes navegações oceânicas redescobrindo a Ásia, a África, as Américas, reinaugurando, por assim dizermos, a era mercantil em escala planetária, que já se insinuava desde o renascimento italiano. "Os homens não nascem apenas, eles se fabricam para saber", proclama Erasmo de Roterdã (1466–1536). Leonardo Bruni (1370–1444) traduz FÉDON, CRÍTON, GÓRGIAS, a APOLOGIA DE SÓCRATES e o Discurso de Alcebíades no

BANQUETE. Nessa mesma época, Lorenzo Valla demonstra que a Doação de Constantino era uma notória falsificação feita pelos copistas da Igreja Romana, para exaltar o papado.

Nas suas anotações ao Novo Testamento, o chamado "Pai da Filologia", declarou em 1444 que a Bíblia de Jerônimo, a famosa Vulgata, não era fiel ao texto grego dos Evangelhos, muito pelo contrário ("Quem conta um conto e quem o reconta aumenta um ponto").

Começava a ruir a complexa mitologia cristã baseada em testemunhos que até hoje verdadeiramente ninguém sabe quais foram. Uma tradição oral tardiamente escrita por autores contraditórios (Marcos, Lucas, Mateus e João) teria mesmo que sofrer dezenas de falsificações, invenções, modificações e interpolações a gosto. Palavras ditas em aramaico, hebraico, grego e latim mudaram muitas vezes de sentido.

Mas quem eram os líderes das reformas feitas como protestos à conduta da Igreja Católica Apostólica Romana? John Wycliffe, nascido em 1324. Professor da Universidade de Oxford, questionou a centralidade do Poder Romano. Os "Pais da Igreja", não eram eles que de fato iluminaram as Escrituras. Elas é que de fato iluminavam as Escrituras. Elas é que iluminavam os fiéis. Atacou a venda de indulgências e afirmou que a hóstia não era Cristo, mas apenas um símbolo.

Naturalmente foi expulso de Oxford e condenado a calar-se. Jan Hus vem a seguir, nascido em 1369, capelão da Igreja de Belém, em Praga. Em 1409, o Papa Alexandre V, de Pisa, mandou para a fogueira os escritos de Wycliffe. Jan Hus protestou e foi excomungado. Preso, caminhou para a fogueira cantando salmos, em 1415. Durante uma década seus seguidores na Boêmia lutaram contra as autoridades numa guerra devastadora. Tudo feito em nome de Deus...

É um poder o homem auto determinar-se, "sem tutelas" que está a dignidade humana na sua mais expressiva realidade, nos dizia Pico della Mirandola (1463–1494) em sua "Oração Sobre a Dignidade Humana"[7]. Por outro lado, Andrea Martignoni, doutor em

---

[7] *Oratio de hominis dignitate* (1486). Em tradução livre, lê-se: "Não te fiz celeste

História Natural pela Universidade de Sorbonne, assevera que[8]: "Eram, portanto, os estudos das humanidades que constituíam o coração do programa humanista". A aprendizagem das letras deveria conduzir ao ideal da verecúndia, ou seja, da medida do respeito por si e por outro, ideais já encontrados em Virgílio e Plutarco.

O neoplatônico Marsilio Ficino (1433–1499) escreveu em 1484: "Nosso século trouxe de volta à luz as artes liberais que estavam quase todas extintas, a gramática, a retórica, a pintura, escultura, a arquitetura e a antiga melodia da lira de Orfeu". Todos os saberes estavam mobilizados a serviço do novo homem, entre a herança antiga, a cultura clássica e a ética cristã. A mutação da história da religião mundial, que se achava em curso na Itália do *Quattrocento*, também afetou as técnicas e a linguagem artística.

O nascimento da imprensa estimulou a difusão exponencial do saber, as descobertas geográficas ampliando o conhecimento do globo terrestre; o avanço das ciências dos astros permitiu se repensarem os mistérios do céu; e o desenvolvimento da medicina e da anatomia conduziu a uma maior compreensão do ser humano.

Na renascença, a unidade religiosa da cristandade ocidental foi para os ares, segundo nos relata Séverine Fargette, especialista na História Medieval[9]. A Igreja Romana não respondia, ou respondia cada vez menos às expectativas dos fiéis. Certas práticas tais como a compra de indulgências para abreviar a estada no purgatório chocavam por demais os leigos. O mesmo acontecia com o comportamento dos clérigos, muitos deles libertinos e ignorantes.

Os homens de Deus não respeitavam o voto de castidade, ainda que a Igreja do século XI condenasse o casamento e o concubinato dos padres; as transgressões se perpetuavam, às vezes aliadas a outros pecados. Em 1395, o padre Étienne Merceron matou um homem que lhe roubara 7,5 francos. Quando preso, confessou viver de rapinas e morar em concubinato com uma mulher casada,

---

nem terrestre, mortal ou imortal, a fim de que tu mesmo, livremente, à maneira de um bom pintor ou de hábil escultor, descubras tua propria forma...".

[8]A. Martignoni, *Words and gestures of faith. The religious anthropology of Friuli at the end of the middle ages*, Revue de l'Histoire des Religions **228**, 27–36 (2011).

[9]S. Fargette in *História Viva – Grandes Temas n. 20* (Editora Duetto, São Paulo, 2017). Edição Brasileira de História das Publicações Tallandier.

com quem havia tido quatro filhos.

Que comunidade cristã essa!

Além disso, o papa concentrava todos os ataques: reinando em uma Corte suntuosíssima, negligenciava sua tarefa espiritual para se consagrar à política e à guerra. Somemos, a isso, a prática desenfreada do nepotismo pelos pontífices. A nomeação de dois sobrinhos de Sisto IV (1471–1484) para o Sagrado Colégio desencadeou muitos protestos. Ele transformou o Estado Pontifício em monarquia e relegou suas questões mais urgentes, como a Reforma da Igreja e a Cruzada contra os turcos que invadiram a Europa, a questões de somenos importância. Pior ainda, seus sucessores agiam do mesmo modo. O emprego altamente abusivo das excomunhões para fins estritamente materiais desacreditava o papado.

Inocêncio VIII (1484–1492) continuou as malversações de seus predecessores e ganhou uma soma colossal vendendo postos de secretário apostólico, o que seria o mesmo que distribuir cartórios de registro de imóveis aos "amigos do rei", que, como se sabe, recebem tudo e os inimigos, nada – prática que ocorreria talvez de forma ainda mais profana do que a da nossa época.

Em 1517, um monge alemão, Martinho Lutero, condenou sem apelação essa malvada prática, afirmando que apenas a fé pode salvar os homens.

O final da Idade Média viu despontar uma crise religiosa mais profunda, marcada por um medo escatológico, ou seja, do fim último do homem, o da morte, ainda que a igreja cristã tenha feito de tudo para que seus fiéis acreditassem que A MORTE SERIA A CONTEMPLAÇÃO DE UMA NOVA VIDA, AGORA SIM IMORTAL, para ser vivida no CÉU juntamente com nossos entes queridos, e mais do que isso! E sem as atribulações que nos afligiram por boa parte de nossas vidas. Somente após a morte é que realmente seríamos felizes. Pela eternidade, não teríamos mais com que nos preocupar, afinal, voltaríamos ao PARAÍSO outrora perdido.

Falando da morte, o mais célebre entre eles, Girolamo Savonarola (1452–1498), recomendava, aos florentinos, possuírem um pequeno esqueleto de marfim para ser frequentemente contemplado.

A peste negra de 1348, os frequentes períodos de fome que assolaram quase toda a Europa e a guerra levavam, muitas vezes, as pessoas a uma religiosidade exacerbada, até mesmo blasfema: grupos de flagelados percorriam a Europa arrasada pela epidemia entoando cânticos e chicoteando-se em público... antes de atacar a Igreja Institucional considerada indigna. Em 1376, em Liége, na França, bandos de penitentes seminus profanaram uma igreja. Às vésperas da reforma, fenômenos semelhantes de histeria coletiva ocorriam o tempo todo. Alguns leigos criavam as suas próprias regras religiosas, acrescentavam superstições e substituíam orações por atos de encantamento. Era um desespero total.

A reforma que nasceu no próprio seio da Igreja quis impor, ao conjunto dos clérigos, valores modernos e, por isso, preconizou o retorno às origens do cristianismo. Os humanistas propuseram, então, uma prática religiosa purificada e simplificada. Erasmo de Roterdã encorajou, por exemplo, a leitura dos textos sagrados, base de todo o pensamento cristão. No século XV, a Bíblia, revista e corrigida, figurou entre os primeiros textos impressos, a famosa Bíblia de Gutenberg (1456), o inventor da imprensa, e traduções, ao menos parciais, diferenciaram-se em todos os países europeus, permitindo, aos leigos, um acesso mais fácil às Escrituras.

Cabe aqui observarmos que de nada vale oferecer, a um leigo, um livro, por exemplo, sobre medicina, se o leitor não for capaz de entender os termos científicos próprios da linguagem médica. Além disso, traduções fidedignas exigem, do tradutor, profundo conhecimento sobre o assunto tratado. Ademais, há de haver, por parte do tradutor, enorme responsabilidade no que se refere à sua própria seriedade em retransmitir, se possível, *ipsis litteres*, o que foi dito pelo autor, sem falsear, ainda que de forma indesejada, aquilo que esse afirmou ou desejou afirmar. Lembremo-nos de que muitos textos poderão ser, deliberadamente ou não, traduzidos conforme o tradutor desejou. Às vezes, até por interesses escusos, conforme sua interpretação assim o desejar. Sendo assim, sempre que possível, é bom ter o texto original ao dispor do leitor mais experiente ou mais exigente.

Os renovadores incitavam também o cristão a viver em maior

comunhão com Deus. A salvação viria, antes, por uma fé profunda que pela compra de indulgências. Se, por um lado, os pregadores se alegravam com essa evolução, outros se inquietavam com ela. Estes temiam que a leitura livre pudesse propiciar interpretações errôneas dos textos sagrados. Além disso, essa relação direta, mais íntima com Deus, intermediada apenas pelos textos sagrados, incomodava a Igreja no seu conjunto, pois diminuiria enormemente a autoridade do papa e do clero, o que quebraria a ordem social do mundo medieval.

Aqui, novamente devo tecer algumas considerações.

Se Deus é o pai de todos nós, pelo menos para os cristãos, e tem, por seus filhos, igual amor e carinho, então para que termos irmãos, os clérigos, como nossos intermediários para nos comunicarmos com nosso pai, Deus? Qual seria a razão dessa hierarquia? Por acaso não somos mais todos iguais perante Deus? Ou de outra forma: a quem interessaria tal hierarquia, se não fosse pela própria Igreja Católica? Como devemos entender a frase "Ninguém chega ao Pai senão por mim" (Jo 14,6)?

No entanto, a nova fé cristã só convinha a uma elite social. Somente os mais instruídos podiam abstrair-se das práticas tradicionais. Condenando essas ideias ainda marginais no século XV, a Igreja afastou-se dos fiéis que esperavam, impacientes, por outras respostas para chegarem à salvação. E a contestação desses deu finalmente nascimento ao protestantismo, provocando uma ruptura profunda da cristandade no Ocidente.

O cristianismo que emergiu da Era Medieval tornou-se, ao longo das eras, um mistério tremendo a inspirar o medo e a oração aos seus súditos. Os cristãos europeus continuavam ignorantes e crédulos. O cristianismo era uma religião com três figuras e uma multidão de santos e santas. Os padres se tornaram curandeiros, e suas rezas, milagrosas. Todo mundo queria se salvar e ir para o céu, mas aqui na Terra, o ouro, a prata, as riquezas, o prazer e o poder continuavam a ter os seus apelos muito fortemente revelados.

De fato, a Bíblia corre atualmente o risco de se tornar letra morta, ou simplesmente um livro irrelevante, sem sentido prático. Tem sido distorcida por afirmações de infalibilidade literal, é ridicularizada, muitas vezes injustamente, por fundamentalistas seculares; torna-se, também, um arsenal tóxico que alimenta o ódio e a polêmica estéril. Nesse sentido, com o devido respeito, a leitura da Bíblia mais desagrada que nos auxilia. Já não precisamos dela como lei (basta o direito), nem como justiça, que, aliás, nunca, em tempo algum, ela propiciou. Finalmente a "regra de ouro": amarmo-nos uns aos outros e a todos os seres vivos, sermos honestos e verdadeiros são posturas que independem das religiões reveladas (por nós mesmos).

Essas religiões sempre foram, e continuam sendo, reacionárias. Auto intitulam-se "donas da ética e da retidão". Têm como objetivo garantir o primado do homem sobre a mulher, o respeito à propriedade e às leis decretadas pelo Estado. Visam também ao controle sobre o sexo e a procriação dos seres humanos. Não quer dizer que a bondade, o bem, a caridade, a defesa de uma boa vida familiar, de uma vida honesta não sejam importantes. Ao contrário, são valores, e todas as religiões os prestigiam e pregam a sua observância. O detestável nas religiões é o domínio das consciências. Pelo medo imposto sistematicamente e o sistema de penas *post-mortem*, a ameaça do inferno eterno de Satã é uma concepção absurda do homem, da História e do Universo.

Espanta-me como os homens acreditam em mitos, cenários cósmicos, milagres, sobrenatural etc. Estamos, de fato, na primeira etapa da civilização. Poderes extra-sensoriais, antes de serem buscados na evolução humana, são atribuídos à simbiose entre o divino e o profano. "Deus não é nenhum santo" nos disse Miles quando iniciava sua análise do personagem Javé[10]. Dizemos nós: "O homem tampouco não é nenhum santo".

As religiões monoteístas reveladas viram-se obrigadas, ao contrário das politeístas, a concentrar, num Deus feito à nossa imagem e semelhança (antropomorfismo), as nossas virtudes e os nossos defeitos intrínsecos, naturais. Assim, trapaceamos a ideia de Deus. Incapazes de solucionar o problema do mal, atribuímos a nós um pecado original, por força de uma criatura sobrenatural, oposta a um suposto Deus único.

---

[10] J. Miles, *Deus: uma Biografia* (Companhia das Letras, São Paulo, 2009).

Capítulo 7. Como Surgiram as Religiões

As crenças religiosas primitivas ou (religiões) partiam do medo e da admiração. Medo das forças da natureza (tempestades, furacões, erupções, secas, ciclones, raios, enchentes etc.) e da admiração pela beleza assustadora da natureza: as estrelas, a constância das estações do ano, o arco-íris, o constante vir-a-ser da vida.

Admiração pela sabedoria de um Deus desconhecido, criador de todas as coisas, o Senhor da vida na Terra. Assim, ofereciam-lhe sacrifícios, ora para aplacar-lhe a ira, ora para que fizesse chover em favor das lavouras e das colheitas fartas. Para o selvagem, o mundo era fantasmagórico, envolto pelo sobrenatural. Eram animistas, ou seja, todas as coisas tinham um espírito: os animais, as árvores, os elementos da natureza, como rios, cachoeiras, os grandes montes etc. Como os elfos e os gnomos da mitologia ariana, as religiões monoteístas convivem com seres celestiais e demoníacos.

Muito foi lido, grifado e anotado ao longo deste livro desmistificador. E agora, o que podemos concluir, após o longo percurso pelos descaminhos da religião-tronco, o monoteísmo judaico, o cristianismo e o islamismo que hoje dominam as mentes desde a Ásia menor, a Indonésia e partes da África e todo o mundo ocidental?

Temos que começar pelo fim.

As três religiões, cada qual com suas próprias perspectivas, afirmam, pela apologia de seus sacerdotes, que haverá um *Armageddon*, um apocalipse, um desastre cósmico, o fim dos tempos, precursor da Parusia (segunda vinda de Cristo na Terra), por sua vez antecedida de um "juízo final", quando toda a humanidade ressuscitará em corpo e alma e receberá, do Deus-Juiz e da sua Corte judicial, um veredito fatal: o céu ou o inferno para todos os atos praticados nessa vida. Somos todos réus. A crença no juízo final é inabalável. Paradoxalmente, como o juízo final coletivo nunca chega, cada pessoa é julgada individualmente, outra contradição que não pode ser escondida. Mas é esse tenebroso juízo que mantém os crentes subservientes.

Aqui, devo recordar, mais uma vez, o papel de Lutero nas transformações que ocorreriam na Igreja nos anos seguintes[11]. Tendo

---

[11] Valho-me aqui das obras da teóloga Liliane Crété, doutora em civilização e

nascido em Eisleben, na Saxônia, em 10 de maio de 1483, em uma família de origem camponesa, viu seu pai ascender na escala social. Assim, Martinho iniciou seus estudos na escola latina de Magdeburgo, depois foi para Eisenach e, finalmente concluiu seu aprendizado em Erfurt. Em 1505 recebeu o diploma de Mestre em Artes Liberais e começou seus estudos de Direito. Mas parece que nesta época o jovem passou por uma crise mística: a ideia da cólera divina e do julgamento o aterrorizava. Apesar da oposição paterna, entrou para o Convento dos Agostinianos de Erfurt.

No entanto, a angústia da morte, do julgamento e da danação não o abandonava, até o dia em que, relendo a Epístola aos Romanos, encontrou a paz. Lutero compreendeu que a justiça de Deus é a aceitação do pecador: unido ao Cristo pela fé, o homem poderá viver diante de Deus.

Ele queria reformar e não acabar com a Igreja. Mas como Roma lhe declarou guerra, a Igreja se fragmentou e a Reforma explodiu.

O Concílio de Trento (1545–1563) tornou-se um símbolo da reação da Igreja às reformas protestantes. Foi por isso chamado, de um modo um pouco redutor de "Concílio da Contra Reforma". O tempo de sua duração, dezoito anos, dá um pouco a ideia do espírito de revanche que o inspirou. O que ocorreu na cidade de Trento no norte da Itália ultrapassa em muito a simples ideia de uma reação à Reforma, isto é, de uma Contra Reforma.

Pois, se é verdade que a Reforma Protestante é a referência imediata do Concílio, o que está então em verdadeiro jogo é a superação de uma crise intelectual, espiritual e institucional do catolicismo do ocidente medieval, crise já em curso no século XV e que tem precedentes até mesmo nos movimentos sócio religiosos de repúdio à Igreja de Roma, disseminada por quase toda a Europa Ocidental e Central, desde o século XII.

Na história da Igreja houve 21 Concílios Ecumênicos (Universais), sendo que os oito primeiros (325–870) se realizaram no Ori-

---

literatura anglo-americana, que é autora dos livro "O Protestantismo e os Preguiçosos", em francês *Le Protestantisme et les Paresseux* (Labor et Fides, Gèneve, 2001), e "O Protestantismo e as Mulheres", em francês *Le Protestantisme et les Femmes* (Labor et Fides, Gèneve, 1999). Veja também Crété, Liliane – História Viva. Edição especial temática n. 20, (Ediouro, Segmento-Duetto Editorial Ltda.), pp. 20–25.

ente, sob a influência dos imperadores romanos daquela parte remanescente do Império. Como a doutrina cristã estava ainda em fase apenas inicial, o foco principal desses primeiros Concílios só poderia ser mesmo de natureza doutrinal. Sua agenda consistia em conferir estabilidade e coerência a uma doutrina em formação, que sob o prisma da tradição filosófica grega oferecia numerosos obstáculos e dilemas lógicos.

Essa necessidade de conciliar filosofia grega e dogmas religiosos pode parecer incompreensível aos olhos de hoje, mas era historicamente inevitável. Apesar de as origens do cristianismo serem hebraicas, o cristianismo iniciava-se a partir de um estágio muito helenizado do próprio judaísmo, mas que se desenvolveu na esfera da civilização helenística que nesta época impregnava todas as margens do mar Mediterrâneo.

O Novo Testamento é escrito em grego e emprega termos consagrados pela especulação filosófica. Seus primeiros intérpretes foram os apólogos e os pais da Igreja grega, que eram homens formados nas escolas de filosofia e de retórica gregas.

De fato, esses Concílios "gregos" realizados em Nicéia, Calcedônia, Éfeso e Constantinopla, tratavam de fazer com que a tradição filosófica helênica, ancorada na metafísica de Platão e na lógica de Aristóteles, se adaptasse aos três dogmas basilares do cristianismo, ou sejam, a consubstancialidade primeira do Pai e do Filho, o mistério da transubstanciação eucarística (isto é, a transformação da substância do pão e do vinho no corpo e no sangue de Cristo) e a unidade da dupla natureza (divina e humana) de Cristo.

Aqui surge o primeiro problema: o politeísmo.

O cristianismo desde sempre, abominou a ideia de haver mais de um único Deus, o que fora considerado pela Santa Sé como uma prática de puro paganismo, já na Idade Média.

Um segundo problema: na tradição filosófica grega, define-se como substância aquilo que é necessário para algo ser o que é. Substância opõe-se nesse sentido, a acidente, que é algo apenas contingente, ou seja, aquilo que pode ou não existir. Exemplificando: a cor de uma casa é apenas um acidente, não um traço substancial ou necessário dela. Ou seja: o acidente pode mudar, a substância permanece.

Mas o dogma da transubstanciação subvertia a hierarquia lógica entre substância e acidente, pois o pão e o vinho da Eucaristia continuavam a ser, no que tinham de acidente (em seu aspecto exterior), pão e vinho, mas passavam a ser outra substância, isto é, corpo e sangue de Cristo. No mistério da Eucaristia, a substância é que muda, enquanto o acidente permanece, o que é logicamente um contrassenso (de onde, de resto, sem estatuto de mistério).

O terceiro problema é o caso de a cristologia consolidada pelo Concílio de Calcedônia (451) ter afirmado a unidade substancial da dupla natureza de Cristo. A humanidade de Jesus não era um acidente de sua divindade, nem tampouco sua divindade, um acidente de sua humanidade. Jesus era tão substancialmente homem quanto substancialmente Deus. Ora toda tradição platônica se baseava na irredutível tensão entre aparência e essência, entre o mundo dos fenômenos e o mundo das ideias, isto é, entre o sensível e o inteligível. Mas a Encarnação do Verbo confundia esses dois níveis de realidade em um único Ser e, ao fazê-lo, punha por terra uma das estruturas mais importantes do racionalismo antigo.

O Concílio de Trento restaura com força essa tríade dogmática da religião cristã ao promulgar duas resoluções. Primeiro, a unicidade do texto revelado: só a *Vulgata*, o texto latino da Bíblia, é a Bíblia, e a interpretação de seu conteúdo pelos Concílios anteriores é a única admissível.

A pretensão protestante de compreender a doutrina cristã a partir de uma leitura coletiva do texto sagrado, ainda por cima traduzido, para se fazer acessível às diversas congregações dos fiéis, era condenada da maneira mais peremptória.

O oitavo Concílio Ecumênico, o de Constantinopla (869–870), já não era mais reconhecido pelas Igrejas ortodoxas; os 13 sucessivos deram-se na Europa, 9 dos quais na Itália, 2 em Lyon, 1 em Vienne (França) e outro em Constância – o da Basiléia terminou na Itália.

Com o estabelecimento do aparato dogmático do cristianismo, a pauta de tais reuniões tende a migrar das questões doutrinárias, gregas, para as questões jurídicas e rituais, tipicamente latinas, herdeiras do formalismo contratual do direito e da religião de Roma.

Tais questões conciliares agora irão se referir aos diversos contratos que regulamentam, de um lado, o funcionamento interno da Igreja, e de outro, as relações entre esta e a sociedade, ou seja, o rebanho de fiéis.

O Concílio de Trento foi o mais importante da história conciliar por ter, ao mesmo tempo, enfrentado as complexas questões dogmáticas da tradição grega e as mais cruciais questões jurídico-institucionais legadas pela tradição romana.

Por volta dos anos 80 depois de Cristo, os judeus já rompidos com a seita cristã, e os cristãos ainda apegados às tradições religiosas judaicas, tinham perdido seu principal símbolo: o Templo de Jerusalém, a eterna morada de Javé no Monte Sião, tido como o centro do Universo. O pior não demorou a chegar: a destruição de Jerusalém 500 anos depois. Perderam, portanto os judeus a esperança da iminente chegada do Messias Redentor no Monte Sião, conforme profetizado por Daniel, a surgir glorioso em meio ao apocalipse, pondo fim à história e a inaugurar o reino celestial, elevando Javé (para os judeus) ou Cristo (para os cristãos), como o julgador dos pios e ímpios em favor do Reino Santo, Israel, senhor de todos os povos deste mundo (ou na verdade, o que eles julgavam ser o mundo, ou seja, o ambiente humano político, à volta do Mar Mediterrâneo).

Tais perdas produziram resultados altamente danosos por três motivos:

1. ratificaram definitivamente a destruição do Templo de Jerusalém, o terceiro erguido por Herodes. Para os judeus, o lugar do Templo foi ocupado pela Torá ou Tenach e para os cristãos, pelo corpo místico de Cristo, mediante formidável esforço exegético (minuciosa interpretação de um texto ou de uma palavra, geralmente bíblica).

2. A vinda iminente do Messias foi revogada pela destruição física de Jerusalém.

3. O apoteótico chegou, mas só destruiu o mundo judaico. E o destrói em todas as dimensões, exceto uma: a da lei!

A destruição do Templo de Jerusalém foi seguida pela destruição da crença imediatista – que se tornou atemporal – do juízo final.

Para completar, o Estado Judeu, vassalo de Roma, foi definitivamente derrocado e o eterno reino de Davi foi esquecido. Como se não bastasse, os judeus foram proibidos de cultuar seu Deus num possível templo a ser reconstruído, além de serem proibidos de colocarem seus pés em Jerusalém, doravante Aélia Capitolina. E não apenas lá, mas em toda região conhecida como Judéia.

A diáspora decretada pelos imperadores romanos minimizou a Assíria e a Babilônia. Essa veio com ares de definitiva. A *pax romana* e Roma eram imutáveis. Os judeus se disseminaram: para o Egito, Pérsia, Mesopotâmia, Anatólia, Grécia, norte da África e até Roma.

Na verdade, o próprio Jesus Cristo continua sendo um grande enigma. Houve grandes tentativas de se descobrir a personalidade do Jesus histórico. Mas o fato é que o único Jesus que realmente conhecemos é aquele descrito no Novo Testamento, que não estava interessado em História cientificamente objetiva. Não há outros relatos contemporâneos de sua missão e morte. Não podemos nem mesmo saber ao certo por que foi crucificado. Além disso, se considerarmos seu nascimento, por um processo hoje definido cientificamente como partenogênese, ou seja, nascimento sem a participação do gameta masculino, o espermatozoide que provém do pai, então tudo se torna, à luz do cognoscível, do aceitável e da ciência, absolutamente improvável, para dizermos o mínimo!

O antropocentrismo comum ao homem primitivo e às religiões reveladas colocaram o homem como o início de todas as coisas e a Terra no centro do Universo, ao seu dispor, como tenho repetido insistentemente. Com Darwin, a vida precedeu o homem em milhões de anos. Ele não surgiu pronto e acabado, sem pai nem mãe, adulto e sexuado, capaz de enfrentar os perigosos caminhos do livre-arbítrio e escolher entre o bem e o mal. Ele veio da evolução e se fez empiricamente em milhões de anos... O Universo ocorreu e, depois de tudo e da evolução da vida, o homem surgiu!

Olhemos, mais uma vez, para o homem saído dos mamíferos superiores, dos primatas com os quais mantemos semelhanças tanto morfológicas como fisiológicas inegáveis e uma diferença radical: nós pensamos e sabemos que pensamos. Eles não! Por isso, como vale a pena repetir aqui o que disse o rabino Nilton Bonder, em seu livro "A Alma Imoral"[12]: "Macaco que não sabe que é macaco, é macaco, mas macaco que se sabe macaco, não é macaco". Com eles temos várias semelhanças. Os cinco sentidos, os mesmos instintos, os órgãos muito semelhantes, a tetrapoidia, a vertebração, os alimentos que comemos e assim por diante.

Sobra-nos o dom da reflexão. Uma diferença brutal!

Ainda bem que Javé é um ser mitológico.

Após a vida, o que deseja o homem senão algo melhor, ou seja, o paraíso, mesmo sob a forma de eterno descanso? O inferno é aqui mesmo, ou como dizia Jean-Paul Sartre (1905–1980)[13]: "O inferno são os outros". Afinal, o homem tem todo o direito de esperar que a grande epopeia jamais escrita, que começou com a formação de Deméter – a Terra Mãe – e culminou com o *Homo sapiens*, dotado de alma, após o fantástico passo da REFLEXÃO, termine em paz e esplendor, jamais numa tragédia metafísica fantástica, cruel, perversa, maniqueísta e injusta.

Conforme nos relata o sociólogo e positivista francês Auguste Comte em seu "Tratado sobre a Tolerância", o pensamento do mundo moderno tem suas raízes fortemente ligadas a um passado de reflexão que remonta aos tempos em que surgiu a palavra escrita. É fruto de todas as referências do pensar, do perquirir, do pesquisar, do questionar que guiaram desde sempre o homem na busca do sentido da vida e do conhecimento sobre o Universo.

Sem subestimar a tradição oral do passado longínquo, as linhas mestras do pensamento atual se serviram das fontes antigas que deixaram por escrito ideias esparsas, reflexões, ilações, projeções, experiências, fatos e feitos que exclamavam o que o homem sentia, vivia, vivenciava, via e vislumbrava, ouvia e observava. Aos poucos foi construindo seu tesouro de experiências vividas e de novas descobertas. Como ser pensante, passou a analisar o espaço vital que o envolvia, o espaço sideral que o espiava, e ao mesmo tempo o

---

[12] N. Bonder, *A Alma Imoral* (Rocco, Rio de Janeiro, 1998)
[13] Na peça teatral *Huis clos* (1943). No original francês: *L'enfer c'est les autres*.

amedrontava, o espaço infinito que desnudava a sua pequenez e finitude.

Sentindo-se refém e vítima de um espaço e de um Universo incomensurável, recorreu a hipotéticas divindades que poderiam ter criado esse mundo e que poderiam ter conferido a ele, homem, alguma missão neste cosmo incompreensível. As buscas por explicações levaram-no a refletir sobre todas as coisas que o cercam e a sentir-se compelido a registrar suas impressões a respeito.

Com o domínio da palavra escrita, a memória do homem se universaliza. Relatos de todos os tipos mostram que o homem pensa, o que ele faz, o que pretende realizar. São descritos suas proezas, suas conquistas, seus anseios, sua crença no divino, esse representado por tudo aquilo que não se consegue explicar, pelo menos sob os pontos de vista inteligível, palpável, científico, aceitando-se apenas o sentimento da fé.

Os textos mais relevantes da Antiguidade são, sem dúvida, os gregos, tanto por terem sido os primeiros a surgir em larga escala, quanto por terem sido os primeiros a ultrapassar as fronteiras da Grécia. A Bíblia hebraica viria depois, já que teria sido escrita entre os séculos VIII—VII e II antes de nossa era, mas, de qualquer forma, interessava somente aos judeus.

O positivismo comtista fundamenta sua teoria das diferentes raças humanas da seguinte maneira: nos africanos predominam os sentimentos, nos asiáticos, a atividade e nos europeus, a inteligência. O positivismo de Comte fundamenta essas diferenças em sua filosofia da História. A característica prevalente é baseada em etapas que cada raça teria conseguido alcançar em seu progresso histórico.

Com referência a anatomia da alma, Comte chega a desenvolver uma "tabela sistemática sobre a alma", uma ideia muito próxima à da teoria do anatomista alemão Franz Joseph Gall (1758–1828), que acreditava ser possível determinar o caráter de um indivíduo de acordo com suas características gerais do formato de seu crânio.

Com base em alguns preceitos biológicos, sua tabela estabelece uma relação entre os órgãos do corpo e estados mentais. Comte não restringe esse trabalho à biologia, ele coloca em evidência as relações dinâmicas que constituem a alma, ultrapassando a incompatibilidade entre as atividades relativas ao corpo, a inteligência e o sentimento ligado pela vida afetiva associado à unidade do corpo e da alma.

Comte propõe que a alma é uma verificação de diferentes funções: a ação, o pensamento e o amor. Só por meio dela, um indivíduo ou uma coletividade pode levar uma vida que possa ser considerada como "humana" do mesmo modo material e espiritual. Para os positivistas, corpo e alma não são da mesma natureza. O cérebro faz o papel do órgão que os mantém ligados. Do ponto de vista subjetivo, Comte é contrário à existência da alma. Comte jamais afirma a existência objetiva da alma fora do corpo. Ele propõe a imortalidade da alma como presença real na memória das pessoas e propõe rituais de recordação e saudação aos mortos, como culto aos mortos. Os vivos são sempre, e cada vez mais, governados necessariamente pelos mortos, essa é a lei fundamental na ordem humana.

Tampouco a existência de vida após a morte é um dogma aceito universalmente. Nos dias de hoje é extremamente difícil se definir o que seja essa tal alma. Sabemos muito bem que a propaganda é a "alma" do negócio. Nesse sentido, qualquer um há de entender que o sentido da palavra alma, nesse caso, significa o motor que faz o negócio prosperar. Por outro lado, sem a alma, o corpo deixa de existir. Definir o que é a alma ou espírito é ainda hoje uma das tarefas mais complicadas, se não impossível.

Tertuliano (c. 160– c. 220), no capítulo XXII de seu livro: *De Anima* (Sobre a alma) se expressa assim: Definimos a alma como o sopro de Deus, imortal, figurado, simples em sua substância. Santo Irineu, em seu livro II, capítulo XXXIV, diz: "As almas são incorporais em comparação com os corpos mortais". Acrescenta que Cristo ensinou que as almas concebem as imagens dos corpos. Todavia, não parece que Cristo tenha ensinado essa doutrina e é difícil adivinhar o sentido da posição de Santo Irineu. Deveríamos recriminar esses respeitáveis senhores por terem má filosofia, mas deve-se crer que no fundo, sua filosofia era muito sadia, visto que, não conhecendo a natureza incompreensível da alma, a consideravam imortal e queriam que fosse cristã. Sabemos, no entanto, que a alma é espiritual, porém não sabemos de todo o que é somente espírito! Mal sabemos o que é a matéria e nos é impossível ter uma ideia daquilo que não é matéria!

Finalmente, para terminar este capítulo, o que foi escrito não teve a pretensão de hostilizar as religiões reveladas. Essas controlam, ou procuram controlar, as nossas almas, nossas consciências, nosso comportamento. Impõem-nos o terror, o medo do inferno e nos inculcam um terrível receio de Deus. O homem ou a mulher, fiéis, não amam o seu Deus, têm por Ele temor e respeito. Com isso, nossos impulsos são contidos.

Esse é o lado ruim das religiões reveladas, afora o fanatismo que provocam em muitos dos seus seguidores, que, a partir daí, promovem guerras horríveis, inquisições absurdas, cismas, massacres e perseguições religiosas, e pior ainda, em nome de Deus. Por outro lado, as religiões reveladas oferecem lenitivos a seus fiéis, exaltam a bondade, a caridade, o amor ao próximo. Para muitos, Deus é esperança, alento, força e até motivo de felicidade e de conformismo. Quisera eu que tudo de bom que as religiões nos ofertam viesse absolutamente despido de medo, de culpa e da promessa tenebrosa do inferno.

Este é o momento adequado para admirar o que já foi dito por André Comte-Sponville em seu "Tratado do desespero e da beatitude": "O que fazemos por amor, não fazemos por dever, e o que fazemos por dever, não fazemos por amor".

Conforme nos conta David Hume, filósofo inglês, em seu livro: História natural da religião, o politeísmo foi a primeira religião dos homens primitivos, se considerarmos o aprimoramento da humanidade desde os seus mais primitivos começos até os tempos de hoje. Ele nos conta que há aproximadamente 1700 anos, toda a humanidade era politeísta e quanto mais remontamos à antiguidade, mais encontramos a humanidade imersa no politeísmo. Até onde a palavra escrita ou a história penetram, a humanidade, nos tempos antigos parece ter sido universalmente politeísta. As tribos selvagens da América, da África e Ásia são todas idólatras. Não havendo uma única exceção à regra.

Assim, se quisermos satisfazer nossa curiosidade ao investigar as origens das religiões, devemos voltar nosso pensamento para o politeísmo, a religião dos primeiros incultos seres humanos.

Se observarmos os sinais do poder invisível em diversos acontecimentos da vida humana, seremos necessariamente levados ao politeísmo e ao reconhecimento de várias divindades limitadas e imperfeitas, como os doze deuses do Olimpo da Grécia antiga. Podemos concluir que, em todas as nações que abraçaram o politeísmo como religião, esse não nasceu da contemplação da natureza, mas de uma preocupação em relação aos acontecimentos da vida e da incessante esperança e medo que influenciam o espírito humano.

Senão, vejamos alguns poucos exemplos: Juno é invocado nos casamentos; os agricultores cultivam seus campos sob a proteção de Ceres; Hygea, filha de Esculápio, é reverenciada pelos que se acham enfermos. Desde a época de Hesíodo (séc. VIII a.C.), já se falava em 30 mil divindades gregas. E nesse cenário desordenado e olhos mais desordenados e maravilhados ainda, os homens veem os primeiros sinais obscuros da divindade. No entanto, os politeístas não consideram que os deuses sejam os criadores ou mesmo os autores do mundo. A única questão teológica sobre a qual encontramos um consenso quase universal entre os homens é que existe um poder invisível e inteligente no mundo. Mas não sabemos se esse poder é supremo ou subordinado, se está nas mãos de um único ser, ou distribuído entre vários. Sobre todas essas questões existe a mais completa divergência nos sistemas teológicos populares.

Nossos ancestrais europeus, antes do renascimento das letras, acreditavam, como fazemos atualmente, que há um deus supremo, autor da natureza, cujo poder, embora em si mesmo incontrolável, não obstante é exercido pela intervenção de anjos e ministros subordinados que exercem seus propósitos sagrados. Mas eles também acreditavam que toda a natureza era repleta de outros poderes invisíveis como fadas, gnomos, duendes, espíritos, seres mais fortes que os homens, mas muito inferiores aos de natureza celestial que cercavam os tronos dos deuses.

Imaginemos que um homem daquela época negasse a existência de Deus e a de seus anjos. Se considerarmos devidamente o assunto, torna-se evidente que os deuses de todos os politeístas não valem mais do que os duendes e as fadas de nossos ancestrais e, portanto, merecem bem pouca devoção ou veneração. Esses pretensos religiosos são, na realidade, uma espécie de ateus supersticiosos que não reconhecem ser alguém que corresponda à nossa ideia de divindade. Nenhum primeiro princípio espiritual ou intelectual, nenhum governo ou administração supremos, nenhum plano ou orientação divinos na constituição do mundo. De fato, os antigos estudiosos de mitos parecem, desde o começo ao fim, ter antes abraçado a ideia da geração do que a da criação ou formação do Universo.

Ovídio (43 a.C.–17 d.C.), que viveu numa época ilustrada e a quem os filósofos tinham ensinado os princípios de uma formação divina do mundo, pensa que tal ideia não estaria de acordo com a mitologia popular, e ele a deixa, por assim dizer, sem ligação nem relação com seu sistema. Quem quer que fosse esse deus, diz ele, fez desaparecer o caos e introduziu uma ordem no Universo.

Diodoro da Sicília (90 a.C.–30 a.C.), ao iniciar sua obra sobre a origem do Universo, não menciona um deus ou um espírito inteligente, embora sua história torne evidente que ele estava muito mais inclinado à superstição que à religião. Nesse tempo, não era considerado profano quem tentasse explicar a origem das coisas sem recorrer a uma divindade, de modo que Tales de Mileto, Anaxímenes, Heráclito, filósofos gregos que abraçaram esse sistema cosmogônico, não foram questionados, enquanto Anaxágoras, sem dúvida o primeiro monoteísta entre os filósofos, foi talvez o primeiro a ser acusado de ateísmo.

David Hume leva-nos, então, ao entendimento de que o bem e o mal se misturam e se confundem universalmente, assim como a felicidade e a miséria, a sabedoria e a loucura, a virtude e o vício. Por esse ângulo, a religião estaria associada a princípios sublimes, ao mesmo tempo que daria ensejo a práticas as mais desprezíveis.

Quem quer que descubra por meio de argumentos a existência de um poder inteligente deve raciocinar a partir do admirável plano dos objetos naturais e também deve supor que o mundo é obra desse ser divino, a causa original de todas as coisas. Mas o politeísmo vulgar está longe de admitir essa ideia; ele diviniza cada parte do Universo e imagina que todas as produções manifestas da natureza são elas mesmas outras tantas divindades reais.

Segundo seu sistema, o Sol, a Lua e as estrelas são todos deuses. E, assim, quanto mais forte é a tendência dos homens em crerem em um poder invisível e inteligente presente na natureza, mais eles têm tendência igualmente forte de darem atenção aos objetos sensíveis e visíveis e, a fim de reconciliarem essas inclinações contrárias, são levados a unir o poder invisível a algum objeto visível.

As divindades do vulgo são tão pouco superiores às criaturas humanas que, quando os homens experimentam um forte sentimento de veneração ou de gratidão em relação a algum herói ou benfeitor público, nada parece mais natural do que convertê-lo a um deus e povoar o céu com contínuos recrutamentos. Foi por causa da falta das artes, nos diz Hume, que em épocas incultas e selvagens os homens divinizaram as plantas, os animais e até mesmo a matéria bruta inorgânica e que, em vez de abrirem mão de um objeto sensível de adoração, divinizaram formas tão canhestras.

A doutrina de um deus supremo e único, criador da natureza é muito antiga e propagou-se entre nações importantes e populosas, onde homens de todas as classes e posições sociais a abraçaram. O monoteísmo surge a partir do politeísmo selvagem praticado originalmente pelos *Homo sapiens*, após a revolução cognitiva, há 70 mil anos.

Por outro lado, podemos observar que o princípio religioso, desde seu surgimento, sempre esteve sujeito a uma espécie de fluxo e refluxo, e que os homens têm tido uma tendência de elevar-se da idolatria primitiva dos primeiros seres humanos ao monoteísmo e, desse, novamente para a idolatria.

O vulgo, ou seja, na verdade todos os homens, excetos uns poucos, por absoluta falta de instrução e de conhecimento, nunca elevam os olhos para os céus, tampouco investigam a estrutura oculta dos vegetais e dos corpos dos animais a ponto de descobrirem um espírito supremo ou uma providência originária que conferiu ordem a todas as partes da natureza. Se bem que, pelo que observamos hoje, a natureza tem seus próprios mecanismos de autorregulação. Tal mecanismo age autonomamente, sempre no sentido de preservar o ser vivo. Se, por exemplo, a comida escasseia em certo habitat, como consequência, tem-se uma natural diminuição na taxa de crescimento populacional. Por outro lado, se a fonte de alimento, em resposta às boas condições de água, temperatura e adequada incidência e tempo de luz solar por certo período do ano, obviamente se terá o caso contrário.

8

O Pecado Original

*Se pude ver mais longe é porque
estava sobre os ombros de gigantes*[1].

A doutrina do pecado original de Adão vem sendo, há alguns séculos, submetida a grandes discordâncias entre filósofos e teólogos. Os iluministas do século XVIII foram os primeiros a perceber que era mesmo um grande insulto à razão e à natureza humana admitir que de fato Adão cometera o tal pecado original e que, por conseguinte, todos nós humanos já nascemos pecadores!

Entre tantas outras passagens bíblicas, essa é uma das quais fizeram de mim um homem ateu (sem Deus).

Mas vejam bem!

Isso não faz de mim nem melhor e tampouco pior que qualquer outro ser humano. Se a natureza dotou o ser humano de capacidade intelectual que lhe permite, e somente a ele, e não aos outros animais irracionais, pensar e raciocinar, é justamente para que

---

[1] Isaac Newton (1642–1727), pensando em Bernardo de Chartres? Trata-se de uma metáfora com a qual se expressa uma relação de dependência da cultura moderna em relação à antiga. Encontra-se pela primeira vez (ca. 1159) no *Metalicon* (III, 4) de João de Salisbury, que atribui a sua autoria ao seu mestre Bernardo de Chartres, filósofo francês (falecido entre 1126 e 1130): *dicebat Bernardus Carnotensis nos esse quasi nanos gigantium humeris insidentes* (Bernardo de Chartres disse que éramos como anões montados nos ombros de gigantes); ou seja, podemos ver mais longe não por causa da nitidez de nossa visão ou da altura de nosso corpo, mas porque somos levados pelo tamanho dos gigantes. *Dizionario di Filosofia*, Treccani, 2009.

usemos essa notável singularidade do reino animal em favor do progresso de toda a humanidade, e em todos os sentidos – ético, moral, tecnológico, científico, artístico, humanitário – e assim por diante.

Que pecado teria sido esse? O da desobediência a Deus?

Sobre o pecado original, o antropólogo Ernest Becker (1924–1974), no século XX, resumiu bem o fato dizendo que o casal Adão e Eva tinha como ideia um "projeto causa sui", que é a ideia de que eram causa de si mesmos, ou seja, um foi feito para amar o outro, isto é, com o outro fazer amor para poder procriar, caso contrário, Deus deveria ter feito dois Adões ou duas Evas.

Os idealistas continuaram a denunciar a doutrina do pecado original como também os liberais, os positivistas e os materialistas do século XIX. Hoje se enfileiram os que são contra o dogma do pecado original, não só os humanistas e os pensadores ateus, que o consideram o último reduto de uma visão religiosa atualmente superada, mas também muitos teólogos cristãos, que o têm como inconcebível com as descobertas científicas e com a mentalidade do homem atual.

De acordo com Paul Tillich (1886–1965), dois são os motivos fundamentais da hostilidade da cultura moderna em relação à doutrina do pecado original[2].

O primeiro: o fato de que a forma mitológica da narrativa bíblica "seja entendida literalmente, quer pelos críticos, quer pelos defensores, e torne-se assim inaceitável diante do despontar de um modo de pensar histórico-cristão".

O segundo: a doutrina do pecado original parece implicar valorização negativa do homem, e isso contrasta radicalmente com o novo sentimento pela vida que vem sendo desenvolvido pela sociedade industrial. Há um temor de que o pessimismo que recai sobre a apreciação do homem torne-se desnecessário e absurdo obstáculo imposto ao homem moderno, esse inclinado a transformar, tanto técnica, política e pedagogicamente o nosso mundo. Paralelamente há também um temor de que uma valorização ne-

---

[2] P. Tillich, *Systematic Theology* (University of Chicago Press, Chicago, 1957), vol. II, p. 38.

gativa das capacidades morais e intelectuais do homem possam conduzir a consequências autoritárias, bem como totalitárias da espécie humana.

Considerando as críticas dos filósofos modernos contra o dogma do pecado original, os teólogos adotaram, a princípio, uma posição apologética de defesa da doutrina tradicional e da interpretação literal da Bíblia. Porém, mais tarde, diante das descobertas antropológicas que parecem demonstrar como pouco prováveis as teses do monogenismo, em consequência dos progressos da hermenêutica, renunciaram à defesa incondicional da posição tradicional e procuraram interpretar a doutrina do pecado original segundo esquemas mais atualizados[3].

Esses esquemas podem ser classificados sob vários aspectos, tais como os pontos de vista histórico-ontológico, existencial, metafísico, evolutivo, sociológico e personalístico-evolutivo. Nas próximas seções, passo a expor sinteticamente o pensamento dos principais expoentes dessas orientações. Em seguida, farei algumas considerações sobre o estado atual da questão sobre suas perspectivas particulares.

8.1 Critério Histórico-Ontológico

A doutrina do pecado original, claramente enunciada por São Paulo e repetidamente afirmada pelos padres, especialmente Tertuliano e Santo Agostinho, foi explicitamente formulada primeiramente nos concílios de Cartago e de Orange e mais tarde definida no Concílio de Trento, no qual se declarou, entre outras coisas, que o pecado herdado por Adão "é inerente a cada um como próprio" (*Inest unicuique proprium*), como se isso resolvesse toda a questão e ponto final!

---

[3] Dentre as pesquisas de natureza histórico-crítica sobre a doutrina do pecado original, o leitor pode consultar J. Gross, *Geschichte des Erbsundendogmas* (München, 1963) e H. Haag, *Dottrina Bíblica Della Creazione e Dottrina Eclesiastica del Peccato Originale* (Brescia, 1970).

Capítulo 8. O Pecado Original

A Igreja parece fazer questão de ignorar que, à luz da razão, deixando de lado aquilo que durante *secula seculorum* praticou, conseguiu incutir, na mente dos fiéis, crenças que eles próprios simplesmente não aceitam, por não serem, no mínimo, inteligíveis. Tal ato da Igreja não pode ser admitido como apenas uma simples teimosia, mas totalmente uma enorme tolice!

Após o Concílio de Trento, no norte da Itália, estabeleceu-se entre os teólogos interminável debate sobre a natureza do pecado original. A pergunta era a seguinte: como se pode falar de pecado propriamente, quando falta qualquer elemento de responsabilidade naqueles aos quais é imputada a culpa? Contra tal interpretação tomaram posição muitos teólogos católicos, desde os primeiros decênios do século XX: Billot, Tanquerey, Mersch, Parente, Lambourdette e muitos outros. Porém, contra essa interpretação, houve outra, então denominada de ONTOLÓGICA, para distingui-la da de Tillich e de outros teólogos protestantes.

São dois os aspectos que qualificam a interpretação histórico-ontológica:

1. o reconhecimento da característica essencialmente histórica, não simplesmente simbólica e mesmo ainda mítica da narração do Gênesis.

2. a afirmação de que o pecado original não possui apenas fundamento jurídico na vontade de Deus, mas também tem base ontológica no homem: isso comporta efetiva rejeição, por aqueles que são afetados, da elevação ao estado sobrenatural.

Confessemos!

É extremamente complicado querer-se entender tal questão apresentada apenas dessa forma! Para ilustrar essa interpretação, é preciso recorrermos, sobretudo, à obra prima de Emile Mersch[4]. Ele mostra, já de início, a insustentabilidade da teoria jurídica: esta pressupõe que Deus tenha dado ordens aos homens, antes mesmo de esses existirem e poderem ser considerados responsáveis, caso não as observassem!

---

[4] E. Mersch, *La théologie du corps mystique* (Desclée de Brower, Louvain, 1954), vol. 1, p. l93.

Senão vejamos: para que Deus pudesse exigir da natureza humana conservar o que quer que fosse, logicamente deveria preliminarmente conceder-lhe a existência. Por outro lado, será possível que Deus queira seriamente encontrar nos homens alguma coisa para cuja aquisição Ele não deu nenhum meio? Será possível que os considere presos a um mandamento que as leis do Universo os impedem de observar e até de conhecer?

A única forma de sair dessa dificuldade é admitindo uma unidade fundamental de todos os homens em Adão, quem sabe, uma certa presença física, ontológica de toda a natureza humana em Adão, "uma certa união real de todos os homens na sua primeira origem".

Porém, o próprio Mersch irá admitir, mais à frente, que de acordo com sua concepção cristogênica, mas também em harmonia com a Sagrada Escritura, ele, Mersch, mostra que o pecado original, como o pecado que envolve todos os seres humanos, só em Cristo adquire inteligibilidade.

Mas como conceber tal falta de inteligibilidade?

Muito bem!

Reitero o que tenho dito, embora só a mim mesmo, se é que isso seja possível, diante das explicações religiosas tão sem sentido, como essa que acabamos de ler. Deixa-me a impressão de que os assuntos religiosos, na maioria das religiões, não podem, ou não devem, ser interpretados à luz da razão! Para aceitar tais explicações, basta que o fiel tenha apenas e nada mais do que a fé, para ser feliz e ganhar as chaves das portas do céu!

Ocorre, porém, que a ciência tem nos demonstrado, por exemplo, a partir de Charles Darwin, um dos maiores evolucionistas da nossa História – a quem eu não me canso de recorrer – que o primeiro homem não surgiu já pronto e acabado, sexuado, com livre arbítrio, na companhia de Eva, a primeira mulher, com livre arbítrio, para dar continuidade à nossa humanidade, como pregam as religiões.

O homem foi produto de uma evolução que ocorreu a partir dos primatas, ou seja, macacos antropoides que nos antecederam na escala evolutiva, cujo processo, aliás, continua nos dias atuais e deve continuar eternamente, como uma flecha, lançada ao ar, sem jamais parar. Portanto, a inteligibilidade do homem se desenvolve somente após a revolução cognitiva, pois, antes desta, ele era apenas um ser antropoide, descendente direto dos primatas. Em sendo assim, não há qualquer sentido em admitirmos o tal pecado original e, muito menos, a existência do próprio Adão!

Também e igualmente óbvio é o caso de partirmos de uma premissa falsa, chegarmos a um resultado igualmente falso. Assim, me atrevo a perguntar: quem está com a razão...?

Eu não tenho a menor dúvida!

O denominado pecado original, como descrito pelas religiões cristãs, não faz sentido algum, pois contraria veementemente a ordem natural das coisas. Vale dizer que, se Deus não tivesse criado o homem, então não teria havido o tal pecado.

O mitológico pecado original deveria ser entendido como "a alvorada da consciência humana", momento em que as névoas que ocultavam e confundiam as suas ideias se dissiparam e, ante o homem, então deslumbrado, se lhe oferecem essa herança aprimorada e enriquecida através de bilhões de anos, para seu usufruto, gozo e governo: o paraíso universal, de onde já se encontra em condições de expulsar a praga das assombrações, dos deuses da tristeza, das trevas, da insegurança, da fuga.

8.2 Critério Existencial

A interpretação existencial da revelação bíblica teve êxito entre os teólogos protestantes alemães bem como por outros teólogos de outras nações.

A principal preocupação da interpretação existencial é elucidar o significado subjetivo e pessoal de preferência ao objetivo e ontológico da revelação. Analisemos dois aspectos envolvidos nessa problemática.

a) Rudolf Bultmann (1884–1976) parte do pressuposto de que qualquer interpretação da palavra de Deus implica uma pre-concepção da realidade da parte do homem e que a pre-concepção que mais convém à interpretação da Sagrada Escritura é a tematizada e formalizada pela filosofia existencial.

Faço agora uma observação que sempre me intrigou ao longo de toda minha vida. Não tem sido norma da Igreja Católica, como aliás ocorre amiúde, com outras Igrejas Cristãs, a recomendação da leitura da Bíblia pelos seus fiéis, ou mesmo a aquisição de um volume da Sagrada Escritura! Quando esse assunto é abordado pelos católicos, os padres costumam responder que a leitura da Bíblia feita por leigos geralmente redunda em interpretações quase sempre equivocadas e até mesmo nocivas, sendo, por essa razão, preferível que sua leitura e sua interpretação sejam feitas na presença de um clérigo, durante a realização de cultos ou de eventos religiosos.

Com todo o respeito, não me parece ser essa uma sábia decisão! Definitivamente, não é assim que se deve ensinar algo a quem quer que seja. Então pergunto: na catequese das crianças, por acaso, não foram instituídas as aulas do catecismo para que elas pudessem receber, de Deus, o batismo e, depois, a primeira comunhão, para evitar-se a possibilidade de elas morrerem pagãs?

Além do mais, quem está, de fato, mais bem autorizado que nós mesmos a acreditar no que quisermos? Se não fosse assim, não haveria outras religiões tão válidas quanto o cristianismo, como, por exemplo, o islamismo, para citarmos apenas uma.

Realçada a "precisão" de uma hermenêutica existencial da Sagrada Escritura, Bultmann passa também a aplicá-la ao conceito bíblico do pecado original. Esse torna-se então uma orientação errada da própria existência; enquanto esta devia ser orientada por Deus, o homem a dirige para o mundo.

Desde o início, Deus, na sua qualidade de criador do Universo, solicita o homem a depositar Nele sua confiança, a entregar-lhe a própria vida, a não fazer depender a própria existência e a própria felicidade da posse das coisas deste mundo, mas do cumprimento da vontade divina. Mas, o homem "não suporta viver na insegurança diante de Deus" e procura a segurança da própria existência e se empenha em obtê-la, quer vivendo simplesmente no mundo disponível, na preocupação ou no prazer diante dos sentidos, quer procurando intencionalmente sua glória diante de Deus com a formal observância da lei.

A essência do pecado original está justamente nisso: em procurar obter do mundo, mais que de Deus, a segurança da própria obediência; pecado significa viver de si mesmo, com as próprias forças, e não numa radical doação a Deus, aquilo que Deus exige, dá e manda. Bultmann define esse pecado como o "verdadeiro pecado", ou seja, "a vontade do homem de obter a própria justiça e de vangloriar-se a Deus".

A meu ver, nesse caso em particular, estaríamos diante de uma entidade tão ou mais mesquinha quanto sua criatura, o homem! Onde é que está, nesse caso, o amor infinito, incondicional, tão falado e decantado de Deus por nós, seus humildes e sofredores filhos? Por que teria seu filho, Jesus Cristo, se deixado pregar e morrer na cruz do Calvário? Onde estaria agora sua "onisciência"?

Que me perdoem os leitores, mas de fato o Sr. Bultmann, em que pese a sua grande sapiência em termos teológicos, não consegue, sequer de longe, convencer, com esse argumento, o que seria esse enigmático pecado original que nos atormenta e incomoda!

E continuando seu raciocínio, Bultmann se pergunta: mas como se chega a esse pecado? Qual o elemento sedutor do mundo que arrasta o homem para longe de Deus e para o lado do que é criado? Bultmann o situa na característica do mundo de, diferentemente de Deus, ser disponível, ou seja, estar à disposição do homem. Apresenta-se, portanto, como verdadeiro pecado a ousadia de não receber a vida como dom do Criador, mas procurá-la com as próprias forças, para viver de si próprio e não de Deus!

Novamente intervenho perguntando como podemos aceitar tal argumento de Bultmann, se todos sabemos que, desde o início do mundo, só sobrevive o vivente capaz de lutar, adaptar-se ao seu meio ambiente, procurar pelo seu alimento, disputá-lo com seus antagonistas e reproduzir-se para deixar prole? Uma das leis da natureza, a mais implacável delas é "quem não trabalha, não come, não vive, morre à míngua". Então, Bultmann quer nos dizer que o pecado original está no ato de lutarmos pela vida? É isso? Sinceramente....com todo o respeito. Essa é a substância da interpretação existencial do pecado original desenvolvida por Bultmann, pasmem!

b) De acordo com Karl Barth (1886–1968), ao se tratar do pecado original, reconhecem-se dois aspectos mais característicos da teoria barthiana:

1. a afirmação da absoluta importância da razão humana em relação ao conhecimento do pecado;

2. a perspectiva cristocêntrica, segundo a qual, o órgão da revelação do "mistério da iniquidade" é Jesus Cristo; retorno à ortodoxia protestante, que considera o pecado original como uma desintegração da própria natureza humana.

Segundo Barth, só por obra da revelação o homem adquire consciência de sua condição de pecador. Como seria possível perceber o pecado e reconhecer-nos pecadores se Deus mesmo não tivesse dito ao homem que ele pecou? Nessa incapacidade de o homem tomar conhecimento da própria culpa, Barth vê o aspecto mais grave do pecado.

Dada a perspectiva cristocêntrica na qual Barth se compraz em colocar-se e admitido o princípio de que só pela revelação se adquire consciência do pecado, é fácil para ele arguir que só Jesus Cristo revela ao homem em que consiste a natureza do pecado. O que, visto em Jesus Cristo, caracteriza-se como o oposto de sua conduta. Com efeito, enquanto Cristo manifesta absoluta confiança, obediência, submissão ao Pai, o pecado do homem consiste no orgulho, na desobediência e na incredulidade (em relação a Deus criador e redentor).

Assim, o homem exibe a pretensão de ser como Deus, e tal pretensão mantém-se escondida do próprio homem até que a palavra de Deus a revele. Além disso, enquanto Cristo se fez servo, nosso pecado se revela como vontade de emancipação, poder e domínio. Enfim, enquanto Cristo submeteu-se ao julgamento de Deus, nosso pecado se mostra como tentativa de subtrair-se a posição de julgados, para assumir a de juízes. Queremos estabelecer por nós mesmos os critérios do bem e do mal!

Barth assume sobre a questão de relação do pecado de Adão com os pecados de seus descendentes, uma questão singular, que não encontra precedentes na teologia protestante, exceto em Kierkegaard, mas que corresponde plenamente ao caráter existencialista de seu pensamento. Na sua opinião não há relação de dependência causal. O pecado de Adão tem sobre os pecados dos outros apenas uma prioridade cronológica, mas nenhuma prioridade ontológica. Com o pecado de seus descendentes tem apenas a prioridade de ser *primus inter pares*.

Nem pode ser de outro modo, visto que o pecado de alguém é absolutamente pessoal, cuja responsabilidade não pode ser atribuída senão a quem o comete. Portanto, não se pode dizer com propriedade que herdamos o pecado de Adão ou suas consequências. Segundo o parecer de Barth, o próprio conceito de um pecado original é uma *contradictio in adjeto* ou seja, contradição entre as partes de um argumento. Mas como se explica estar a humanidade toda envolvida no pecado? Por acaso, a função do conceito de pecado original não é justamente a de fornecer tal explicação? Para Barth a explicação é nula por se basear num conceito contraditório.

Barth também não aceita que, para se achar uma explicação satisfatória da universalidade do pecado, se possa recorrer àquelas teorias metafísicas que identificam o pecado, com a criação, pois o autor da criação é Deus, pai sumamente bom. Assim, conclui Barth que o pecado é um fato inconcebível e incompreensível, mas ao mesmo tempo, um fato real e sério, inevitável e inexorável.

Novamente, com todo o respeito, como citei anteriormente, quando partimos de uma premissa falsa, a conclusão do resultado só poderá nos fornecer uma resposta igualmente falsa. Senão vejamos. Se o nosso criador, Deus, é de fato onisciente, o pecado original atribuído a Adão e todos os seus descendentes, passados, presentes e futuros, teria que ser, para sempre atribuídos ao próprio criador, Deus! Não é preciso gastar nem muito fosfato e ATP para se chegar a essa conclusão! Nem tampouco concordar com Barth de que o tal pecado original é um fato inconcebível e incompreensível à mente humana.

Nesse caso, tampouco justificaria que o homem exibe a pretensão de ser como Deus, como nos informa Barth linhas atrás. Se quisermos ser um pouco mais incisivos, ou mesmo um pouco mais atrevidos, poderíamos questionar: onde está o pecado de um filho que respeita e admira seu pai humano, querer ser, desde o possível, igual ou até mesmo superior a ele? Ou a filha querer ser tão alta bonita como sua mãe? Que pai ou mãe se ofenderiam com isso? Me desculpem, mas não faz o menor sentido!

c) Emil Brunner (1889–1966). Este teólogo desenvolve sua teologia em constante polêmica com Barth. O motivo de fundo da polêmica refere-se ao papel atribuído à razão, à filosofia, à natureza (em face da revelação), à teologia e à redenção. Contra a total recusa de Barth a qualquer contribuição de origem humana à ação salvífica de Deus, Brunner, sem acabar na posição católica da instrumentalidade e da colaboração da razão e do homem reivindica para a parte humana um papel positivo essencial: sem uma efetiva contribuição da razão e da natureza humana não pode haver revelação nem tampouco salvação.

É na perspectiva dessa polêmica com Barth, que Brunner desenvolve sua doutrina sobre o pecado. Em dois pontos Brunner concorda inteiramente com Barth. Antes de tudo, na necessidade de dar uma posição cristocêntrica à doutrina do pecado: " o que deve ser entendido como pecado e queda nós o aprendemos no Novo Testamento e não na narração veterotestamentária que, como todo o resto da história de Adão faz parte de uma concepção do espaço que para nós não existe mais e que pode, sem falsificação, ser integrado na nossa concepção do espaço".

Brunner também concorda com Barth ao recusar o conceito de um pecado original hereditário. Em seu parecer esse conceito é estranho e contraditório ao ensinado na Escritura: "É uma falsificação da doutrina da queda e da doutrina autenticamente cristã do pecado". Enquanto Barth tende a identificar o pecado com a própria natureza humana, ou seja, com a natureza de criatura, Brunner considera o pecado como um ato pessoal, cometido por todo o homem quando no início da própria vida consciente recusa a comunicação feita por Deus. Mais nítido é ainda o contraste entre Brunner e Barth em relação ao tema das consequências do pecado.

d) Bernhard Häring (1912–1998). A filosofia existencialista exerceu sensível influência não só sobre muitos filósofos protestantes famosos, mas também sobre alguns teólogos católicos, em particular, sobre Karl Rahner (1904–1984) e Romano Guardini (1885–1968). Mas em relação à doutrina do pecado original, o teólogo católico que procurou formulá-la explicita e organicamente do ponto de vista existencialista foi Bernhard Häring.

Ele não pretende modificar o conteúdo da doutrina católica tradicional em relação ao pecado original, mas sustenta que tal conteúdo possa encontrar nova expressão linguística que melhor corresponda a auto compreensão do homem moderno. Entre as várias categorias que a filosofia moderna oferece para falar do pecado, ele considera adequada a categoria existencialista da alienação, ou seja, do distanciamento, ou da separação. O pecado é a recusa da verdade que dá significado à vida humana.

Quanto ao caráter essencialmente "teológico" do pecado, Häring é bem explícito. Contra os teólogos "demasiadamente secularizantes", que reduzem o pecado a uma ofensa contra o homem, contra o sentido da vida, a uma desordem nas relações com o próximo, ele escreve: sustentamos a ideia de que o pecado é ofensa a Deus, injustiça para com Deus, criador e Pai, recusa de sua amizade; o homem pecador não faz questão de sua amizade, não quer adorá-lo com todo seu coração. A ofensa a santidade de Deus exprime-se também na opção de quem não quer sua necessidade de redenção e sua dependência de Deus Santo e gratificante. O homem que se justifica a si mesmo, o orgulhoso, nega a honra devida a Deus e se priva da salvação e se decide por sua completa alienação.

Uma seca negação opõe Häring a Barth como também a Brunner, Bultmann e ao demais teólogos que, na tentativa de tornar cada indivíduo responsável pela própria condição de pecado, negam a influência da queda de Adão sobre os outros homens ou põem diretamente em dúvida sua existência. Segundo Häring, isto não significa a solução do problema da presença do pecado em todos os homens. Por isso, é necessário insistir na afirmação de que o pecado do mundo é historicamente iniciado como um verdadeiro pecado pessoal.

Há um primeiro Adão e uma primeira Eva que deram o sinal de partida a toda cadeia de pecado. A doutrina do pecado que declara ser o primeiro pecado, um pecado no verdadeiro sentido, real e pessoal, opõe-se de modo definitivo, a toda tendência de tornar o próprio Deus responsável pelos pecados do mundo. São, pois, inaceitáveis todas aquelas teorias modernas que parecem sustentar a identificação do pecado original com o caos primitivo ou com a imperfeição inerente à criatura como tal.

Muito bem!

Mesmo assim, é preciso que nos questionemos mesmo sobre isso, pois, em termos da nossa capacidade meramente humana, ainda que muito limitada, de fazer abstrações sobre o que foi criado por Deus neste seu mundo maravilhoso, somente a natureza se nos mostra uma criação perfeita.

Mesmo ela, porém, de quando em quando, apresenta algumas imperfeições, ainda que essas façam parte dela própria, como as intempéries, por exemplo. No campo biológico, também ocorrem, vez ou outra, as aberrações cromossômicas causadoras das assim denominadas monstruosidades, casos em que crianças nascem com duas cabeças unidas num só tronco, o que pode ocorrer também em animais, como, por exemplo, em bezerros. De qualquer forma, é na natureza que percebemos, com clareza, o quão perfeito é este mundo em que vivemos. A harmonia dos movimentos dos astros, cada um ocupando sua própria posição nesse imenso espaço sideral, gravitando cada um em torno de uma estrela maior, como os vários sóis de cada parte do imenso universo, sem se afastarem de suas órbitas, durante toda a eternidade. Caso contrário, voltaríamos ao caos inicial.

O curioso de tudo isso é observarmos que, se aqui na Terra vai tudo bem, muito obrigado por tudo isso, Deus! Só a humanidade não se entende! Só com seus filhos humanos as coisas nunca se encaixam! Só nós, humanos, somos capazes de cometer centenas, quiçá, milhares de pecados. De nos odiarmos, de nos matarmos uns aos outros, até mesmo em razão das próprias crenças religiosas que nos foram incutidas, chegando, às vezes, a duvidarmos até de vossa existência.

Afinal, por que nos criastes? Nego-me, peremptoriamente, a pensar que tenha sido para vos divertirdes às nossas custas! Isso seria, no mínimo, de uma maldade simplesmente imperdoável!

8.3 Critério Metafísico

Uma interpretação requintadamente metafísica da doutrina do pecado original foi desenvolvida por Paul Tillich. Para esse célebre teólogo protestante, o problema do pecado original não pertence à ordem histórica e científica, mas sim à ordem metafísica. Portanto, questões como o monogenismo, o poligenismo, a evolução, a concupiscência, a transmissão biológica, etc. não tem para ele, interesse algum.

Para Tillich, o problema é mais radical: relaciona-se à origem primeira e absoluta do pecado, do mal no seio da realidade. Ele não reconhece nas narrações bíblicas valor histórico e literal, mas somente simbólico. Isto vale também para a história do Gênesis sobre o pecado original: ela tem valor "como símbolo da situação humana em geral", mais precisamente, como "símbolo da transição da essência à existência". Ela suprime certamente a conotação temporal-cronológica do "aconteceu uma vez", mas não qualquer conotação histórica, enquanto "a passagem da essência à existência é um fato, uma história que deve ser contada e não deduzida através de um processo dialético". Mas por que chamar o pecado original "passagem da essência à existência" ao invés de, como foi sempre chamado, passagem da inocência à culpa, da integridade à corrupção, da graça à desgraça? A resposta deve ser procurada na concepção que Tillich institui entre filosofia e teologia[5].

A função da filosofia, segundo Tillich, é a de levantar os problemas últimos, formular as questões supremas, forjar a linguagem para exprimir a verdade: enquanto a tarefa da teologia é resolver os problemas fundamentais, fornecer as respostas definitivas, anunciar a verdade absoluta, valendo-se da linguagem e da formu-

---

[5] É o ponto de vista de Battista Mondin, *Antropologia Teológica – História, Problemas, Perspectivas* (Edições Paulinas, São Paulo, 1979).

lação dos problemas apresentados pela filosofia. No que se refere às perguntas relativas à condição humana, no parecer de Tillich, nenhuma outra filosofia soube formulá-las melhor que o existencialismo – o que justifica a escolha da linguagem existencialista da alienação, da angústia, da autenticidade, da essência, da existência etc.

Por último, logicamente Tillich estuda as consequências do pecado original. Sustenta que podem ser resumidas em uma só palavra: "alienação". Com efeito, a queda original provoca uma alienação profunda do fundamento do ser, de si mesmo, e dos outros. São três as manifestações mais graves da alienação: a incredulidade, a soberba e a concupiscência[6].

Dessa breve exposição resulta que a tentativa de Tillich de desenvolver uma conceituação do pecado original numa visão metafísica, por um lado salvaguarda o elemento objetivo da queda, melhor que a conceituação existencial de Bultmann e de Brunner, mas, por outro lado, agrava ulteriormente a posição, para a teologia protestante, que não quer simplesmente limitar as consequências do pecado a uma diminuição da potência da natureza humana, sustenta que a natureza humana é essencial e profundamente corrupta: na especulação tillichiana, a corrupção da natureza humana é levada até o ponto de causar a perda da própria essência do homem. Mas Tillich não explica como é possível a permanência no ser de uma essência totalmente alienada de si mesma. Para quem parte de uma perspectiva aristotélica isso parece absurdo. Mas Tillich confere aos termos "essência" e "existência" significados diversos dos que possuem na filosofia de Aristóteles.

A dificuldade persiste igualmente, e, para dissipá-la, não é suficiente reportarmos o evento da queda ao momento em que a inocência sonhadora quebra o encanto do sonho e põe em ação sua plena liberdade. A introdução de categorias nebulosas como a da inocência sonhadora "não contribui para esclarecer o mistério da queda, antes o envolve em obscuridade ainda mais tenebrosa"[7].

---

[6] B. Mondin, na obra citada.

[7] Consulte também F. Fernández, *Filosofia e Cristianesimo nella Teologia Cattolica e Protestante*, Augustinianum **15**, 251 (1975).

8.4 Critério Evolutivo

A evolução para Teilhard de Chardin, constitui uma verdade certa, evidente, indiscutível. No seu parecer, a evolução "não é simples hipótese, mas a condição a que devem satisfazer todas as outras hipóteses"[8], quer pertençam ao domínio da ciência, quer ao domínio da fé.

Teilhard considera a realidade como o resultado de um longo e constante processo evolutivo. A lei que rege tal processo é a de obter uma conscientização sempre maior e mais profunda do Universo. A evolução terminará com uma megassíntese final na qual todas as coisas se polarizarão em torno do Ponto Ômega. A etapa crucial do desenvolvimento de conscientização é o homem, enquanto brota nele, pela primeira vez, a consciência reflexiva, aliás, como ocorreu com a revolução cognitiva já descrita em capítulo anterior. Mas a evolução não termina no homem tal qual como o conhecemos hoje. A conscientização da noosfera deve progredir ulteriormente, e isso se realizará por obra de Jesus Cristo: a cristianização das coisas e do homem fará com que um dia "não haja outro senão Deus, todos em todos". Então o Universo irá completar-se numa síntese de centros, em perfeita conformidade com as leis da união. "Deus centro dos centros".

Ao sistema teilhardiano, no qual se procura unir numa vasta visão da ciência e da fé, foi exprobado pecar por excessivo otimismo, descuidar do problema do mal, ignorar o mistério do pecado original. Colhido pela morte antes que a maior parte de suas obras fosse impressa, apenas parcialmente pôde responder a tais dificuldades. Sua defesa foi tomada por inúmeros de seus discípulos.

No que concerne ao problema do pecado original, mereceu ser lembrado, sobretudo, a obra de K. Schmitz-Moormann, convicto partidário de Teilhard de Chardin, desenvolveu uma teoria do pe-

---

[8] P. Teilhard de Chardin, *La vision du passé*. (Editions du Seuil, Paris, 1957), p. 348. Em outra parte escreve Chardin: "Pensando bem, é duvidoso que, na história do homem, haja alguma vez ocorrido um acontecimento natural comparável a esta descoberta de um movimento do mundo, não num meio material qualquer, mas através do próprio ser" (na obra citada., p.263).

cado no domínio evolutivo, considerando-o como um dos aspectos fundamentais do Cosmos, sempre presente ao longo do arco da evolução do Universo, e não como consequência de uma queda dos progenitores[9].

Como é sabido, Teilhard de Chardin, um dos primeiros a observar que a linguagem cristã tornara-se ininteligível para o homem moderno, procurou traduzi-la em categorias mais acessíveis a ele, admitindo como chave de interpretação o princípio da evolução. Mas o cristianismo contém verdades que não parecem traduzíveis numa perspectiva evolutiva. É especificamente o caso da doutrina do pecado original. Com efeito, entre as restrições explicitamente levantadas contra Teilhard pelo "monitum" do santo ofício figura precisamente a de uma inadequada expressão da doutrina do pecado original.

Schmitz-Moormann retomou e desenvolveu a doutrina do mestre nesse ponto obscura, e procurou transpor a doutrina sobre o pecado original dos esquemas de uma filosofia e teologia do ser estático para a perspectiva de uma filosofia e teologia do devir. Nesta nova perspectiva, toda a realidade é conexa e se transforma, segundo a conhecida lei teilhardiana da complexidade-consciência, passando do menos para o mais perfeito. Desse modo, quanto mais complexa é a estrutura de uma coisa, tanto mais elevada sua consciência. Em tudo estão presentes, desde o início os elementos constitutivos essenciais de qualquer realidade, inclusive a vida, a consciência, a liberdade e o mal. Tais elementos crescem progressivamente e manifestam-se plenamente no homem.

O comparecimento do homem no Universo não pode ser considerado como improvisado: vincula-se a todo o passado e prepara-lhe o futuro. Também o mal está presente desde sempre e toma as características do "pecado", que na sua expressão mais completa, encontra-se mais completamente, no homem e, segundo as leis dos grandes números, em nenhum homem é totalmente evitável. É absurdo, por isso, fixar o instante em que o mal entra no mundo, como também é absurdo limitar o campo do mal a uma parte do

---

[9] K. Schmitz-Moormann, *Die Erbsunde, Uberholte Vorstellung. Bleibender Glaube* (Oiten, Freiburg, 1969).

Cosmo, como por exemplo, a humanidade.

Segundo Schmitz-Moormann, a criação, o pecado e a redenção não são três fases sucessivas, mas três aspectos da própria evolução das coisas, a garantia teológica da co-extensão dos três aspectos é a supremacia de Cristo no qual tudo é criado e que, portanto, é senhor de tudo. Mas segundo o nosso autor[10], o domínio de Cristo coincide com a eficácia da redenção. Cristo deve ser por isso redentor cósmico, sem restrição de tempo e de espaço. Ora, a redenção implica o pecado. "Não há, portanto, um fragmento ou o instante do Universo em que não reine o pecado, fenomenologicamente reconhecível pela morte".

Essa visão do mundo, segundo Schmitz-Moormann é radicalmente inconciliável com a doutrina clássica de um pecado que entra no mundo por meio de um homem e se transmite a todos os outros. Numa concepção evolutiva do mundo não se pode reconhecer outro mal que não o universal e necessário.

Donde, num sistema baseado na evolução, a doutrina do pecado original, além de impossível, é supérflua. "Esta doutrina teve, de fato, três funções no pensamento cristão do passado: Liberar Deus da responsabilidade do mal, mostrar que a humanidade é pecadora e, por conseguinte, Deus nada lhe deve (ainda menos na ordem da salvação) e, explicar porque Cristo é senhor e consequentemente redentor universal.

Ora tais exigências são satisfeitas na síntese teilhardiana, sem necessidade de afirmar-se um pecado original. O mal não é mais um problema intelectual, pois é evitável. Deus, ao criar um mundo que evolui, dele (do mal) não pode abrir mão.

A pecaminosidade universal – isto é, a certeza de que cada homem tenha resistido ao impulso evolutivo recolhendo-se sobre si mesmo, detendo-se com o que tem é garantida pela lei dos grandes números.

O domínio de Cristo redentor corresponde "à inevitável deficiência do Universo em evolução, e é idêntica à criação, enquanto vence a inércia do multíplice, dirigido para a unificação final".

---

[10]Teilhard de Chardin, *O Fenômeno Humano* (Herder, São Paulo, 1966), pp. 325-326.

Contra essa interpretação da doutrina do pecado, segundo o esquema Teilhardiano, repetem-se e com a maior razão, as restrições já feitas pelo santo oficio nos confrontos do pensamento de Teilhard. De fato, enquanto esse último, no seu sistema, não chegou a dar a expressão suficientemente à doutrina do pecado original, sem pretender negá-la, Schmitz-Moormann, renegando toda a tradição cristã, coloca-se decidida e abertamente contra tal doutrina. Muitos são os motivos pelos quais a posição de Schmitz-Moormann parece insustentável.

Limitar-me-ei ao que nos diz Battista Mondin[11] – a recordar apenas duas, uma relativa ao conteúdo, outra, no método.

Quanto ao conteúdo, suprime uma distinção fundamental, reconhecida pelos moralistas e teólogos de todos os tempos: aquela entre mal físico e mal moral. Identificando esses dois males essencialmente diversos, enquanto o segundo depende da livre vontade humana e o primeiro das carências inseridas em qualquer realidade finita, tornasse-lhe possível considerar o mal como componente essencial do Universo e não como resultado da conduta do homem, e fazê-lo remontar, para além dos primogenitores, aos próprios inícios da evolução cósmica.

Quanto ao método, ele faz seu um método essencialmente anti-teológico enquanto entende dever excluir qualquer proposição que transcenda o dado experimental.

Mas observam com razão Flick e Alszeghy[12], se esse método for usado, "será melhor renunciar a construir qualquer teologia e a falar sobre o pecado original", e acrescentam: "Se se pensam que as doutrinas específicas do cristianismo são radicalmente inaceitáveis, seria melhor abandonar a tentativa de dar um verniz cristão a uma visão não cristã do mundo, de preferência a continuar a repetir fórmulas verbalmente cristãs, porém esvaziadas do conteúdo específico de que foram veículo".

---

[11] B. Mondin, na obra citada.
[12] M. Flick e Z. Alszeghy, *Il Peccato Originale* (Queriniana, Brescia, 1972), p. 183.

8.5 Critério Sociológico

Uma linha de interpretação que suscitou notável interesse e vivas discussões no último decênio foi a sociológica, proposta por Schoonenberg, Rondet e Werger[13].

Segundo esses autores, o pecado original não é a consequência da queda de Adão e Eva, mas a consequência do "pecado do mundo", ou seja, daquela situação pecaminosa que pouco a pouco se alastrou na humanidade com o transcorrer do tempo.

Na exposição da teoria servir-nos-emos, como nos diz Battista Mondin, sobretudo dos escritos de Schoonenberg, seu expoente mais autorizado.

O ponto de partida do estudo de Piet Schoonenberg é a análise do pecado pessoal. Depois do pecado pessoal, remonta o pecado original. Coerente com sua concepção da ação salvífica de Jesus, que consiste essencialmente na dedicação de si mesmo aos outros, considera o pecado como recusa de uma abertura para os outros, primeiro de Deus e depois para o próximo. Fechando-se o egoísmo, o homem se faz pecador. Na linha da Tradição, Schoonenberg reconhece no pecado também o aspecto da religião contra a vontade de Deus: "É uma rebelião proveniente na nossa vontade livre contra Deus, na sua vontade salvífica e na sua criação".

Schoonenberg é bastante explícito a respeito do fato de que o pecado comporta a perda dos níveis sobrenaturais de graça e de vida, dados ao homem de maneira gratuita, mas, ao mesmo tempo salienta que o ordenamento à graça não é pela natureza humana algo de contingente, acidental, extrínseco, mas algo de intrínseco e absoluto. Desse modo, a comunhão com Deus é também o maior bem para a criatura. A perda desse bem é para o homem, portanto, não a perda de uma companhia casual, mas de uma comunhão que o completa no íntimo mais profundo.

---

[13] P. Schoonenberg, *La Potenza del Peccato* (Queriniana, Brescia, 1971); *L'Uomo nel Peccato* in *Misterium Salutis* **IV** (Queriniana, Bréscia, 1970), pp. 589–719; H. Rondet, *Le Peché Originel dans la Tradition Patristique et Theologique* (Fayard, Paris, 1967): Karl-Heinz Werger, *Theologie der Erbsünde* (Herder, Freiburg, 1970).

Com o afastamento de Deus, único a poder satisfazê-lo e somente no qual podem os outros completá-lo, o homem fica isolado no modo mais profundo, sua natureza fica frustrada nos seus rumos mais íntimos. Com isso, o homem não perde propriamente o ser, mas seu significado e plenitude; portanto, a palavra "autodestruição" seria nesse caso bem empregada.

Muito bem. Neste ponto desejo, com todo o respeito, reiterar o que venho afirmando ao longo deste livro.

O problema da questão ora apresentada pelo eminente teólogo Piet Schoonenberg é o mesmo de todos os teólogos anteriormente citados, além de todos os religiosos e todos aqueles que pregam insistentemente a fé no sobrenatural, que não conseguem ou não querem, nem de longe, imaginar a real possibilidade de que, simplesmente, Deus, de fato, nunca tenha existido!

Que sua existência tenha sido mais uma das invencionices da humanidade, assim como a do diabo (satanás ou demônio). Que a pluralidade das línguas faladas no mundo tenha sido originada como resultado da pecaminosa curiosidade humana em vislumbrar os segredos dos céus, por ocasião da construção da lendária Torre de Babel, da qual, ao descerem, nenhum dos que subiram era capaz de se entender através da palavra falada, criando-se, assim, as novas línguas que conhecemos!

Esse tipo de crença tem sua origem desde os tempos da revolução cognitiva, há 70 mil anos. Tempo em que ainda éramos quase como os macacos antropoides e em que, por meio de um processo evolutivo, adquirimos a capacidade de pensar e fazer abstrações. A partir daquele momento, tão longínquo, em que adquirimos a linguagem ficcional e passamos a falar de coisas que sequer existiam, que jamais haviam sido vistas, tocadas, cheiradas, usando apenas e tão somente a imaginação que acabara de aflorar na mente, a partir de agora, humana, criamos a figura do sobrenatural que tanto nos intrigava. O poder dos terremotos, dos raios elétricos que caíam do céu como lanças de fogo, que tudo destruía. As enchentes e tantas outras intempéries às quais estamos sujeitos até hoje.

Na impossibilidade de entendê-las ou combatê-las, de nos precavermos de seus efeitos extremamente desastrosos, acabamos por acreditar que deveria ser a manifestação de um ser tão superior, que, por estar irado com sua criação, provocava o extermínio desta por meio desse expediente e de outros tantos, como o surgimento das doenças e das pestes. Como se estas também não fossem causadas pelos próprios processos evolutivos que não cessam jamais.

E, afinal, como sabemos disso tudo hoje?

Se o processo evolutivo, por qualquer razão, tivesse sofrido alguma diminuição de seu ritmo em seu eterno desenvolver no tempo em que há de vir, a ponto de estagnar-se por completo, contrariando o que temos observado durante séculos, certamente teríamos ficado por ali. Estagnados no tempo. Pensando exatamente como o homem primitivo. Impossibilitados de dar um passo à frente. De vislumbrarmos qualquer possibilidade de mudança na nossa capacidade inata de querermos saber sempre mais a respeito de tudo o que nos cerca.

Com a aquisição do conhecimento científico que temos hoje, bem sabemos que na natureza tudo é dinâmico, nada é estático. Que após as tempestades surgem a bonança, os tempos de calmaria e que tudo é naturalmente cíclico. Que devemos nos preparar sempre para ambas as situações.

Atualmente, a ciência tem gastado muitos recursos financeiros e de toda natureza, para poder antever, com alguma antecedência, as catástrofes, os terremotos, as erupções vulcânicas, os furacões que assolam todo o globo terrestre, no sentido de produzir equipamentos que nos permitam antecipar as medidas de precaução, que possibilitem diminuir ao máximo o número de vítimas desses cataclismos, sendo até agora, o máximo que pode fazer.

É sonhar longe, mas talvez num futuro ainda que remoto, quem sabe, estaremos aptos a dominar até mesmo essas forças da natureza. E por que não?

A História da humanidade e sua capacidade de resolver situações tidas como insolúveis têm demostrado com frequência que somos capazes de realizar tarefas que jamais poderíamos imaginar, como, por exemplo, atos que até já caíram no nosso quotidiano, como os transplantes de órgãos. A inseminação *in vitro*. O melhoramento genético em animais e vegetais. A eliminação de epidemias, a previsão do tempo com grande chance de exatidão etc.

Bem, retomando o assunto sobre o pecado original sob o ponto de vista sociológico, de acordo com Battista Mondin, Schoonenberg recorre a dois conceitos-chave para definir o que se entende por pecado original: o de situação e o de pecado do mundo.

A situação é um complexo de circunstâncias no qual, em determinado momento, se insere alguém ou alguma realidade. A situação existe ou "jaz" em torno de determinada pessoa; pertence ao seu "ambiente". A situação de pecado é caracterizada pela impossibilidade livremente assumida de amar a Deus sobre todas coisas e amar realmente o próximo; por conseguinte, o homem, em estado de pecado, encontra-se num contexto em que, livre, mas infalivelmente, multiplicará os pecados, ainda que permanecendo capaz de boas ações isoladas.

O pecado do mundo, segundo Schoonenberg é o ser situado, o ser determinado no espaço de ação da própria liberdade, através dos pecados dos primeiros. O "conceito de pecado do mundo" corresponde plenamente à propriedade do pecado original. Em conclusão, o pecado original consiste essencialmente na hereditariedade pecaminosa que se apodera de cada criança que nasce, enquanto envolvida e compenetrada do pecado do mundo.

Em relação ao pecado de Adão, Schoonenberg sustenta que a teologia tradicional exagerou-lhe a importância. Em sua opinião, seu peso não pode ser maior que os outros pecados.

Também sobre as consequências do pecado original, Schoonenberg pensa que as teorias clássicas tenham exagerado. Que aceitaram muito ingenuamente uma visão sobrenaturalista e mística do primeiro homem, que hoje é necessário desmistificar.

Mondin afirma que se possa concordar com o êxito da mediação que Schoonenberg procura realizar entre os extremismos opostos do naturalismo e do personalismo, essencialismo e do existencialismo. Mas isto não constitui um critério adequado para decidir sobre a validade de uma interpretação da doutrina do pecado original. Para ele, existe um critério superior: a verdade já seguramente conquistada pela Igreja.

Ora, não parece que a identificação do pecado original com a situação pecaminosa em que se acha imersa toda criança possa escolher duas verdades constantemente afirmadas pela Igreja:

1. A extinção do pecado original pelo batismo (isto é, na teoria de Schoonenberg não pode acontecer, porque a situação pecaminosa não é eliminada);

2. A universalidade do pecado original, enquanto a situação pecaminosa não está presente em todos os lugares.

Portanto, diz Mondin: sustento que as categorias de Schoonenberg ("situação-existencial", pecado do mundo, etc.) são aptas para esclarecer alguns aspectos do pecado original, mas não para efetuar uma tradução adequada da doutrina da Igreja.

8.6 Critério Personalista-Evolutivo

Alguns teólogos, ao fazerem uma tradução atualizada da doutrina do pecado original, consideram aceitos dois pressupostos bíblicos, um científico e outro filosófico. O pressuposto científico é a Teoria da Evolução, enquanto o filosófico é o personalismo. Trata-se, nas suas opiniões, de pressupostos indiscutíveis, porque, de um lado, a ciência demonstrou a verdade da lei da evolução e, de outro, a filosofia personalista desenvolveu uma linguagem muito mais próxima da realidade humana que a linguagem da metafísica clássica.

Desses pressupostos valem-se M. Flick e Z. Alszeghy na sua interpretação da doutrina do pecado original. Mas o horizonte hermenêutico de Flick e Alszeghy é circunscrito, não só pela teoria da evolução e da linguagem do personalismo (pressupostos extra-bíblicos), mas também por duas importantes verdades deduzidas do mundo da revelação (pesquisas bíblicas).

A primeira é que a doutrina do pecado original, por ser doutrina bíblica, não precisa fundar-se em algum testemunho explícito da sagrada escritura; basta que a adesão ao ensinamento bíblico total exija a admissão de tal doutrina; basta que a doutrina do pecado original possa deduzir-se da imagem total da realidade salvífica.

Segundo Flick-Alszeghy, a doutrina do pecado original originante não é adquirida pela Escritura desde o início, mas é fruto de uma extrapolação teológica desenvolvida em dois tempos: No primeiro, a Escritura constrói progressivamente uma determinada imagem da condição humana decaída, num segundo tempo, elabora um modelo de pensamento em esquema de raciocínio pelo qual se procuram as origens dos aspectos obscuros da condição humana.

Assim como a tal Torre de Babel, os jardins do Éden, o Monte Sinai, de onde Moisés falou a seu povo no retorno à terra prometida de Canaã, durante a fuga do Egito, onde eram escravos, para citarmos apenas alguns lugares citados nas Sagradas Escrituras, cuja localização exata, até hoje, ninguém conseguiu apontar, nem sequer nos apresentam quaisquer vestígios de sua real existência.

Sobre o nascimento de Jesus Cristo, essa é outra incógnita que só pode ser aceita pela força da "chamada fé inabalável", que os crentes insistem em dizer possuir. Será de fato isso é um "dom" recebido de Deus? Ou será que, para se crer no incognoscível, é necessário se ser plenamente dotado desse "dom"?

Todos sabemos que no reino animal há muitas espécies diferentes.

Algumas, como nos mamíferos, que é o nosso caso, para haver reprodução, é absolutamente necessária a participação de ambos os gametas, o espermatozoide do sexo masculino e o óvulo maduro do sexo feminino. Além disso, ambos em boas condições de viabilidade. Mas não só isso. É preciso também um número razoável (cerca de 120 milhões de espermatozoides por mililitro de sêmen). Além disso, o óvulo deverá se encontrar no interior da tuba uterina, como normalmente ocorre, e não fora dela, por exemplo, na cavidade abdominal. Ou seja, ter as condições mínimas de probabilidade de que a gravidez se inicie. Se tudo correr bem, em cerca de nove meses de gestação o feto estará em condições de se apresentar entre nós.

Por conseguinte, e que me entendam os que pensam de forma

diferente, é absolutamente plausível colocarmos em dúvida a própria existência de Jesus Cristo. Só por milagre. Porém, honestamente, eu não creio em milagres. Sou um homem que, apesar de estudar as religiões como faço agora, sou um humilde cientista.

No que me diz respeito, sinceramente, é antes de tudo necessário haver alguma evidência que seja, ou pelo menos um modo de verificarmos a sua veracidade. Caso contrário, não estaremos, de forma alguma, autorizados a emitir qualquer opinião que deva ser rigorosamente levada a sério.

Ademais, é meu desejo deixar claro, aos prováveis poucos leitores, que a ciência que tanto tenho defendido ao longo deste livro não é absolutamente sabedora de tudo, nem de longe, tampouco é infalível. No entanto, ao contrário das religiões, quando percebe que emitiu qualquer fundamentação inverídica, é a primeira a apontar seus erros e tratar de corrigi-los ou torná-los sem efeito perante a comunidade científica internacional bem como junto à população em geral.

Por outro lado, não tenho conhecimento de que nenhum pedido de desculpa tenha sido manifestado pelas religiões, qualquer delas, quando incorrem em erros como, por exemplo, queimar em fogueiras feitas com o objetivo não só de humilhação dos acusados, como também para intimidação àqueles que se dispuseram a contrariá-la, como ocorreu com o filosofo Giordano Bruno, queimado na fogueira há 418 anos, em fevereiro de 1600, por praticar heresia contra a Igreja Católica. Há também o caso de Richard Puller von Hohenburg e seu criado que foram queimados vivos em Zurique no ano de 1482, por alegada prática de homossexualidade, para citarmos apenas alguns exemplos da hedionda ação religiosa.

Assim, posso perguntar, com todo o respeito e todo direito que me é outorgado: Quem está com a verdade? As crenças religiosas ou as evidências científicas que, até prova em contrário, serão consideradas como verdadeiras?

A suposta virgindade de Maria, mãe de Jesus, por parte dos ensinamentos religiosos, não teria sido formulada para dar uma roupagem de "santidade" tanto à Maria quanto a Jesus Cristo, se é que de fato ele existiu? Que me perdoem os que creem.

8.7 Considerações Conclusivas

Acabamos de considerar as várias tentativas de se explicar a doutrina do pecado original neste longo e árduo capítulo em que seus autores se utilizaram de linguagens de difícil interpretação: as linguagens filosófica, teológica e metafísica. E de forma a mais resumida quanto nos for permitido, passaremos a descrevê-las utilizando, dentro do possível, uma linguagem mais acessível e de fácil compreensão.

1. A primeira e a mais importante refere-se à legitimidade da aculturação, ou seja, fazer a interpretação de culturas de povos diferentes sobre o pecado original através das principais linguagens científico-filosóficas de hoje: metafísica, histórica, existencial, ontológica, evolutiva, sociológica e personalista. Assim, em se tratando do pecado original como um acontecimento humano, histórico e pessoal, numa linguagem metafísica (Tillich) ou puramente evolutiva (Teilhard de Chardin) ou simplesmente existencial (Bultmann e Brunner) ou apenas sociológica (Schoonenberg), isso não é suficiente para formulá-la adequadamente.

2. Algumas das linguagens utilizadas pelos teólogos contemporâneos na tradução do pecado original não são linguagens alternativas, mas integrativas. Assim, por exemplo, a linguagem existencialista da alienação não se opõe à personalista da opção fundamental. Havendo, antes de tudo, uma opção fundamental, deriva daí, como consequência, a alienação.

3. Uma atualização da doutrina do pecado original, uma nova aculturação, parece-nos necessária. Na formulação tradicional exprimiam-se bem os aspectos histórico e metafísico, mas eram descuidados os aspectos personalistas e existenciais.

4. Não é possível, como aliás pretendem Brunner e Tillich e outros teólogos, fazer consistir o pecado original num ato pri-

mordial de inconsciente rebelião contra Deus e isso por dois motivos: a) refugiar-se no pré-consciente ou no inconsciente significa refugiar-se no arbitrário e no irracional: b) uma rebelião inconsciente é desprovida de qualquer co-notação ética e, portanto, não pode ser qualificada como pecado.

5. A propósito das consequências do pecado original, a tese protestante, segundo a qual, o pecado corrompe a natureza humana, parece absurda para quem pensa metafisicamente, porque uma total corrupção da natureza humana comporta a destruição da própria humanidade.

6. O pecado original tem uma incidência profunda sobre a realidade humana: enraizou-se naquilo que o homem tem de mais seu. O pecado original é um fato radical que envolve o homem todo determinando-lhe uma condição de desordem que vai além de cada pecador individual. É uma ruptura interior entre o que o homem desejaria ser e aquilo que de fato é. Na ruptura com Deus, o homem torna-se suficiente, esquece-se de Deus e faz oposição a Ele.

7. A situação produzida pelo pecado original pode ser expressa como a ruptura da realização da auto-transcendência à qual o homem é destinado pela graça. A natureza humana, por causa da desobediência de Adão perde a relação de amizade com Deus que levava a termo sua tensão de auto-transcendência. Assim, essa continua incompleta.

A experiência do pecado permanece fortíssima, mesmo numa época de profunda secularização como a nossa. Observamos em todos nós mesmos uma profunda insatisfação pelo nosso modo de ser, pelo nosso comportamento, por nossas tendências; ficamos muito entristecidos, aborrecidos. Não obstante tal evidência por causa da secularização, que nos ensina a explicar as vicissitudes deste mundo apelando apenas para causas intra-mundanas de ordem racional, sentimos forte relutância em admitir que tal estado de coisas seja consequência de uma culpa original.

Preferimos dizer que a natureza humana é feita assim!

Bem, para mim, é muito simples e está tudo muito claro quando o assunto é o pecado original. Trata-se apenas de uma alegoria o que a Igreja denomina de doutrina do pecado original. Nos primeiros capítulos deste humilde livro, já afirmei que, nem mesmo nas aulas de catecismo visando à primeira comunhão, com os meus cerca de oito a nove anos de idade, conseguia acreditar na Irmã Catarina quando ela falava sobre o tal pecado original.

Já nessa fase da vida eu não me dispunha a ouvir certas passagens bíblicas, pelo seu teor tão distante da nossa realidade! E por que não? Porque, para mim, não havia qualquer lógica em se castigar alguém (Adão), se Deus, na sua Onisciência, seria capaz de colocar, à prova, seu próprio primogênito a obedecer-lhe, em não provar do fruto proibido, sabendo que seu filho não seria capaz de ser tão obediente assim!

Por outro lado, está muito claro que a doutrina do pecado original não se sustenta por si só, pois foi escrita por seres humanos como nós que inventaram o próprio deus, deuses, deusas, santos, anjos, arcanjos e.... Isso lá na Antiguidade, há mais de 3 mil anos. De lá para os dias atuais, muito se estudou, muito se aprendeu e muito se descobriu em todas as áreas do conhecimento humano.

Inclusive sobre o nosso passado remoto, de onde recolhemos fósseis de organismos que viveram há tanto tempo que alguns deles já foram até extintos da natureza, como os dinossauros, por exemplo. E o que informo ao leitor não é apenas uma pressuposição. É o resultado de centenas de anos de estudos científicos. Somemos, a isso, o fato de que, em ciência, não tem lugar para pensa-se, achamos que etc. Ou é ou não é. E que se prove! Se não for, alguém terá que prová-lo.

Embora a ciência tenha demonstrado que é inconcebível a ideia de um homem e uma mulher terem surgido aqui na Terra já prontos e acabados, como Adão e Eva, e que isso contraria frontalmente tudo o que de fato sabemos hoje a respeito do surgimento da vida no planeta Terra, há os que teimam em continuar acreditando naquilo que já se demonstrou como falso. E, para isso, as religiões têm contribuído enorme e frequentemente. Ter fé é louvável, no que concerne às religiões.

Ser fanático já não se justifica, a meu juízo. Só que a ciência não se baseia na fé para demonstrar o que for demonstrável pelo seu método empírico, que, apesar de não ser infalível, o que é ainda impossível para a humanidade, tendemos, a qualquer tempo, a chegar a tal nível.

9
A Divinização do Homem

> *E Deus disse: Façamos o homem
> à nossa imagem e semelhança*[1].

A doutrina da *Imago Dei*, ou seja, da semelhança do homem com Deus, é tema fundamental da antropologia cristã e lhe abrange todos os aspectos, de modo que se poderia, a partir dela, desenvolver uma doutrina completa do homem. Por isso, é suficiente analisar apenas a relação de semelhança entre o homem e Deus. Este assunto foi tratado por quase todos os padres da Igreja e muitos escolásticos, até Santo Tomás de Aquino.

9.1 *Imago Dei*: a Semelhança do Homem com Deus

A doutrina do homem considerado semelhante a Deus é o núcleo central da antropologia veterotestamentária; é mencionada apenas nos primeiros capítulos do Gênesis e em duas passagens do Livro da Sabedoria (Sb 2, 23 e Ecls, 17,3). O texto fundamental é o de Gênesis (1, 26-27), que encima este capítulo.

Dentro dos resultados mais seguros da exegese bíblica e da veterotestamentária, podemos dizer que, com a expressão *Imago*

---
[1] Gn **1**, 26–27.

Dei, o autor de Gênesis, Moisés?, quer afirmar duas coisas: uma, a posição privilegiada que cabe ao homem como ponto alto e conclusivo da criação, o homem é perfeito a ponto de assemelhar-se a deus criador; duas, a função de representar Deus no universo. Porém, o autor de Gênesis não deixa claro em que sentido o homem é semelhante a Deus, se no pensar, no falar, no querer, no trabalho, na alma ou no corpo etc.

Juntamente com o Novo Testamento, contrário a qualquer representação antropológica de Deus (tanto que proíbe com extrema severidade a fabricação de qualquer imagem sua, estátua etc.), é de concluirmos que podemos conceber a *Imago Dei* como representação direta, física, material de Deus.

Ao contrário das religiões do Egito e da Mesopotâmia, nas quais os homens eram considerados descendentes diretos dos deuses e nas quais a diferença do mundo dos animais perdia-se em pálidos sombreados, Gênesis 1, 26 traça nessas duas direções uma delimitada semelhança com Deus e separa o homem de todas as criaturas infra-humanas e o coloca ao lado de Deus, fazendo-o pertencer com Ele a um mundo mais elevado. Separa-o ao mesmo tempo, de maneira substancial, de Deus, cuja absoluta transcendência é posta em evidência, pelo fato de o homem não aparecer como "criança" ou como "filho", mas como "imagem". Este não tem uma natureza igual a de Deus, mas é apenas semelhante a Ele.

Então em que consiste a *Imago Dei*?

Segundo alguns autores, a semelhança com Deus consiste na postura ereta (L. Kolher), segundo outros, na intersubjetividade que, na opinião de Barth, encontra expressão emblemática na diferenciação sexual entre o homem e a mulher; no entanto segundo a maioria dos intérpretes antigos e modernos, a semelhança resulta de o homem conseguir agir como Deus; como Deus cria e ordena o mundo, assim cultiva e o governa. Por isso, a semelhança não está em nível ontológico, mas dinâmico; não está no ser, mas no agir.

A verdade é que Deus criou o homem para a imortalidade e o fez imagem da Sua própria natureza; mas, pela inveja do demônio, a morte entrou no mundo, e experimentaram-na os que são de seu partido.

O versículo da Sabedoria 2, 23-24, afirma que o homem foi criado incorruptível e imortal, por Deus; é por isso a imagem de sua natureza.

Sobre o grau de legitimidade dessa interpretação da *Imago Dei*, do ponto de vista ontológico, muito se discutiu no passado e ainda se discute vivamente hoje. No protestantismo, isso é considerado um desvio do reto pensamento bíblico, que é essencialmente histórico e funcional, contrário, pois, à abstração e à metafísica.

Quanto a mim, nos diz Battista Mondin, reconheço que a mentalidade hebraica refletida nos livros proto-canônicos é de tipo histórico e funcional de preferência ao metafísico e essencial. Isso, porém, não autoriza a condenação de toda ontologia da *Imago Dei*.

Em primeiro lugar porque não se pode identificar a mentalidade histórica-funcional com a própria mentalidade de Deus e fazer dela um elemento constitutivo da Revelação (quando, ao contrário, faz parte de seu aspecto exterior formal). Em segundo lugar, porque não se pode excluir que na época da composição do Livro da Sabedoria (e também dos outros livros deutero-canônicos e dos livros do Novo Testamento) tenha havido na mentalidade hebraica, um desenvolvimento para uma compreensão ontológica da realidade. Com efeito, o que aconteceu em tantas outras culturas podia acontecer, e, de fato, aconteceu na cultura hebraica, conforme o testamento da obra de Fílon de Alexandria (20 a.C.–50 d.C.).

A discussão deveria ser transferida então para outro plano: o da validade da metafísica como saber teórico que, afinal, era também o plano em que dá início à discussão.

Foi depois de Kant haver contestado a possibilidade da metafísica como ciência, que os exegetas e teólogos protestantes se preocuparam em libertar a bíblia de toda pretensão especulativa.

Como autor deste livro, e considerando, como foi esclarecido em capítulos anteriores, que me apresento como um indivíduo ateu no que diz respeito à expressão " o homem foi criado à imagem e semelhança de Deus", questiono primordialmente dois pontos.

Em primeiro lugar, trata-se do seguinte aspecto: considerando que ninguém, em tempo algum, jamais teve a oportunidade de ver Deus, mesmo porque se diz que Ele não é material, mas imaterial, como a nossa alma, jamais alguém poderia ou poderá vê-lo, ou mesmo tocá-lo. No máximo pode-se senti-lo, como quando, por exemplo ocorre de nos elevarmos aos céus, por assim dizer. Ou quando suplicamos por algo que nos seja de extrema importância. Ou ainda quando observamos as belezas com que a natureza nos brinda, com todo o seu esplendor. Ou quando chamamos por Ele nos momentos de aflição.

O segundo aspecto é que, como igualmente já manifestei em capítulos anteriores, a existência de Deus, para mim, pode e deve ter sido o resultado de uma criação meramente humana, originada por ocasião da revolução cognitiva, que igualmente ninguém viu, mas sobre a qual temos todos os indícios e comprovações científicas irrefutáveis dando conta de que ela, de fato ocorreu há cerca de apenas 70 mil anos, em decorrência do processo evolutivo pelo qual passam todas as espécies vivas desde os micro-organismos, como também as plantas e animais. Tal processo tem sido demonstrado com muita frequência, em nosso meio, depois da idade das trevas, pelo descobrimento de organismos já extintos, como o Homem de Neandertal, as ossadas de dinossauros extintos há milhares de anos etc.

Não é demais relembrar que, com a revolução cognitiva, alguns dos macacos antropoides sofreram mutações tais que lhe permitiram iniciar a capacidade cognitiva, ou seja, de se comunicarem entre si, a despeito de que fosse de maneira a mais simples possível.

Por meio de gestos, utilizando-se de uma comunicação, ainda que dotada de um vocabulário muito pobre, foram capazes de criar uma linguagem ficcional em que "falavam" de coisas que nunca haviam visto de fato, ou houvessem cheirado, ou ainda tocado. Mas de qualquer modo, passaram a se comunicar verbalmente, o que até hoje é impossível para os demais animais subumanos. Como viviam nas florestas, à mercê dos seus predadores, inicialmente era nas copas das árvores que se protegiam. Mas, com a revolução cognitiva, com o passar do tempo, obtiveram a capacidade de dominar o fogo, o que por si só deu em outra revolução: a pré e a pós-utilização do fogo pelo homem.

Tal acontecimento mudou, sobremaneira, os seus hábitos alimentares. Se antes se alimentavam tão somente de sementes, amêndoas, frutas, carnes cruas provindas da caça de pequenos animais, passaram a cozinhar seus alimentos. Com isso, o consumo de carnes de peixes, de aves e de mamíferos, ricas em proteínas, modificou substancialmente sua dieta alimentar, levando até à melhoria de sua saúde, aumento de sua longevidade bem como diminuição das doenças endêmicas que já ocorriam naquela época distante. Além disso, deixaram as árvores para viverem em cavernas que os protegiam do inverno rigoroso e das intempéries como enchentes, trovões, faíscas elétricas que singravam os céus durante as tempestades, erupções vulcânicas que podiam ocorrer a qualquer momento.

Há de ter sido exatamente nesses momentos que, pelo medo do incognoscível, o homem primitivo começou a se questionar a respeito de quem seria o responsável por tais acontecimentos. Logicamente, haveriam de se perguntar se, por acaso, não seria a ira de alguém, com poderes altamente superiores se manifestando, lá dos céus, com um recado de que algo superior existe? E quem seria esse ser?

Só poderia ser Deus!

9.2 A Divinização em Platão

Não há a menor dúvida de que, escreve Merki[2], a *Omoiosis Théo* constitui parte importante da doutrina platônica e manteve-se como tema permanente não só da escola platônica, como também de outros sistemas filosóficos nos quais penetrou, tornando-se quase como um recipiente que, de quando em quando, preenchido conforme o destino correspondente aos vários modelos do pensamento, o tema continua a agir até o período patrístico e além dele.

Portanto, afim de tornar compreensível o desenvolvimento do pensamento patrístico em relação à *Imago Dei*, procurarei colher os

---

[2] H. Merki, *Omoisis Theô von der Planischen Angleichnung an Gott zur Gottahnleichkeit bei Gregor von Nissa* (Freiburg, 1952), pp. 2-3,

aspectos mais significativos da complexa doutrina de Platão sobre a divinização do homem: um diz respeito à ordem ontológica e o outro à ordem ética.

No que se refere à ordem ontológica, a doutrina platônica da divinização, ou seja, da "semelhança com Deus", enquadra-se no âmbito da Teoria das Ideias. Essas são consideradas por Platão como modelos divinos, princípios arquétipos dos quais as realidades cósmicas materiais são reproduções imperfeitas, imagens, cópias. "As ideias são modelos imóveis na sua essência; as coisas, no entanto, assemelham-se às ideias e delas são cópias".

A esse princípio metafísico do exemplarismo, que vale para todas as coisas materiais, parece excluir-se o homem, que para Platão, como todos sabemos, é essencialmente alma. Mas na verdade, isto não é bem assim, porque justamente graças à sua natureza espiritual, a alma goza de uma singular afinidade com o mundo das ideias. Portanto, a alma, por sua própria natureza, pertence ao mundo divino. Sobre tal atribuição originária da alma ao mundo divino, Platão constrói toda a sua doutrina ética.

Segundo Platão, o fenômeno da vida humana é a sobrevivência e essa se adquire mediante a geração, que é de três tipos: física (pelos filhos), artística (pelas obras de arte) e espiritual (através da filosofia). Pela reflexão filosófica, o homem adquire consciência da sua origem divina e começa então a agir em consequência, ou melhor, age inspirando-se no mundo ideal, divino e assim, agindo divinamente, recupera a própria semelhança com Deus.

Para exprimir tais conceitos, Platão utiliza várias fórmulas. Às vezes, fala explicitamente de "imitação de Deus" e de participação da vida divina.

Assim, por exemplo, escreve nas "Leis": "Quem quiser tornar-se amigo de Deus" deve, tanto quanto possível, tornar-se semelhante a Ele. E ainda mais precisamente no "Timeu": "Existe em nós a alma (racional) que é da máxima importância. Por ela nos é possível tirar a seguinte conclusão: Deus destinou a parte soberana da alma humana para ser a divindade de cada um de nós, sendo a que habita na parte superior do corpo, e visto que não somos uma planta da Terra e sim de procedência celeste, essa alma nos eleva da Terra a uma natureza afim da nossa e que habita nos céus.

Deus nos elevou a cabeça e a raiz da Terra ao lugar onde teve origem a alma, e desta forma tornou todo o corpo ereto. O homem que tem voltado entusiasmo para o amor e o conhecimento, para a verdade e a vida espiritual, que dentre todas as faculdades exercitou mais as que tal meta conduzem deve, sem dúvida, nutrir pensamentos imortais e divinos. E se chega a alcançar a verdade, dela poderá gozar completamente, tão longe quanto se concede à natureza humana participar da vida imortal.

Desse modo que o homem contempla, segundo sua natureza original, será em tudo igual ao objeto contemplado. E imitar a Deus é tornar-se santo e justo, sustentado por visão espiritual e inteligência.

Estes textos, bastante explícitos no que concerne à imitação de Deus e a participação na vida divina, apresentam, por outro lado, grandes dificuldades aos estudiosos do pensamento platônico, devido à ambiguidade de Platão diante do problema de Deus.

Para Platão, Deus é um grande mistério. No "Timeu" ele confessa: "É difícil encontrar o Pai e o criador do verbo, e, uma vez encontrado, é difícil falar Dele". Ás vezes, Platão parece identificar Deus com uma das ideias-arquétipo (bondade, beleza, unidade, ser); com efeito, o que diz de tais ideias aplica-se perfeitamente ao conceito religioso de Deus. Outras vezes, no entanto, parece excluir tal identificação, atribuindo à Deus uma vitalidade, uma concreteza, um dinamismo, uma atividade que jamais atribui às ideias.

A solução para o problema poderia ser talvez a seguinte: existe para Platão uma vasta esfera do divino, que abrange, além de Deus, muitas outras realidades: as ideias, as almas, os corpos celestes, etc. O que importa para o homem é retornar ao mundo divino, de onde veio e ao qual pertence por natureza.

Tal solução encontra confirmação no fato de que Platão, para exprimir o conceito de divinização, fala muitas vezes de imitação das ideias. Assim, por exemplo, na "República", encontramos as seguintes ideias: quem tem a mente fixada no verdadeiro ser, certamente não tem tempo para baixar o olhar para as coisas da Terra, ou para envolver-se com malícia e inveja, nas contendas humanas; seu olhar dirige-se sempre ao Universo das coisas fixas e imutáveis, que são percebidas não como mutuamente ofensivas, mas sim, todas em boa ordem, sob o império da razão. São esses os modelos aos quais procura adequar-se na medida do possível.

Não obstante a variedade das fórmulas e a ambiguidade de Platão sobre o problema de Deus, um ponto é indiscutível: o homem só consegue a plena realização de si mesmo, e, portanto, a felicidade, através da divinização, da imitação de Deus, da participação na vida divina.

Com essa doutrina Platão exerceu, como dissemos, influência constante e decisiva sobre várias escolas filosóficas gregas, em primeiro lugar, e mais tarde sobre o judeu Filon e sobre os Pais da Igreja.

Posto isto, cabe ao homem moderno como nós do século XXI, tentar responder aquilo que os filósofos da antiguidade, como Platão, o mais respeitado entre os filósofos gregos, indagar sobre a origem da humanidade. Na época de Platão acreditava-se que o homem fora criado por Deus à sua imagem e semelhança. Ocorre que, simplesmente, isso absolutamente não é verdade!

Como sabemos hoje, o homem jamais foi criado. Ele é o resultado de um processo biológico estudado e denominado, por Charles Darwin, de evolução, processo esse exaustivamente questionado pelas religiões e, que apesar de ser denominado de "A teoria da evolução de Darwin", tem se demonstrado como uma das verdades científicas mais absolutas já produzidas pela humanidade. Isso quer dizer ainda, que, na natureza, nada é estático, tudo é dinâmico, tudo se transforma, todo ser vivo evolui! Assim sendo, os seres vivos surgiram a partir de formas as mais simples para se transformarem nas mais complexas.

O que vale dizer que, inicialmente, surgiram os seres unicelulares, como algumas bactérias, para surgirem os pluricelulares, como uma plantinha como uma alga, por exemplo. Como todo ser vivo é constituído basicamente de água, a vida se inicia no ambiente aquático, por exemplo, nos mares. Logo, entre os pluricelulares, inicialmente surgem os peixes e outros animais aquáticos. Mais tarde surgem, as plantas os animais e as aves, ocupando, assim, todo o globo terrestre. É importante lembrar que o processo evolutivo nunca deu sinais de que seja finito, pelo contrário, a evolução também veio para ficar e não terminar jamais, pelo menos enquanto houver vida na Terra.

É por tudo isso que as religiões cristãs, além de outras, sempre tiveram muito medo de Charles Darwin.

Sobre a vida fora da Terra, só temos até agora algumas conjecturas, que poderão ou não vir a ser confirmadas.

Em relação aos aspectos que Platão tanto defendeu, como, por exemplo, sobre a nossa semelhança com Deus, inclusive sobre a possibilidade de nossa divindade, e por que não dizer, de nossa pretensão de nos tornarmos como o próprio Deus, é preciso que deixemos um pouco de lado os conceitos herdados das religiões.

Ao contrário das religiões, Platão nos ensina que, quanto mais evoluirmos em termos de conhecimentos científicos, mais próximos, mais íntimos de Deus nos tornamos. As religiões, no entanto, têm visto essa nossa ascensão como um ato de soberba e até de arrogância quando nos aproximamos cada vez mais de Deus. Aliás, uma das razões pelas quais ciência e religião não se coadunam.

Quando Platão afirmou que temos uma alma racional voltada para o amor ao conhecimento, ele já percebia, muito sabiamente, naquela época, quão importante era a ciência!

Assim, imitar Deus é tentar tornar-se santo e justo. Por outro lado, o próprio Platão encontra grande dificuldade em definir Deus. Segundo ele, DEUS É UM GRANDE MISTÉRIO.

Que me desculpem os que creem nas Escrituras Sagradas. Que me desculpem os que acreditam no sobrenatural. Como citei anteriormente, o problema de Deus resume-se apenas no fato de que nós, humanos, o criamos e não sabemos responder quem Ele é!

9.3 Crer no que Não se Pode Explicar

Como sabemos, desde o surgimento do *Homo sapiens* no planeta Terra, há 70 mil anos, desabrochou nesse homem primitivo a curiosidade por querer entender tudo o que se encontra ao seu alcance. Foi apenas o início da denominada revolução cognitiva.

Ainda que por meio de uma linguagem apenas ficcional, ele se comunicava com seus semelhantes através de sinais, sobre coisas que não entendia de fato, como os fenômenos naturais, tais como a sucessão dos dias e noites, das estações, das intempéries, etc. Deu nome às plantas, aos animais, aos acidentes geográficos como rios, colinas. Domesticou alguns poucos animais como o cão, o cavalo e o boi, animais de seu interesse. Temeu e tentou se precaver dos animais selvagens. Enfim, dotado de sua capacidade cognitiva, deu início à sua soberania sobre o mundo em que vivia.

A esses primeiros homens e mulheres, quanto estranho e também quanto assustador deve ter sido o gigantesco passo da reflexão que o transformou de um animal irracional em um verdadeiro semideus que tudo queria saber, controlar, dominar, usufruir etc. Tal como um peixe que não consegue conceber a totalidade do oceano em que vive, não conseguimos conceber a totalidade da natureza. Por outro lado, querer saber sempre mais reflete a nossa inata curiosidade. Acreditar saber tudo reflete apenas uma ilusão, já que sempre haverá muito mais para sabermos sobre aquilo que conhecemos apenas superficialmente.

As primeiras referências que existem sobre o desenvolvimento da inteligência humana vêm da utilização de pequenas ferramentas arcaicas do período paleolítico, ou seja, da Idade da Pedra Lascada, quando uma pedra ganhou utilidade, há cerca de 2,5 milhões de anos (o surgimento do *Homo faber*).

Dando um salto enorme de milhares de séculos na História, chegamos à Grécia antiga dos filósofos, onde tem início uma das mais antigas civilizações humanas. É nesse ambiente grego pleno de homens sedentos pelo saber que se criam as matemáticas, a geografia, a medicina, a geometria e tudo o mais. Surgem os primeiros filósofos da natureza. Filósofo, do grego filo (amigo), sofo (conhecimento), ou seja, ávido por conhecimento. Para citarmos apenas alguns exemplos, Aristóteles, Sócrates, Sófocles, Platão, Pitágoras.

A mitologia grega é o primeiro grande sistema de pensamento, fundado na arte, na ficção. Por meio dos mitos, da meditação artística ficcional, a sociedade grega se ordenava. Dessa forma, a razão das coisas da natureza que tanto nos intrigou, desde o surgimento da vida no planeta, não tinham nenhuma explicação com fundamentação minimamente empírica. Ficava tão somente no campo da ficção. Assim nasceu a filosofia que tenta explicar o fenômeno humano, esse ser que tudo quer dominar, conhecer e submeter ao seu bel-prazer.

Seguindo os ensinamentos de Bruno Snell (1896-1986), filósofo alemão, autor do livro "A descoberta do Espírito" – estudo sobre a formação do pensamento europeu pelos gregos, os sete sábios da Grécia, o fundamento da filosofia é o Logos.

E o mito se opõe ao logos, do mesmo modo que a fantasia se opõe à razão.

A palavra do mito se sustenta na beleza e narra; a palavra do logos se fundamenta em argumentos e demonstra. O logos não busca seduzir ou embriagar, como faz o mito, mas pretende convencer; exige a formulação de um juízo e a demonstração desse juízo a outra pessoa. Quando o logos é justo e conforme a lógica, é verdadeiro; porém, se esconde alguma coisa, então é falso.

O pensamento lógico exige atividade, receptividade; o pensamento mítico se estrutura por meio de imagens e comparações, que se impõem à percepção, à imaginação; já o pensamento lógico se organiza como um discurso capaz de atingir a verdade, o que significa ser universalmente válido. A busca pela verdade é a base daquilo que denominamos de razão.

Se com o pensamento mítico tínhamos acesso ao mundo por meio de monstros, deuses, heróis, agora o mundo será explicado racionalmente a partir de uma causa eficiente.

Para Parmênides, filósofo grego, o pensamento, ou seja, o raciocínio, é o único caminho que nos conduz à verdade.

A filosofia do século V a.C. se constituiria em torno desta ideia: não são a intuição, a opinião, as sensações, o corpo, os afetos que devem ser seguidos, mas o pensamento e a razão, porque somente eles podem nos conduzir ao bem e à verdade.

Se a religião não apresentava até então grande interesse, foi justamente na Grécia antiga que se iniciou a crença em deuses, que deveriam ser tidos como onipotentes, sobrenaturais, oniscientes, detentores de todos os poderes sobre a humanidade. Assim, eles criaram os doze deuses do Olimpo, já descritos em capítulos anteriores.

A partir dos mitológicos deuses gregos, atualmente a concepção que temos é a de que, para se ser Deus, é preciso se ter o máximo de poder, de bondade, de clarividência e de perfeição. No entanto, há situações em que temos a impressão, ainda que não muito clara, de que Deus não se utilizou de todos os predicados acima mencionados, porque não quis, ou porque não pôde, ou porque não sabia.

Conclusão: Deus feito à nossa semelhança simplesmente não existe!

De qualquer modo, as religiões buscaram pautar a vida humana sob o manto sagrado da ordem, da boa convivência entre as pessoas, as famílias, os povos. Além disso, influenciar de modo decisivo para que o homem se tornasse um ser temente a Deus e aos seus ensinamentos, tornando-o um indivíduo mais humano e menos selvagem, é o lado SADIO da religião.

Entretanto, como toda a atividade humana está sujeita ao modo humano de ser, até mesmo as atividades religiosas praticaram, aqui e ali, atos que a desabonaram de forma profunda e irredutível, como nos conta a história das religiões, sendo esse, digamos assim, seu lado SOMBIO.

Mas por que sombrio?

Porque, falando da criação do Universo, do mundo, da natureza, havemos sempre que admitir, queiramos ou não, a indesejada participação dos milagres, ou seja, nada se explica sem que tenha havido um milagre!

Mas o que é um milagre? O termo vem do latim, *miraculum*, ou seja, um evento, um feito ou uma ocorrência extraordinária que não pode ser EXPLICADA, ou mesmo aceita pelas leis da natureza, ou pelos nossos órgãos sensoriais, ou mesmo pela ciência! É, portanto, algo de natureza sobrenatural e inescrutável!

Para a grande maioria dos teístas, a realização de milagres é atribuída à Onipotência Divina, sendo considerados atos de intervenção direta de Deus, ou deuses, no curso normal dos acontecimentos.

Se, contudo, nos perguntarmos, como nos diz Immanuel Kant em seu livro "A Religião nos Limites da Simples Razão", o que devemos entender por "milagre", podemos explicá-lo dizendo que se trata de acontecimentos que ocorrem no mundo em virtude de causas cuja ação é regida por leis que ignoramos e, que, portanto, devemos de qualquer maneira simplesmente ignorá-los.

De outro lado, os milagres têm seus propósitos definidos, sendo o mais comum beneficiar, por mérito moral e ou pela fé, adeptos de determinada religião, em detrimento dos não adeptos, que permanecem sujeitos às leis regulares.

Lamentavelmente, a fé religiosa tem se assentado, na maioria das vezes, na crença inconteste e irredutível dos fiéis que praticam as religiões cristãs ou não em milagres de toda a sorte, dando-nos a impressão de que, se não houver milagre, não há religião. Tal como nos remete ao Evangelho de Mateus, 8: "Enquanto não virem sinais de milagre, vocês não creem!".

No que diz respeito aos milagres em geral, há gente sensata que não quer deixar-se envolver por essa crença, embora não concorde em renunciar a ela, o que significa que essa gente certamente acredita, em nível da teoria, que ela possa existir. Mas no decurso da vida não se empenha em admiti-la.

Em seu belo livro: "Como Aprendi a Pensar", o filósofo brasileiro Luiz Felipe Pondé nos conta que sendo Deus um ser perfeito, de acordo com um postulado de Santo Agostinho, A RAZÃO E A FÉ DEVEM CONVERGIR DE ALGUMA FORMA.

Porém, de minha parte, e com todo o respeito, percebo essa questão de maneira muito diferente. Penso mesmo que a razão e a fé são fenômenos diametralmente antagônicos, às vezes, até mesmo excludentes, ou seja, se for por milagre, não pode ser verdadeiro! Como nos ensina o filósofo grego Protágoras: "O homem é a medida de todas as coisas", isto é, cabe a nós, humanos, decidir ou definir o que é falso ou verdadeiro.

Desde o princípio, a espiritualidade e as religiões preencheram as lacunas que a ciência não podia compreender, como, por exemplo, o nascer e o pôr do sol. Tais eventos eram atribuídos a Hélios, deus grego do fogo, que, com sua carruagem de fogo, singrava os céus durante o dia. Já terremotos e maremotos eram devidos à ira de Poseidon, deus grego dos mares que de vez em quando se manifestava.

A criação de Adão e Eva já prontinhos e acabados, adultos e sexuados, no Jardim do Éden, tal como nos contam as sagradas escrituras, vem de uma lenda tão fantasiosa e infantil, que até para os que assistem a aulas de catecismo, como eu ainda antes dos meus dez anos de idade, é de fazer torcer o nariz, mesmo de uma criança com um mínimo de discernimento. Acrescente-se a isso a existência do Paraíso, que, segundo dizem as Sagradas Escrituras, se localizava na Mesopotâmia, entre os rios Tigre e Eufrates. No entanto, a bem da verdade, até hoje não foi possível se determinar o ponto geográfico exato em que o mitológico Paraíso se encontrava e o lendário casal vivia.

Quero aproveitar este espaço para citar o alerta de Johann Wolfgang von Goethe (1749–1832): "Quem de três mil anos não é capaz de se dar conta, vive na ignorância, na sombra, à mercê dos dias, do tempo".

Sob o ponto de vista científico, até hoje, não há um único milagre, por mais insignificante que possa ter sido, minimamente, comprovado. Assim, como podemos crer em algo que não podemos explicar? Como venho insistindo ao longo de todo o texto, não devemos crer até que se comprove cientificamente o fato, sob pena de nos enganarmos, aliás, como tem ocorrido. Depois de comprovados, porém, não precisamos de qualquer crença! Os milagres não nos provam nada, pois pressupõem uma abusiva violação das leis da natureza. Invocá-los, como se faz há séculos, pelo contrário, só têm iludido aos que creem.

O desenvolvimento dos seres vivos na Terra tem início somente depois que as condições mínimas de temperatura e pressão atmosférica, além de suficientes quantidades de certos elementos químicos organolépticos, como os átomos de carbono, hidrogênio, oxigênio, nitrogênio, fósforo e enxofre, se apresentassem em quantidades suficientes para, num ambiente provido de luz solar, propiciar as reações químicas que produziram inicialmente as moléculas mais simples, tais como as da água, dos gases oxigênio, nitrogênio e hidrogênio, para posteriormente evoluir em moléculas mais complexas como as de aminoácidos, proteínas e assim por diante.

Como podemos observar de forma muito clara, na natureza tudo se inicia a partir do mais simples para se atingir o mais complexo, jamais pelo caminho inverso. É exatamente o que nos tem ensinado a biologia. E neste ponto quero enfatizar que quem tem medo de Charles Darwin, aquele autor da Teoria da Evolução das Espécies, são exatamente os que não só defendem a fé no sobrenatural, mas criticam com veemência o avanço do conhecimento científico, o que tem feito da ciência e da religião dois polos opostos que não se misturam como água e óleo.

Portanto, Adão e Eva jamais poderiam ter sido criados já adultos. Tal como nós, foram o produto de um longo processo evolutivo que teve início a partir de seres vivos os mais simples possíveis, tal como uma ameba, organismo unicelular, por exemplo.

A seita de Jesus, se é que de fato existiu, já que não há nada por Ele escrito, nem nas escrituras, ou qualquer objeto que tenha sido por Ele utilizado, como o Santo Sudário ou o Santo Graal, até hoje continua sendo um grande mistério. Tampouco, não há até agora como provar essas crenças, entre elas, a existência do Paraíso, da Torre de Babel, pelo menos um resquício que seja, ou do Monte Sinai, ou do calvário, ou do santo sepulcro etc. etc.

Que os nossos antepassados de longa data tivessem explicado o mundo de sua época da forma como o fizeram, ou seja, baseados em crenças milagrosas, é perfeitamente compreensível e até aceitável. Todavia, a meu ver, será absolutamente insano, dada as circunstâncias atuais, continuarmos a dar crédito àquilo que já se demonstrou por demais irreal, ilógico, enfim, produto de uma concepção utópica, irracional, essa crença em milagres.

Que me desculpem os crentes, estas pessoas de boa fé, mas no mundo atual não há mais lugar para milagres. Aliás, me pergunto: Qual teria sido o último milagre? Por que já não ouvimos falar em milagres? Afinal querer rebater uma verdade insofismável com argumentos baseados em lendas, mitos ou crendices é como querer conter as águas de um oceano com juncos, como nos ensina David Hume.

9.4 Antidogmatismo e Secularização

O antidogmatismo é a não aceitação de dogmas em forma de verdades, princípios e normas tidas como absolutas. O homem moderno é antidogmático e antitradicional; a partir do século do Iluminismo, tornou-se cada vez mais rebelde em aceitar qualquer afirmação ou verdade que não viessem de si mesmo ou que, pelo menos, por ele não possam ser compreendidas e verificadas experimentalmente; tem, pois, profunda aversão a tudo o que foi transmitido pelo passado, a qualquer forma de tradição.

A ideia de Tradição foi substituída pela de evolução e de progresso. A ideia de "perfeição", o modelo ideal, portanto, não está no passado, mas no futuro. Este homem volta-se para o futuro, pelo que é o novo, é levado a tudo renovar, pondo em dúvida e contestando tudo que lhe veio do passado, em religião, em direito, em pedagogia assim como em moral, política e economia.

Liberto de todo e qualquer vínculo com o passado e do peso da verdade e de normas absolutas, o homem moderno sente-se livre em todas as manifestações de sua vida política, social, religiosa, moral, econômica etc.

Como disse Jean-Paul Sartre, o homem moderno considera-se como essencialmente livre, a liberdade é seu próprio ser. A liberdade é, pois, um dote do homem na sua totalidade e no seu projeto de vida.

A secularização é outra característica típica do homem moderno.

O que se deve entender por "secularização" continua a ser objeto de discussão entre os estudiosos. Porém, a esta altura já se chegou a um amplo consenso sobre dois elementos essenciais:

1. de um lado, a secularização não admite fazer Deus intervir na explicação do Universo e nos acontecimentos que dizem respeito ao mundo e ao homem;

2. de outro lado, procura dirigir o próprio empenho e preocupações decididamente para o mundo, para o século, para as realidades terrestres, cuja beleza, grandeza e valor já aprendeu a apreciar[3].

Realmente, o homem moderno é marcado por ambos os aspectos da secularização: a partir do início da época moderna, como dito, ele exclui sistematicamente Deus da política, da ciência, da moral, da arte e um pouco também de todas as manifestações da vida social, limitando a religião, quando muito, à esfera particular.

Lançou-se ao mesmo tempo à descoberta e à conquista do mundo por meio da ciência e da tecnologia. Agora seus interesses não mais se voltam para o céu, mas para a Terra. A perspectiva ultra-terrena desapareceu de todos os seus pensamentos e ações. "É no magnífico jardim deste mundo que quero ser feliz, não no outro", dizia o poeta Heinrich von Kleist (1777–1811).

Os espetaculares resultados obtidos fizeram surgir no homem de nosso tempo a confiança num progresso sem limites. Os cientistas e o homem comum acreditam que todos os problemas que atormentam a humanidade poderão ser resolvidos no futuro, ainda que distante. O otimismo que havia invadido os espíritos no século XVIII, com o Iluminismo, continua a mantê-los dominados ainda em nosso século.

O homem moderno sente-se seguro, adulto. Aprendeu a fazer tudo por si, a governar-se sozinho, a resolver os problemas sem recorrer a um ser superior. Antigamente, quando ainda era impotente para vencer a fome, as doenças, a miséria, as desordens sociais, as injustiças pessoais, os conflitos bélicos, as opressões políticas e econômicas etc., devia recorrer a Deus. Mas hoje pode obter os mesmos resultados, tão bem e muitas vezes melhor ainda, socorrendo os outros homens como ele mesmo.

---

[3] B. Mondin, *Secolarizzazione: Morte di Dio?* (Bora, Turin, 1969).

O homem moderno tornou-se, por isso, sua própria providência. Assumindo ideias análogas a respeito da liberdade e maturidade, ele afastou-se de Deus e tornou-se ateu. A religião está ausente da vida prática como também da teórica. O ateísmo é, sem dúvida, o traço dominante do homem moderno. Esse homem não se amedronta diante dos obstáculos, nem se curva em caso de derrota, mas, cerrando os dentes, reúne todas as forças e segue em frente, impávido, certo da vitória final.

No entanto, quando nos pronunciamos ateus perante os que creem, já de pronto vem a pergunta: mas como você consegue viver sem acreditar num ente superior, criador de todas as coisas, como um Deus?

Bem, então respondo: de fato tenho dúvidas sobre a tal existência.

Presumo, no entanto, que quem o criou fomos nós mesmos, por ocasião da revolução cognitiva, há 70 mil anos. E quem criou a tal revolução, como podemos observar por meios empíricos, com os quais a ciência tem caminhado, foi o processo denominado, por Charles Darwin, de "evolução das espécies", princípio por meio do qual todas as espécies vivas, ao longo de suas existências, estão sujeitas ao fenômeno das mutações, tal como ocorreu entre o *Homo erectus*, nosso antecessor imediato, e o *Homo sapiens*. Este último, sofrendo uma pequena, mas extraordinária mutação em seu DNA, a molécula que carrega todas as características genéticas de um indivíduo, deixou de ser irracional, como qualquer outro animal, e se transformou no homem, esse ser que se tornou racional, inteligente, social, empreendedor, que dominou o fogo, criou a palavra escrita, a matemática, a filosofia, as demais ciências etc.

Por fim, certamente não será, de forma alguma, arrogante de nossa parte, mas apenas uma singela verdade, afirmar que somos, sim, gostem ou não, humildemente semideuses.

É oportuno lembrar que as mutações não são eventos que ocorreram somente no passado remoto, como muitos poderiam imaginar. A evolução é como uma flecha lançada ao espaço e que não cai e nem para jamais. Ela continua em curso por toda a eternidade.

É igualmente oportuno lembrar que um dos cérebros mais bem-dotados da humanidade, estou a me lembrar certamente do extraordinário físico alemão Albert Einstein, ícone da Teoria da Relatividade, que, em carta enviada em 1954, pouco antes de sua morte, ao filósofo Eric Gutkind, retrata as práticas religiosas como "infantis". A palavra Deus, para ele, nada mais era do que a expressão e o produto da fraqueza humana. Para Einstein, a Bíblia seria "uma coleção de lendas honráveis, ainda que primitivas". O conteúdo da carta difere de declarações anteriores de Einstein, que, segundo os historiadores, nunca havia deixado muito clara sua visão sobre religião.

Nessa seara, o físico era mais lembrado pela frase "A ciência sem religião é manca; a religião sem ciência é cega". Na carta a Gutkind, Einstein classifica a crença em Deus como "produto de fraqueza da humanidade", nem poupa a religião do povo ao qual pertencia, o judeu. "A religião judaica, como as demais, é uma encarnação das superstições mais infantis". Ele dizia a Gutkind que não cria que os judeus fossem um povo escolhido. A tal carta traz certo tom de descrença na humanidade e a noção de que o poder corrompe as pessoas. Os judeus, diz, "só seriam protegidos dos piores cânceres por lhes faltar poder".

9.5 Sobre os Pecados das Religiões

De modo geral, todas as religiões que conhecemos hoje elegeram um ser sobrenatural, todo poderoso, criador de todas as coisas, dotado de infinita sabedoria, de poder incomensurável, de onipresença nesse espaço universal, de amor supremo por todas as criaturas como seu Deus.

Estou falando aqui das religiões que creem num Deus sobrenatural que ninguém jamais viu ou tocou.

No entanto, há pelo menos uma religião que não adota nenhum deus sobrenatural com todos esses poderes. Ela surgiu na Índia há 2600 anos, portanto, antes do cristianismo, sendo criada por Sidarta Gautama, um príncipe que renunciou a todas as coisas do mundo para se ocupar apenas com a meditação.

Meditando profundamente por horas, às vezes dias, ele entrava num estado de tamanha satisfação, de total paz interior, felicidade e prazer, que passou a se denominar de "estado de Nirvana". Sidarta Gautama foi o primeiro Buda. O budismo é atualmente a religião que agrega o maior número de seguidores em todo o mundo, já que praticamente conta com toda a população da China, Índia, Japão e de outros povos da Ásia.

Não podemos provar a existência de Deus e tampouco não podemos provar o contrário. Então, por que continuar acreditando? A quem interessa tentar desesperadamente manter tal crença? Parece-me claro que só pode ser por aqueles que vivem, e muito bem, às custas das pessoas que creem. Que têm alimentado com fartura os que dirigem as religiões sob o manto da riqueza, da ostentação e da opulência. Da enganação dos seus miseráveis súditos que tiram, às vezes, até o que deveria ser dado às suas crianças famintas. De acordo com a razão, não podemos de fato provar a existência de um Deus.

Ao longo deste texto, como sublinhei em várias ocasiões, racionalistas como o filósofo René Descartes, por exemplo, tentaram provar que deve haver um Deus, simplesmente porque temos em nós a ideia de um ser perfeito. Outros, dentre eles Aristóteles e Santo Tomás de Aquino, defendiam a opinião de que deveria haver um Deus porque tudo precisa de uma força propulsora. Quanto a Immanuel Kant, ele rejeitava ambas as provas da existência de um Deus. Nem a razão, nem a experiência são capazes de embasar com segurança a afirmação de que Deus existe. Para a razão, é tanto provável quanto improvável que Deus exista.

Esse vácuo só pode ser preenchido pela fé religiosa.

Não é demais lembrar – mais uma vez, caro leitor! – que há 70 mil anos, com a revolução cognitiva ocorrida com os macacos antropoides da África oriental, em que os recém-surgidos por mutação genética, os *Homines sapientes*, dão início à crença na existência de entidades responsáveis pelas intempéries da natureza como os trovões, os maremotos, os terremotos, as tempestades, como se tais eventos ocorressem por conta da ira dos deuses.

Isso significa que, já no início da humanidade, manifesta-se, em nós, essa necessidade que temos tido de criar, por temor do desconhecido, seres inescrutáveis, que cuidam de nós o tempo todo contra todo o tipo de mal – os deuses da natureza. Vimos que na antiga Grécia governavam os doze deuses do Olimpo. Um deus para cada causa ou situação!

Apenas alguns séculos mais tarde, com a queda do Império Bizantino, instalou-se na Europa um dos mais duradouros impérios da Antiguidade, estendendo-se desde 753 a.C. até 476 d.C., portanto, mais de 1200 anos. Trata-se do Império Romano, como bem sambemos, embora o mais longo dos impérios seja o Mongol (3100 a.C.–30 d.C.), na China. Ora, no seio do Império Romano surgiu o cristianismo, a primeira religião monoteísta. O cristianismo e o islamismo são religiões originárias do judaísmo. De lá para cá surgiram algumas outras religiões geralmente como apêndices do cristianismo ou mesmo seitas religiosas ligadas à etnia de alguns povos, como os negros africanos.

Este breve e sucinto histórico das religiões que repito aqui é um testemunho que, de forma inequívoca, nos mostra que a humanidade, desde sua remotíssima origem, sentiu a necessidade de acreditar em algo que de fato não conseguia explicar, sob a luz da razão, mas somente por meio da fé.

Antes de prosseguir, gostaria de me deter com um certo vagar sobre uma passagem do maravilhoso livro "O Mundo de Sofia", de Jostein Gaarder, em que o autor relata como a humanidade não se dá conta de que vivemos, quase uma vida inteira, sem nos preocupar em ver as coisas como de fato elas são, e não como gostaríamos que elas fossem[4]. Sob a forma de uma conversa coloquial com uma menina de apenas quinze anos, chamada Sofia, um remetente não identificado, lhe envia, quase todos os dias, uma carta fazendo perguntas sobre assuntos filosóficos, tais como, quem é você? Como o mundo começou? E, dessa forma, transcorre praticamente todo o livro, ao mesmo tempo em que as aulas sobre os grandes filósofos e suas teses são explicadas.

O professor de filosofia de Sofia, a aluna, apenas uma menina,

---

[4] J. Gaarder, *O Mundo de Sofia* (Editora Seguinte–Companhia das Letras, São Paulo, 2012).

mas muito astuta e curiosa, nos conta que um dos antigos filósofos gregos acreditava que a filosofia era fruto da capacidade do homem de se admirar com as coisas.

É como ocorre quando assistimos a um truque de mágicas: não conseguimos entender como é possível acontecer aquilo que estamos vendo diante de nossos olhos. Como o mágico conseguiu transformar dois lenços brancos de seda num coelhinho branco, vivo, tirado de uma cartola?

Para muitas pessoas, o mundo é tão incompreensível quanto o coelhinho que um mágico tira de uma cartola que há pouco estava vazia. No caso do coelhinho, sabemos que o mágico simplesmente nos iludiu. Quando falamos sobre o mundo, as coisas são muito diferentes. Sabemos que o mundo não é mentira ou ilusão, pois vivemos nele, fazemos parte dele. No fundo, somos o coelhinho branco que é tirado da cartola. A única diferença é que o coelhinho não sabe que está participando de um truque de mágica. Sabemos que fazemos parte de algo misterioso e gostaríamos de explicar como tudo funciona. Quanto ao caso do coelhinho branco, talvez seja melhor compará-lo com todo o universo. Nós que vivemos aqui na Terra, somos os bichinhos microscópicos que vivem na base dos pelos do coelho.

Vamos resumir: um coelho branco é tirado de dentro da cartola. E, como se trata de um coelho muito grande, esse truque leva bilhões de anos para acontecer. Todas as crianças nascem bem na ponta dos finos pelos do coelho. Por isso elas conseguem se encantar com uma infinidade de número de mágicas a que assistem. Mas, conforme vão envelhecendo, elas vão se arrastando cada vez mais para o interior da pelagem do coelho. E ficam por lá. Lá embaixo é tão confortável que elas não ousam mais subir até a ponta fina dos pelos, lá em cima. Somente os filósofos têm a ousadia para se lançar nesta jornada rumo aos limites da linguagem da existência. Alguns deles não chegam a concluí-la, mas outros se agarram aos pelos do coelho e berram para as outras pessoas que estão lá embaixo, no conforto da pelagem, enchendo a barriga de comida e de bebida. O Universo pode ser comparado a um enorme coelho que é tirado de uma grande cartola. Os filósofos tentam subir pelos finos pelos do coelho até a borda da pelagem, a fim de poderem olhar bem nos olhos do grande mágico. Se um dia vão ou não conseguir isso, é uma questão que continua em aberto.

Se os filósofos forem mesmo subindo uns nos ombros dos outros, eles então irão chegar cada vez mais perto do final do pelo do coelho, e, assim sendo, existiria pelo menos a possibilidade de que eles consigam algum dia. Aliás, na Bíblia lemos alguma coisa que pode ter sido um dos finos pelos do coelho branco. Trata-se da Torre de Babel, que foi reduzida a pó porque o grande mágico não queria que os homens subissem até à borda da pelagem do coelho branco que Ele acabara de criar!

Como não existia a ciência naquela época, os filósofos é que se achavam em condições de interpretar as questões mais complicadas, e assim, conseguiram se libertar das concepções reinantes, como ensina o mito da caverna, de Platão, que discuti no Capítulo 4.

Um pouco antes, eu mencionei esse vácuo, que só pode ser preenchido pela fé religiosa. Esse é, justamente, um dos pecados cometidos pelas religiões que, valendo-se do que Pascal chamava de limite da razão, tenta preencher o vazio com a sua presença e sua doutrina na vida de todos, ao longo de toda a História.

Outro dos pecados das religiões é o de insistir em nos fazer crer em milagres, como venho insistindo. Neles só acreditam os que se dizem portadores de muita fé, já qu eles se encontram no campo da ilusão e da imaginação, que em nós tem sido muito profícua.

Nesse particular, gostaria de contar uma experiência pessoal muito eloquente. Há doze anos, eu e minha esposa fizemos um passeio por alguns países europeus. Estando em Portugal, visitamos a Capela de Fátima. Chamou-me, sobremaneira, a atenção ver uma rústica passarela de 392 metros de comprimento e uns 2,5 metros de largura, pavimentada por uma camada de cimento grosso, sem qualquer tipo de polimento, por onde os devotos de Nossa Senhora de Fátima se deslocavam de joelhos desde a frente da Basílica até a chamada "capela das aparições" da santa.

À época, eu não dei muita importância ao que vira, talvez porque estivéssemos fazendo um passeio turístico. Porém, hoje, escrevendo este livrinho, me vem à memória o quanto de irracional, de absurda era a prática de tal ato.

É verdade: boa parte dessa verdadeira superstição é realmente absurda. Pensemos, por exemplo, em um cajado de madeira que se transforma em uma cobra, um mar inteiro que se abre para deixar passar o povo "escolhido" de Deus, escravizado no Egito, uma arca que abrigou um casal de cada animal para que fossem salvos do dilúvio... e tantas outras narrativas mitológicas sobre as quais já me detive ao longo deste despretensioso texto.

Mas as ideias têm suas consequências.

E a ideia de Deus certamente se encontra no topo da lista dos que mais trouxeram repercussões para a História da humanidade. Dessa história, nós ocidentais, em particular, aprendemos que, em uma pequena nação do Oriente Próximo, Israel, nasceu a fé cristã, segundo a qual, o próprio criador do Universo teria se transformado em homem, morrido na cruz e ressuscitado em Jerusalém.

Se Jesus Cristo era realmente o messias esperado pelos judeus, o Deus feito homem, como creem os cristãos, é uma questão de fé para a qual não é possível dar uma resposta objetiva e definitiva.

O homem Jesus provavelmente era um profeta judeu, um dos tantos pregadores que na Palestina do século I d.C. anunciavam e esperavam o advento do reino de Deus. Este reino não é uma metáfora: Jesus e outros pregadores realmente pensavam que Deus, ou um enviado seu, desceria à Terra e criaria o novo ordenamento político-social, virando do avesso o que denominamos hoje de "relações de classes" (os primeiros serão os últimos e os últimos, os primeiros).

Porém, já de início, para explicarmos a santidade de Jesus, temos que acreditar novamente em milagres. Então, parece-me inevitável encerrar esta discussão lembrando de uma frase lapidar (aqui parafraseada) de David Hume, que nos ensina que, se for por milagre, só pode ser mentira. E a mentira, de um modo geral, é outro dos pecados das religiões.

O livro de Ana Claudia Quintana Arantes, geriatra e geriontóloga, intitulado "Pra vida toda valer a pena viver"[5], frisa, com

---

[5] A. C. Q. Arantes, *Pra vida toda valer a pena viver: Pequeno manual para envelhecer com alegria* (Editora Sextante, Rio de Janeiro, 2021).

sabedoria, que existe grande diferença entre conhecer o caminho e trilhar o caminho.

Segundo a autora, o caminho que leva à compaixão tem "quatro cês": **c**onsciência, **c**onexão com o outro, **c**ompromisso e **c**uriosidade. Ela sublinha que os adjetivos "bom" e "belo" são mais fáceis de se associar a comportamentos e aspectos de nossa humanidade. Porém, quando falamos de verdadeiro, o cenário ganha complexidade. E a pergunta é: Quem somos? E ela cita o filme "Alice no País das Maravilhas", em que a protagonista se pergunta: "Quem sou eu?" E ela própria responde: "Sei lá. De manhã eu era pequena, depois fiquei grande, depois não entendi nada, me afoguei em lágrimas".

Para quem não sabe para onde ir, qualquer caminho serve. O problema disso é que quando chegar ao destino, pode não ser o que se espera. A jornada de Alice no país das maravilhas nos revela, além das descobertas, o mundo de sonhos que jamais devemos deixar para trás, não importa a idade. Mais adiante, disse-lhe o coelho branco que ela perseguia na floresta para descobrir os segredos da vida que ela em sempre será, que haverá dias em que os outros estarão cansados e aborrecidos com a vida, terão a cabeça nas nuvens e irão magoá-la. O segredo, diz-lhe o coelho, é rodear-se de pessoas que lhe façam sorrir o coração.

Um pouco mais adiante nesse magnífico conto, encontramos o conselho da lagarta: sem saber responder, a menina diz que não sabe quem é porque já mudou bastante desde então. Porque crescia e diminuía muitas vezes. De que tamanho você quer ser? –insista a lagarta. Ah! Não ligo para qual tamanho, responde-lhe Alice. Apenas um que eu não fique mudando sempre.

O tal coelho branco que Alice procurava seguir na floresta parece tratar-se de uma metáfora para se ir atrás do conhecimento e da verdadeira sabedoria. Mesmo diante dos maiores obstáculos, Alice continua procurando por ele no País das Maravilhas, como se quisesse aprender cada vez mais e mais.

Quem somos é uma pergunta que precisa ser respondida, mesmo que a cada dia sejamos diferentes do que fomos na véspera. Essa é a Consciência, o primeiro dos "quatro cês".

Um pouco mais adiante, no texto, a autora nos conta um pouco sobre a vida de Madre Teresa de Calcutá, missionária católica, que, em l979 recebeu o Prêmio Nobel da Paz por seu trabalho para aliviar o sofrimento dos pobres.

Nascida na Macedônia, ingressou na ordem religiosa das Irmãs de Loreto, na Irlanda, mas emigrou ainda muito jovem para a Índia. Lá, criou a Ordem das Missionárias da Caridade, nos fins de 1940, resolvida a dedicar sua vida aos pobres moribundos. Madre Teresa era uma fervorosa devota de Jesus Cristo. Havia relatos de que, mais do que devoção, ela vivia experiências místicas com Jesus. A freira mantinha com ele conversas de alta complexidade! Numa delas, Jesus teria revelado seu plano para ela: uma grande missão na Índia. Para cumpri-la, Teresa teria que deixar o claustro do convento, uma quebra de dogmas, portanto. "Discutiram", então, todos os detalhes e a jovem Teresa viu-se frente à frente com seu destino.

No dia em que pôs os pés fora do convento, acabaram-se as conversas místicas com Jesus. Durante 50 anos ela cuidou dos pobres e doentes que recolhia das ruas de Calcutá e os levava para um espaço que ergueu para acolhê-los. E quanto às conversas com Jesus? Silêncio. Nunca mais uma única conversa, ou uma experiência como as passadas.

Então, Teresa indignou-se: Deus não existe, Jesus não existe!

O tempo passou, e, muito idosa, havia desistido de orar, apenas meditava. Numa dessas meditações, lembrava-se da passagem bíblica em que Jesus vai ao Horto das Oliveiras sabendo que seria preso, condenado e crucificado, e pede a Deus: "Pai, afasta de mim este cálice" e Ele não obteve resposta. Apesar do silêncio de Deus, Jesus cumpriu o calvário. Teresa entendeu que aquela mensagem era para ela. "Sou mesmo a favorita, porque só comigo Jesus compartilhou o silêncio que viveu".

Cinquenta anos depois de iniciar sua obra caridosa, ao perceber finalmente o sentido do silêncio, ela voltou a ter experiências místicas com a presença de Jesus. Após sua morte em 1997, madre Teresa foi canonizada em 2016 pelo papa Francisco, por seu trabalho junto aos pobres e moribundos. Alguém teria dito à madre Teresa que ela seria canonizada como santa, ao que ela respondeu que nesse caso seria a Santa da Escuridão.

Mas, afinal, por que estou insistindo sobre esses fatos que dizem respeito a uma santa de nossos tempos?

Para demonstrar que até mesmo aqueles que se julgavam os mais fervorosos dos crentes, após algumas análises de suas próprias crenças, podem entrar em contradições e abandonar suas convicções frente a certas situações de crenças que simplesmente não se sustentam. Só se forem por milagres. E, mais uma vez, terei de invocar aqui a advertência de David Hume: se for por milagre...

Mais um pecado das religiões é a intolerância. A repressão. A opressão e o cerceamento da liberdade do indivíduo. Isso, sem dúvida, se constituiu num dos maiores pecados já cometidos pelo cristianismo, como bem ilustra – para citar somente um forte exemplo – a mera existência da Inquisição (sem falar da sua ação ao longo dos séculos).

Estou bem consciente de que as objeções acima (eu me ative a umas poucas, pois ela são legião) são, às vezes, vacilantes, às vezes pueris, e, em parte, extremamente comuns. O fato concreto, porém, que me permite encerrar este capítulo é que nenhuma religião consegue oferecer uma resposta plenamente satisfatória ao sentido da vida e do mundo, mas também não abre mão de sua hegemonia, de sua doutrina, de seu poder – que o diga Giordano Bruno que, um pouco antes de ser queimado em praça pública, descobriu-se muito ingênuo por acreditar que o poder pudesse, de alguma maneira, abrir mão do próprio poder!

10

Conclusões

É óbvio que as conclusões que poderão ser obtidas a partir do texto que ora se aproxima de seu final são múltiplas e quase que inumeráveis. Assim, caberá ao leitor optar por aquelas que melhor lhe aprouver.

A alma morre.

Ela é feita do mesmo material que o do corpo. O fato de não podermos localizar fisicamente a alma num corpo específico só quer dizer que é feita de pequeníssimas partículas, os átomos, imbricados em todas as partes de nosso corpo, como nas veias, nos músculos, nos tendões, no nosso cérebro etc. Nossos instrumentos não são ainda refinados a ponto de localizarem a nossa alma. No momento de nossa morte ela simplesmente se dissolve.

Tampouco há vida após a morte.

Os que creem vêm tanto se consolando quanto se torturando com a ideia de que algo os espera depois de suas mortes. Ou colherão flores por toda a eternidade num jardim paradisíaco, ou serão marcialmente conduzidos à presença de um juiz duro, que os condenará ao sofrimento infinito. Mas, assim que você reconhece que sua alma morre junto com seu corpo, também você entende que não pode haver recompensa ou castigos póstumos, como nos ensina Sthephen Greenblatt, em seu belíssimo livro, "A Virada". A vida terrena é tudo o que os seres humanos têm[1].

---
[1] S. Greenblatt, *A Virada – O Nascimento do Mundo Moderno* (Companhia das

É absolutamente plausível supormos que todas as religiões organizadas são, acima de tudo, ilusões supersticiosas. Suas ilusões baseiam-se em desejos, medos e ignorâncias enraizadas profundamente ao longo dos séculos. Os humanos projetam imagens do poder, da beleza e da segurança perfeita que gostariam de ter. Ao moldar seus deuses de acordo com essas imagens, tornam-se escravos de seus próprios sonhos impossíveis.

Sempre há explicações perfeitamente naturais para explicar fenômenos naturais como o relâmpago, os terremotos e os eclipses. Mas humanos aterrorizados respondem por instinto com o temor religioso e começam a rezar.

Não existem anjos, demônios nem fantasmas.

Espíritos imateriais de qualquer tipo simplesmente não existem. As criaturas com que a imaginação dos gregos e romanos povoou o mundo, como parcas, harpias, daemons, gênios, ninfas, sátiros, dríades, mensageiros celestiais e espíritos dos mundos, são completamente irreais.

Esqueçam!

Os objetivos maiores da vida humana são a ampliação do prazer e a redução tanto quanto possível da dor. Nossa vida deve ser organizada para estar a serviço da busca da felicidade. Não há propósito ético mais elevado que propiciar essa busca para si próprio e para as demais criaturas. Todas as outras pretensões, tais como o serviço do Estado, a glorificação dos deuses ou do soberano, a árdua busca da virtude por meio do sacrifício pessoal são secundárias, equivocadas ou fraudulentas.

De acordo com o que nos ensinam os estudos realizados por paleontólogos, antropólogos, que tanto inspiraram também os religiosos, a crença em um Deus, criador de tudo, um ente superior que nos ama e nos protege é apenas um sentimento inato do ser humano. Como tenho afirmado ao longo deste livro, penso que nós é quem criamos Deus e não o contrário. Como tenho insistido, se não houvesse a espécie humana, não haveria nem a crença, nem a necessidade da existência de um Deus! Para nós, bastam as ações da própria natureza. Ela se auto-controla, auto-organiza-se, auto-

---

Letras, São Paulo, 2012), trad. Caetano W. Galindo.

inventa-se e se autodetermina no sentido da manutenção e da autoprodução de novas espécies vivas por meio de suas próprias leis em crescente processo de evolução natural.

Ser ateu ou agnóstico não é necessariamente um defeito grave. Nem mesmo um pequeno defeito. É apenas uma opção pensada e avaliada.

A Teoria do Big-Bang, a grande explosão da qual surgiram a matéria, a energia, o espaço e o tempo, tem se consolidado cada vez mais como a grande explicação para o começo do mundo. O mesmo ocorre em relação às teorias de Darwin a respeito do surgimento e da evolução das espécies. Tais teorias estão tão bem consolidadas que não parecem se tratar de apenas teorias, mas da mais real das verdades.

À luz do que sabemos hoje, Adão e Eva e o próprio paraíso só podem ser concebidos como mitos. A ciência tem demonstrado que há um processo evolutivo em curso, que não cessará enquanto houver vida no planeta.

Houve uma revolução cognitiva, há mais ou menos 70 mil anos, o que culminou com a aquisição de um grau de sapiência jamais experimentado por outros animais irracionais. E, para que tal fenômeno ocorresse, bastou uma mutação genética no DNA do *Homo erectus* que se transformou em *Homo sapiens*. Este ser que fala, que pensa, que se intriga com tudo o que lhe cerca. Que dominou o fogo, desenvolveu a palavra escrita, criou ferramentas, desenvolveu as ciências e já se projetou para o universo.

O dilúvio, a Arca de Noé e a preservação das espécies daquela época para a nossa só podem estar baseados em lendas, mitos ou milagres. Não há a menor possibilidade, à luz da razão, de supormos que tal evento possa ter ocorrido.

Quanto à existência da alma humana, a evidência científica aponta que, ao contrário dos porcos, os humanos serem portadores de almas é igual a zero! É por essa razão que a Teoria da Evolução, de Darwin, não pode aceitar o conceito de alma, se por "alma" entendermos algo indivisível, imutável e potencialmente eterno.

Quanto à existência de Deus, como nos diz o professor de física teórica e matemática, Stephen Hawking, "se você aceita como eu que as leis da natureza são fixas e imutáveis, nesse caso não demora muito para se perguntar: Que papel tem Deus para desempenhar?".

Assim, poderíamos definir Deus como a encarnação da natureza!

As religiões nasceram do medo e da ignorância. Duas forças poderosas que se perpetuaram e teimam em continuar causando seus males de sempre, como o de se acreditar no imponderável.

O pecado original é hoje considerado, pelos humanistas e pensadores ateus, uma ideia absurda, ultrapassada. O último reduto de uma visão religiosa atualmente superada.

Se o Pai é dotado de Onisciência e seu filho não será capaz de obedecer-lhe, então por que permitir que ele peque?

BIBLIOGRAFIA

- Bitum, Ricardo, *Estudos sobre Durkheim e a Religião- 100 anos de as Formas* (Academia Cristã, São Paulo, 2014).

- Blackham, H.J., *A Religião Numa Sociedade Moderna* (Civilização brasileira, Rio de Janeiro, 1967).

- Boff, Leonardo, *Elementos da Vida Religiosa de Émile Durkheim* (Academia Cristã, São Paulo, 2014).

- Boff, Leonardo, *Evangelho do Cristo Cósmico* (Editora Record, Rio de Janeiro, 2008).

- Calmon, Sacha, *A História da Mitologia Judaico-Cristã* (Editora Noeses, São Paulo, 2010).

- Campos, Cyro de Moraes, *Humanidade, Fracasso da Natureza?* (Editora Ibrex, São Paulo, 1978).

- Christhopher, Hitchens, *God is not Great* (Atlantic Books, London, 2007).

- Dawkins, Richard, *Ciência na Alma* (Companhia das Letras, São Paulo, 2018).

- Eliade, Mircea, *O Sagrado e o Profano. Essência das Religiões* (WMF Martins Fontes, São Paulo, 2007).

- Epicuro, *Sentenças Vaticanas – Máximas Principais* (Editora Folha de São Paulo, São Paulo, 2015).

- Gaarder, Jostein, *O Livro das Religiões* (Companhia das Letras, São Paulo, 2000).

- Gaarder, Jostein, *O Mundo de Sofia* (Companhia das Letras, São Paulo, 1995).

- Gleiser, Marcelo, *A Dança do universo* (Companhia das Letras, São Paulo, 2006).

- Gleiser, Marcelo, *Criação Imperfeita* (Editora Record, Rio de Janeiro, 2012).

- Greenblatt, Stephen, *A Virada – O Nascimento do Mundo Moderno*, (Companhia das Letras, São Paulo, 2011).

- Harari, Yuval Noah, *Sapiens – Breve História da Humanidade* (L&PM, Porto Alegre, 2018).

- Harari, Yuval Noah, *Homo Deus – Uma Breve História do Amanhã* (Companhia das Letras, São Paulo, 2016).

- Harris, Sam, *Despertar* (Companhia das Letras, São Paulo, 2015).

- Hawking, Stephen, *Breves Respostas para Grandes Questões* (Intrínseca, Rio de Janeiro, 2018).

- Hitchens, Christopher, *God is not Great* (Atlantic Books, London, 2007).

- Hume, David, *A História Natura da Religião* (Editora da Unesp, São Paulo, 2005).

- Kant, Immanuel *A Religião nos Limites da Simples Razão* (Escala Educacional, São Paulo, 1980).

- Kant, Immanuel, *Os pensadores? Crítica da Razão Pura* (Editora Abril, São Paulo, 1980).

- Melo, Fábio de e Karnal, Leandro, *Crer ou Não Crer* (Editora Planeta, São Paulo, 2017).
- Mondin, Battista, *Antropologia Teológica* (Edições Paulinas, São Paulo, 1977).
- Mosé, Viviane, *Nietzsche Hoje–Sobre os Desafios da Vida Contemporânea* (Editora Vozes, Petrópolis, 2018).
- Mosé, Viviane, *A Espécie que Sabe – Do HOMO SAPIENS à Crise da Razão* (Editora Vozes, Petrópolis, 2019).
- Naves, Lucio Flávio de Vasconcelos, *Raízes Históricas e Filosóficas do Ateísmo Contemporâneo* (Sindicato Nacional dos Editores de Livros, Rio de Janeiro, 2005).
- Nietzsche, Friedrich Wilhelm, *Ecce homo* (Editora Lafonte, São Paulo, 2020).
- Nietzsche, Friedrich Wilhelm, *A Gaia Ciência* (Editora Lafonte, São Paulo, 2020).
- Nietzsche, Friedrich Wilhelm, *O Anticristo* (Editora Martin Claret, São Paulo, 2018).
- Pondé, Luiz Felipe, *Os 10 Mandamentos (+1)* (Editora 3 Estrelas, São Paulo, 2015).
- Pondé, Luiz Felipe, *Como Aprendi a Pensar – Os Filósofos que me Formaram* (Editora Planeta, São Paulo, 2019).
- Rousseau, Jean Jacques, *Do Contrato Social* (Editorial Jandira, São Paulo, 2021).
- Revista Super Interessante, Edição 414-A (Abril Cultural, São Paulo, 2020).
- Revista Super Interessante, Edição 422-A (Abril Cultural, São Paulo, 2020).
- Revista Galileu História (Editora Globo, São Paulo, Março-2007).

- Schopenhauer, Arthur, *Os Pensadores – O Mundo Como Vontade e Representação* (Editora Abril Cultural, São Paulo, 1980).

- L. A. Sêneca, *Edificar-se para a morte* (Editora Vozes, Ptrópolis, 2016).

- Theissen, Gerd, *A Religião dos Primeiros Cristãos* (Edições Paulinas, São Paulo, 2009).

- Tiski, Sergio, *A Questão da Religião em August Comte* (Eduel, Londrina, 2006).

- Vattimo, Gianni, *Crer que se Crê – É Possível ser Cristão Apesar da Igreja?* (Editora Vozes, Petrópolis, 2018).

- Voltaire, François Marie Arouet, *Tratado Sobre a Tolerância* (Editora Lafonte, São Paulo, 2020).

- Voltaire, François Marie Arouet, *Cartas Iluministas* (Editora Zahar, Rio de Janeiro, 2011).

Agradecimentos

Quero expressar os mais sinceros agradecimentos pelas sugestões e pelo incentivo na publicação deste livro sugeridas pelo amigo de muitas décadas, Luiz Roberto Evangelista, professor de física teórica da Universidade Estadual de Maringá.

ÍNDICE

Adão, 16, 18, 51, 54, 56, 58, 78, 143, 144, 179–181, 183, 184, 188–191, 198, 201, 206, 207, 222, 223, 238
Agostinho, Santo, 50, 52, 181, 221
Alexandre V, papa, 159
Alexandre VI, papa, 153
alma
    racional, 97, 217
    sensitiva, 97
    vegetativa, 97
anatomia, 14, 19, 21, 37, 97, 160, 172
Anaxágoras, 176
Anaxímenes, 80, 176
animismo, animista, 123, 124, 136, 138, 139, 165
Aquino, Santo Tomás, 77, 142, 209, 228
Aristóteles, 37, 50, 51, 66, 79, 141, 167, 193, 218, 228
Aristarco de Samos, 111, 145

ateísmo, 18, 65, 82, 85, 86, 124, 125, 142, 176, 226
Bacon, Roger, 51
Barth, Karl, 187–190, 210
Becker, Ernest, 180
Berger, Peter Ludwig, 124
Boccaccio, Giovanni, 158
Bohr, Niels, 47
Bonifácio VIII, papa, 156
Brunner, Emil, 189, 190, 193, 205
Bruno, Giordano, 53, 65, 204
budismo, 66, 124, 132, 140, 228
Bultmann, Rudolf Karl, 184–187, 190, 193, 205

Carlos Magno, 151, 156
Clemente de Alexandria, 76
Comte, Isidore Auguste Marie François Xavier, 119–121, 171–173, 243
Concílio
    Éfeso, 167

Calcedônia, 167, 168
Cartago, 181
Constantinopla, 167, 168
Nicéia, 167
Orange, 181
Trento, 166, 168, 169, 181, 182
Condorcet, Marquês de, 77, 119
confucionismo, 121, 124, 132, 140
Constantino, 133, 152, 155, 159
Contra Reforma, 166
Copérnico, Nicolau, 20, 45, 51, 63
Crick, Francis, 49
cristianismo, 16, 17, 38, 40, 46, 66, 76, 83, 86, 118, 120, 128, 129, 131–133, 140, 146, 148–152, 158, 162, 163, 165, 167, 168, 185, 195, 197, 227, 229, 235
Cro-Magnon, homem de, 81
Cruzadas, 152, 158, 161
Cusa, Nicolau de, 51

d'Alembert, Jean Le Rond, 83
Dâmaso I, papa, 156
da Vinci, Leonardo, 90
Darwin, Charles, 55, 57, 67–69, 105, 107, 108, 136, 143, 170, 183, 216, 217, 223, 226, 238
Dawkins, Richard, 69, 70, 99–102, 126, 240
Demócrito, 80, 104
Descartes, René, 15, 64, 77, 84, 88–91, 96–98, 116, 228

Diágoras de Melos, 125
Diderot, Denis, 83
Diodoro da Sicília, 176
Durkheim, David Émile, 121, 122, 124, 240

Einstein, Albert, 20, 41, 47, 48, 108, 112, 227
Empédocles, 80
Epicuro, 103, 104, 126, 241
Era Medieval, *ver* Idade Média, 50, 52, 92, 150, 163
Erasmo de Roterdã, 158, 162
Euclides, 37
Eva, 16, 18, 51, 54, 56, 58, 78, 143, 180, 183, 191, 198, 207, 222, 223, 238
evolução humana, 69, 164

Fílon de Alexandria, 211, 216
Ficino, Marsilio, 160
Fleming, Alexander, 47

Galilei, Galileu, 20, 51, 57, 63, 64, 67, 105
Gall, Franz Joseph, 172
Gamow, George, 30, 31
Goethe, Johann Wolfgang von, 222
Gregório I, papa, 156
Gregório III, papa, 157
Gregório IX, 152
Gregório VII, papa, 151, 156
Guardini, Romano, 190

Häring, Bernhard, 190

Hawking, Stephen, 48, 110–112, 145, 239, 241
Heisenberg, Werner, 47, 108
Henrique IV, 151
Heráclito, 80, 176
Hesíodo, 38, 175
História
  humana, 85, 141
  Natural, 67, 124, 137, 160
Homo erectus, 27, 93, 107, 109, 122, 142, 143, 146, 226, 238
Homo neanderthalensis, 27, 81, 93, 212
Homo rudolfensis, 142
Homo sapiens, 21, 26, 27, 29, 33, 59, 60, 65, 66, 105–107, 122, 123, 134, 135, 138, 142–144, 147, 171, 177, 217, 226, 228, 238, 241, 242
Hubble, Edwin Powell, 30, 50, 112
Hume, David, 124, 137, 174, 176, 177, 224, 232, 235, 241
Hus, Jan, 159
Huxley, Thomas Henry, 120

Idade Média, 39, 45, 62, 77, 107, 120, 125, 149, 158, 161, 167
Igreja
  Católica, 12, 20, 39–41, 45, 50, 52, 57, 63–65, 74, 77, 82, 83, 92, 94, 118, 124, 133, 134, 141, 142, 145, 151–157, 159–163, 165, 166, 182, 185, 204, 207, 209
  Ortodoxa, 151
  Reformada, 65
Iluminismo, iluministas, 77, 82, 83, 93, 119, 126, 150, 155, 179, 225
Império Romano, 29, 66, 92, 133, 151, 154, 229
Inocêncio III, papa, 152, 156
Inocêncio VIII, papa, 161
Inquisição, 65, 152, 155
islamismo, 29, 39, 66, 150, 165, 185, 229

Júlio II, papa, 153
jainismo, 140
Jesus Cristo, 21, 39, 50, 64, 86, 90, 92, 93, 114, 131, 140, 149, 155, 158, 159, 165–170, 173, 183, 186, 187, 194, 196, 203, 204, 232, 234, 240
João II, papa, 157
judaísmo, 17, 38, 66, 76, 131, 167, 229

Kant, Immanuel, 83, 84, 93, 94, 211, 221, 228, 241
Kepler, Johannes, 45, 49, 51
Kingsley, Charles, 68
Kleist, Heinrich von, 225

Lemaître, Georges-Henri Edouard, 30, 81
Locke, John, 83
Lucrécio Caro, Tito, 125

Lutero, Martinho, 124, 154, 155, 161, 166

Marx, Karl, 85, 124
Mendeleev, Dimitri, 49
Montesquieu, Charles-Louis de Secondat, Barão de, 119

Neuroanatomia, 9, 19, 88
Newman, John Henry, 68
Newton, Isaac, 70, 142, 179
Nietzsche, Friedrich, 86, 118, 119, 146, 242

Ovídio, Publius Ovidius Naso, 176

Padres da Igreja, 141, 159, 216
Parmênides, 74, 219
Pascal, Blaise, 15
Pasteur, Louis, 47, 78
Pelágio I, papa, 157
Pelágio II, papa, 156
Petrarca, Francesco, 158
Picco della Mirandola, Giovanni, 159
Pitágoras, 37, 218
Planck, Max, 47
Platão, 37, 43, 50, 66, 72–75, 85, 96, 141, 167, 213–218, 231
Polanyi, Michael, 71
Protágoras, 43, 145, 221
Ptolomeu, 50

Quântica, Física, 48, 108

Rahner, Karl, 190
Reforma Protestante, 124, 154, 161, 166
Renascimento, 62, 153, 155, 158
Revolução
   agrícola, 29, 61, 62, 135
   científica, 29, 36, 62
   cognitiva, 21, 29, 59, 61, 65, 72, 122, 130, 135, 136, 142, 143, 147, 148, 177, 184, 194, 199, 212, 218, 226, 228, 238
   copernicacana, 51
   francesa, 119
   industrial, 29, 85
Rousseau, Jean-Jacques, 83, 242

Sócrates, 37, 43, 66, 72, 145, 147, 218
Sófocles, 79, 218
Sabin, Albert, 47
Sagradas Escrituras, 14, 45, 76, 98, 114, 115, 159, 162, 185, 203, 217, 222
Santo Ofício, 64, 152
Santo Sudário, 92, 223
Sartre, Jean-Paul, 171, 224
Savanarola, Girolamo, 161
Schleiermacher, Friedrich, 136
Schrödinger, Erwin, 47
secularização, 70, 77, 124, 206, 224, 225
seleção natural, 55, 67, 68, 109, 110
Seneca, Lucius Annaeus, 46
Servet, Miguel, 65
Sisto I, papa, 157

Sisto IV, papa, 161
Snell, Bruno, 219
Spencer, Herbert, 120
Spinoza, Baruch, 77
supercordas, 48

Tales de Mileto, 37, 80, 176
taoísmo, 124, 140
teísmo, 124, 139, 220
Teilhard de Chardin, Pierre, 58, 71, 194-196, 205
Templo de Jerusalém, 169, 170
teologia natural, 67, 69
Teoria
    Big Bang, 23, 30, 31, 48, 49, 56, 81, 95, 238
    Evolução, 67, 105, 107-109, 202, 223, 238
    M, 48
    Relatividade Especial, 48
    Relatividade Geral, 42, 47, 48, 108
Tertuliano, Quintus Septimius Florens Tertullianus, 173, 181
Testamento
    Novo, 150, 159, 167, 170, 189, 210, 211
    Velho, 41
Tiele, Cornelis Petrus, 136
Tillich, Paul Johannes Oskar, 180, 182, 192, 193, 205
Troeltsch, Ernst, 124
Tylor, Edward Burnett, 136

Urbano II, papa, 152

Valla, Lorenzo, 152, 159

Vaticano, 12, 92, 133, 152-154, 156
Verne, Júlio, 144
Vieira, Padre Antônio, 85
Virgem Maria, 45, 114, 130, 131, 158, 204
Voltaire, François Marie Arouet, 83, 119, 243
von Glasenapp, Helmuth, 137
Vulgata, 159, 168

Watson, James, 49
Weber, Max, 47, 124
Whitehead, Alfred North, 71
Wycliffe, John, 159

Ingram Content Group UK Ltd.
Milton Keynes UK
UKHW040609230523
422198UK00004B/121